浙江省宁海县前童镇

岭 南 村 志

《岭南村志》编纂委员会 编

陈士伟 主编

浙江工商大学出版社
ZHEJIANG GONGSHANG UNIVERSITY PRESS

· 杭州 ·

图书在版编目(CIP)数据

岭南村志 /《岭南村志》编纂委员会编. —杭州：
浙江工商大学出版社，2021.12
ISBN 978-7-5178-4565-2

Ⅰ. ①岭… Ⅱ. ①岭… Ⅲ. ①村史－宁海县 Ⅳ.
①K2955.5

中国版本图书馆 CIP 数据核字(2021)第 129524 号

岭南村志

LINGNAN CUNZHI

《岭南村志》编纂委员会 编

责任编辑	童江霞	
封面设计	沈　婷	
责任印制	包建辉	
出版发行	浙江工商大学出版社	

（杭州市教工路 198 号　邮政编码 310012）
（E-mail:zjgsupress@163.com）
（网址:http://www.zjgsupress.com）
电话:0571-88904980,88831806(传真)

排　　版	杭州朝曦图文设计有限公司	
印　　刷	杭州宏雅印刷有限公司	
开　　本	787 mm×1092 mm　1/16	
印　　张	18.75	
字　　数	376 千	
版 印 次	2021 年 12 月第 1 版　2021 年 12 月第 1 次印刷	
书　　号	ISBN 978-7-5178-4565-2	
定　　价	108.00 元	

《岭南村志》顾问　编审

顾　问　袁哲飞　丁秉懋　魏旭灿

编　审　胡志汉

《岭南村志》编纂委员会

主　任　陈华江

副主任　魏建苗　林小国　陈士伟

成　员　陈明亮　陈贤平　魏明通　陈彩芬（女）

　　　　陈建岳　吴益理　陈钱江　陈红斌

《岭南村志》编辑组

主　编　陈士伟

编　辑　（以姓氏笔画为序）

　　　　卢方圆　卢远标　陈长富　陈贤根

　　　　陈建江　陈银校　魏文辉

摄　影　陈晓明　韩建华　缪　军

《岭南村志》资料提供者名单

岭南村村民

陈中良　陈土兴　吴忠炎　陈阿升　陈士章　卢崇府　陈国庆

潘启珍　陈阿毛　陈建亚　陈炳火　陈泽和　陈林武　陈兴旺

陈连江　陈建定　吴伟杰　陈九青　陈云飞　陈新炎　陈建武

陈贤永　童真平　陈建县　陈新元　陈尚忠　陈维松　陈现才

陈广辉　陈贤其　陈建校　陈建达　陈胜利　陈大奎　陈方泽

陈淑琴　童仁妹　卢远贝　吴良民　魏云骁

外村籍人士

蒋善岳　童昭波　王银宁　叶亦标　胡家镳　王根法

陈　彬　林欧福　童新永　柴健飞　陈丽君

说明：①此名单不包括编纂委员会成员；

②仅提供本人资料者也未列入。

岭南村域鸟瞰图

岭南村庄鸟瞰图

宁海县地图

1：390 000

象山县

宁海县地图

002

古　迹

徐霞客古道　建于唐代

塘头水井　开挖砌建于北宋（1021 年）

塘头樟树　植于南宋(1203 年)

董家桥　建于南宋(1255 年)

半岭周路廊　建于元代（1366 年）

梁皇寺（明代建的大刹因年久已废，图为 2004 年新建的寺内大雄宝殿）

岵岫岭顶路廊　建于明代（1612 年）

陈氏宗祠（又称独木樟祠）　建于清代（1700 年）

竹　类

箬竹

黄竿竹

绿壳竹

方竹

雷竹

毛竹

竹制用品

畚斗、米筛等

大小鱼篓、小竹篮、小畚箕等

竹篮、筲箕等

竹椅、竹桌

斗笠、竹箱、竹篮等

担篮、手提箱、大箩等

常见工具

小铜匠工具

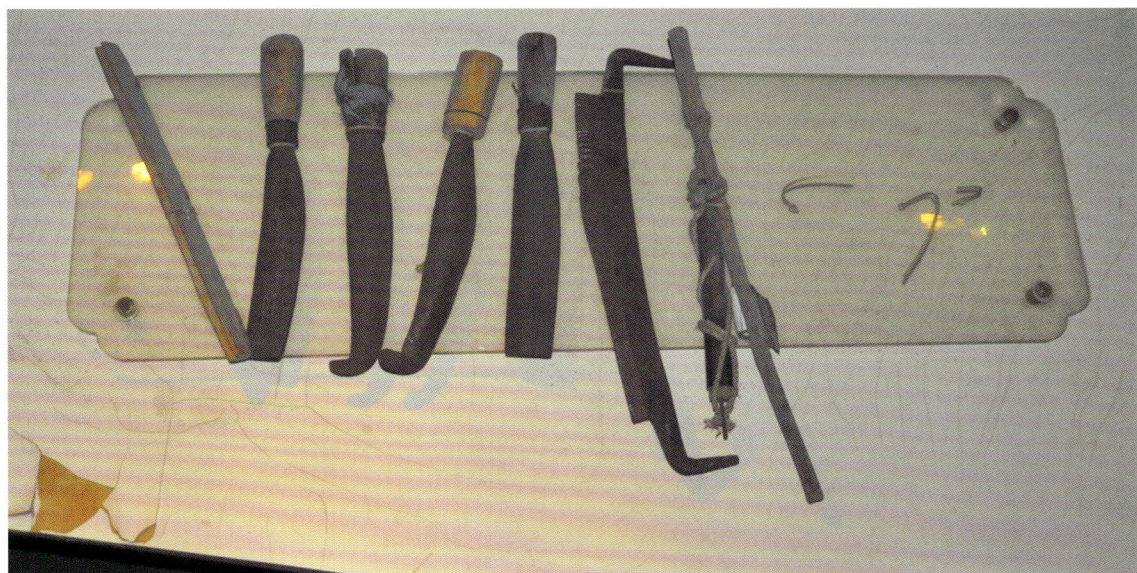

箴匠工具

家 畜

猪

牛

羊

兔

家　禽

鸡

鸭

鹅

农 具

薅锄、锄头、四齿耙

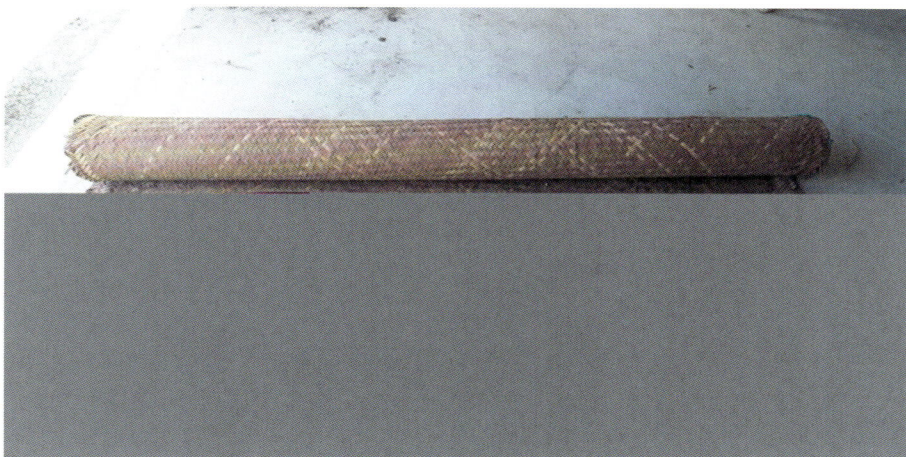

晒席

蓑衣

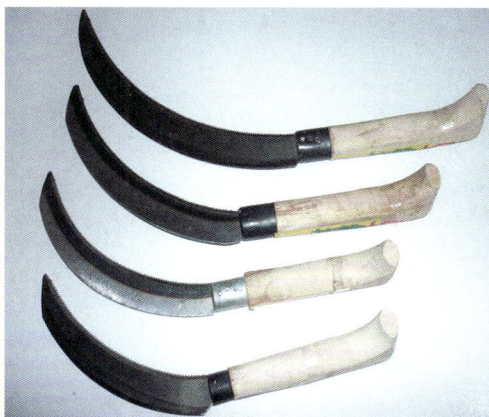

镰刀（沙吉）

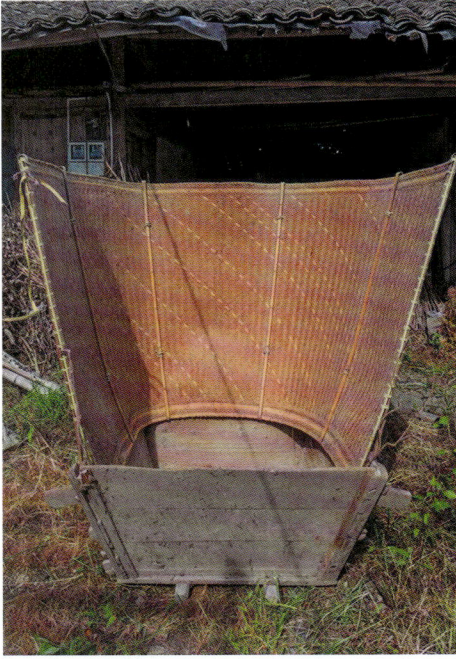

稻桶、围簟

木犁

铁犁

耙

米箩、谷箩

石捣臼

风车

手拉车

手扶拖拉机

卡车

住　宅

旧时贫民住宅

旧时村民住宅

现村民住宅小区一角

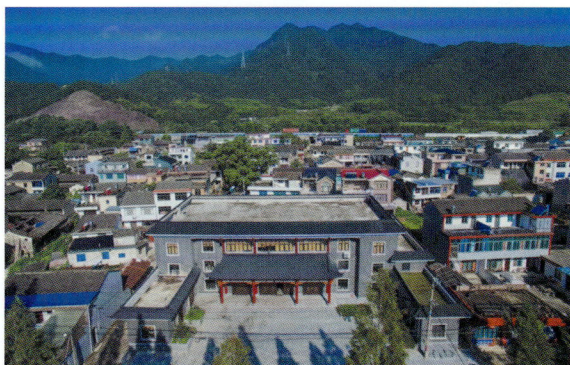

现老村区文化礼堂附近住宅

20 世纪 80 年代以来村民主要代步工具

自行车（20 世纪 90 年代年轻人主要代步工具）

电动车（2000 年后村民主要代步工具）

小轿车（2010 年后村民外出主要代步工具）

照　明

旧时火篾、松脂照明

1975 年村建后门坑水电站

1977 年大电网通村

饮用水

水井

自来水水塔

自来水进户

环境卫生设施

垃圾分类箱

垃圾处理站

绿 化

村旁绿化

村前公路两旁绿化带

公共设施

健身器械

国家登山健身步道

甬台温天燃气管道岭南阀门（岭南船山里）

岭南社区服务中心

岭南村文化礼堂

休闲场所

响亭山村旁凉亭

兴隆寺

文艺活动

岭南村舞剑队武术活动

岭南村腰鼓队打腰鼓活动

岭南村女子舞龙队舞龙活动

岭南村部分荣誉证书

四星级基层党组织

新时代文明实践站

宁波市森林村庄

宁海县先进慈善工作站

《岭南村志》相关人员合影

《岭南村志》编纂委员会委员合影

前排自左至右：陈建岳、陈华江、魏建苗、林小国、陈士伟、陈贤平

后排自左至右：陈彩芬、陈红斌、吴益理、陈明亮、陈钱江、魏明通

《岭南村志》编辑组全体编辑成员合影

自左至右：陈建江、魏文辉、陈长富、陈士伟、卢远标、卢方圆、陈银校、陈贤根

《岭南村志》终稿全体审稿人员合影

前排自左至右：卢远标、魏建苗、林小国、魏旭灿、丁秉懋、袁哲飞、陈士伟、陈华江、陈贤平

中排自左至右：陈建岳、陈钱江、魏文辉、陈明亮、陈建江、陈银校、陈长富、卢方圆、陈体良

后排自左至右：陈贤根、陈彩芬（女）、张宏谦、吴益理、魏明通、陈红斌、薛俊伟

序　一

　　《岭南村志》从 2018 年开始编写,是继村文化礼堂建成后又一特别重要的文化工程。在前童镇党委、政府的关心支持下,在《宁海县志》主编、副主编的指导下,《岭南村志》历时三年,三易其稿,终于成书,系岭南村社会主义精神文明建设之硕果。

　　自北宋祥符年间(1008—1016)开始建村,至今已逾千年。在千余年的历史长河中,虽有不少仁人志士矢志编写村志,但囿于历史条件而未果。中华人民共和国成立后,特别是改革开放以来,经济腾飞,盛世祥顺,政通人和,百业俱兴,盛世修志,正是时机,岭南村首部《岭南村志》应运面世,实为可喜可贺!

　　岭南村历史悠久,山清水秀,环境幽雅,人杰地灵,村民崇文尚义,尊师重教,底蕴深厚,创造出璀璨历史文化。自中共十一届三中全会以来,国家全力实行改革开放,经济建设和社会各项事业蓬勃发展,岭南村村容村貌大有改观,呈现一派欣欣向荣的喜人景象。

　　岭南村村民勤劳淳朴。他们在岭南这块土地上日出而作、日落而息,艰苦创业,创造了丰厚的物质财富和精神财富。

　　岭南村村民聪慧执着,勤奋好学。村民们继承先祖遗风,耕读传家,训儿育女,读书立世。中华人民共和国成立后,由于党和国家对教育的重视,岭南村教育迅速发展,特别是改革开放后,村民文化水平普遍提高,1985 年普及了初等教育,1992 年普及了初中教育,1995 年基本普及了高中(含中专)教育,进入 21 世纪,接受高等教育的村民人数不断增加。20 世纪 80 年代前,村里大学生是凤毛麟角,而今人数剧增。2019 年秋统计得知,全村大学毕业生共 218 人,占全村总人口的 15.5%。他们在不同的岗位上为振兴中华而努力奋斗。

　　岭南村村民热爱岭南,更应知晓岭南,知之愈深,爱之愈切。如实记述岭南村千百年历史和近几十年所发生的巨变,既是历史赋予我们之责任,也是激励人们热爱家乡、热爱祖国,为建设社会主义新岭南竭智尽力之需要。

　　古人云:以史为鉴,以志为鉴。历来有识之士每以方志述故土之风貌,记一方之兴衰,光前裕后,继往开来,启迪进取。《岭南村志》遵循实事求是之原则,坚持历史唯物主义、辩证唯物主义之观点,详今略古,统揽全局,客观、全面、系统、翔实地记载岭南村之历史沿革、政治经济、文化教育、生态环境、特色产业、风土人情、人物事迹等,通贯千余载,旁及诸领域,可谓洋洋大观。志书之出版,既能为保存地方文献、研究自然和社会科学、了解村情提供基础史料,又能为村组织兴利除弊、科学决策、实施村务提供重要依据,也能为广大群众进行爱国主义和革命传统教育提供乡土资料和教材。在改革开放、建立社会主义市场经济中,还能向外界介绍岭南村,促进经济文化交流。我们要充分发挥志书"存史、资政、育人"之功能,盛世修志,志载盛世,修志问道,服务当今,以启未来。

编纂村志,是村组织之行为,但因岭南村历史源远流长,其编入内容繁多,牵涉面较广,加之缺乏史料,更觉工作艰辛,直接参与其事者有村两委会人员和编纂成员。众多俊才,团结合作,恭敬其事,字里行间凝聚着他们的心血。

记载历史,传承文明。《岭南村志》定稿付印。我俩谨代表岭南村党支部和村委会向付出辛勤劳动之全体编纂人员表示衷心祝贺;向参与、关心、支持这次修志的各级领导、专家、学者和村民致以衷心的感谢!

中共岭南村支部书记　魏建苗

岭南村村民委员会主任　陈华江

2020 年 8 月

序　二

　　宁海县前童镇岭南村党支部、村委会主持出版《岭南村志》，主编陈士伟邀我作序，我欣然应允。因为我和县志办副主任胡志汉、《宁海县志》副主编丁秉懋等曾几次到岭南村了解村志编修工作情况，并多次就村志的纲目、结构、内容、特色、亮点、布局及编写的方法、体例、语言、编撰原则、注意事项等进行研讨。初稿出来之后，我们又组织了论证、评审，直至定稿、付梓。可以这样说，从《岭南村志》启动到编成整个过程我们县志办、县史志研究会都没有缺席过，其实这也是我们应做的工作。另外，主编陈士伟是我多年的老朋友，55 年前我们曾在长街一起教书，我调走时，他仍在长街任教。后来我在文化系统，他在教育系统，我做我的文化工作，他当他的校长，隔行如隔山，各忙各的，很少联系。光阴似箭，日月如梭，一晃半个世纪，一直到近几年，士伟在参加《长街镇志》编修、农村文化礼堂建设、《岭南村志》编纂等工作中和我又走到了一起，这就是难得的缘分。

　　《岭南村志》出版值得庆贺！《岭南村志》全面记述了该村的自然、历史、政治、经济、文化、教育、卫生等事项，继承修志的优良传统，详今略古，存真求实，体例规范，内容完备，表述简明，努力创新，力求做到思想性、科学性、资料性相统一。《岭南村志》是前童镇乃至宁海西乡有史以来的第一部村志，村志编成是前童镇党委、政府重视支持，岭南村党支部、村委会、村民齐心协力，《岭南村志》编委会全体成员不懈努力，主编陈士伟踏踏实实、埋头苦干、日夜伏案、带病坚守的结果。《岭南村志》的出版将有力地推动前童镇和岭南村的文化建设。乡村振兴首先要有文化的振兴，乡村修志是乡村文化建设中一个特别重要的文化工程，它书写的不是一般的文字，它是写史记事，它记载的是一个地方的自然、社会的历史与现状，它是记录乡愁，记录发展，它有存史、资政、育人的功能。《岭南村志》将会对岭南的经济、社会发展起着良好的促进作用，岭南修志也将会代代传承下去。

　　2006 年 5 月 18 日，中华人民共和国国务院令第 467 号公布了《地方志工作条例》，要求"继承和发扬中华民族优秀文化传统，全面、客观、系统地编纂地方志，科学、合理地开发利用地方志，发挥地方志在促进经济社会发展中的作用"。浙江省人民政府办公厅在 2006 年 7 月就转发了省地方志编纂委员会《关于浙江省地方志工作 2006—2010 年规划纲要的通知》,要求认真贯彻落实。其中指出,积极创导各类方志编纂,"各级地方志机构要把三级志书以外的各类志书的编纂纳入工作视野,热情支持,加强指导。鼓励有条件的地方编纂乡镇志、村志、山水志、行业志等志书"。2018年12月,在举国上下认真纪念改革开放四十周年、党的十一届三中全会召开四十周年之际,宁海县委、县政府召开地方志和档案工作推进会,充分表明了县委、县政府对这项工作的重视。中共宁波市委党史研究室、宁波市人民政府地方志办公室副主任傅晓在推进会上指出,要充分认识地方志的功能,要了解怎样修好地方志,要研究如何用好地方志,只有树立对历史负责、对后人负责、为党和政府修史的大情怀才能把志书修好。中共宁海县委副书记李贵军在会上强调,要大力拓展地方志工作领域,全面展开部门(行业)志编纂工作,鼓励县及省、市直属单位、重点企事业单位(如银行、医院、学校)编修部门(行业)志,争取到2020年基本完成部门(行业)志编纂启动工作,企事业单位志书编纂工作实现突破性进展。推进基层志书编纂工作,到2020年60%以上的乡镇街道启动志书编纂,实现中心村、历史文化名村、重要社区基本全覆盖。有序推进家(族)谱志编修工作,争取每年启动两到三部谱志编修。加快推进专业年鉴编纂,鼓励有条件的部门、乡镇街道及重要企事业单位开展年鉴编纂工作。李贵军书记还强调,推进地方志工作时,一要强化组织保障;二要强化财力保障;三要强化监督考核。中共宁海县委党史研究室、宁海县地方志办公室主任娄筱庆在会上提出,今后的主要任务有,全面完成二轮县志出版,不断提高年鉴质量,全面展开部门(行业)志编纂,推进乡镇、街道志编纂,有重点地推动村、社区志编纂,有序推开家(族)谱志编修,协同开展文献整理与地情研究,扎实建设地方志工作平台。在《岭南村志》出版之际,借此机会对上述精神进行宣传,可供大家对照执行。《岭南村志》的出版就是贯彻、落实县委、县政府地方志和档案工作推进会精神的结果,也为宁海县继续启动村志编纂开了一个好头。我们要坚守地方志文化自信,谱写地方志事业科学发展的新篇章,开创地方志工作新局面,努力为宁海县的经济社会发展做出贡献。

《宁海县志》主编、宁海县史志研究会副会长　袁哲飞

2020年8月

凡　例

一、《岭南村志》坚持辩证唯物主义和历史唯物主义的观点，立足当代，详今略古，实事求是地记述全村自然、政治、经济、文化和社会等各方面的历史和现状。

二、本志采用"章节"体例，以类立章，章节记述。以志为主体，兼容记、传、录、表、图等。文体采用记叙式，不作评论。

三、各章之首均设无题小序，纵叙沿革，横陈现状，或概叙整体、展现形势，或前后对比、反映变化，或面中带点、提示特色、呼应下文。

四、记述时限，上限不拘，力溯事物发端，下限迄至 2018 年底，部分内容酌情下延，个别事例延至志书出版时间。

五、本志根据资料搜集、取材难易情况，可详则详，难详则略。章节安排据具体资料而定。

六、文字、纪年、称谓术语等的使用，皆遵照 2005 年《宁波市地方志行文暂行规定》。

七、大事记以编年体为主，结合采用纪事本末体。1949 年 10 月前采用历史纪年，括注公元，1949 年 10 月 1 日起采用公元纪年。

八、人物限本村籍人士，以谱牒为依据，视具体情况酌情而定。以出生年份为序，按"生不立传"原则，生者只记业绩。

九、度量衡除个别用旧制外，一般按现行法定制量。

十、本志使用数字和标点符号，包括物理量和非物理量，均按照国家技术监督局《出版物上数字的规定》和《标点符号用法》等规定。一般使用法定计量单位，少量仍沿用原市制，如市亩简称亩，市斤简称斤等。数字中称"以上"均包括本数，"以下"不包括本数。

十一、本志资料来自史志、档案、谱牒、典籍、报刊、书信、电告以及当事人、知情人口述资料与书面材料，均经考证审订后录用，一般不注出处。

目　录

第二十五章 乡村旅游

第二十六章 人 物

概　述

　　岭南村地处宁海县西隅,前童镇之西北部,距县城 12 千米,距镇所在地联合村 4.2 千米。东围峰山、门前山,南临梁皇溪,与梁皇村相邻,西至梁皇山(茶园山)峰第一尖、岩门里,北倚岵岫岭,与黄坛镇相连。地理坐标为东经 121°19′33″至 121°20′35″,北纬 29°15′12″至 29°16′38″之间。村内多山丘,耕地主要分布在岵岫岭以南至梁皇溪,门前山和后门山之间地带。岭南村辖岭南、东溪、响亭山 3 个自然村,现有住户 510 户,常住人口 1372 人。村域面积 5.5 平方千米,其中山林面积 406.2 公顷,农田保护区面积 58.1 公顷,村庄、水域、道路面积 85.7 公顷。主产稻谷,尚有麦、玉米、豆类等农作物;山地植被主要有松树、杉树、毛竹、茅草、茶树、果木等。村内道路硬化,省道甬临线由北往南穿村而过,与邻近各镇乡道路相通,交通便捷。村内群山苍翠,绿树成荫,村道绿化,村庄美化,是宁波市森林村庄。

　　置村以来,村民在村内沙石滩上夯土造田,在山麓上开荒造地,逐渐形成今天这一方养育人的肥沃田园。村民以农业为主,副业有养猪、牛、羊、鸡、鸭等家禽家畜养殖,以及卖炭、卖柴等。外出做木工、泥瓦匠、裁缝或其他活计者亦有。旧时无田少田者甚多,除少数富户拥有较多的田地,多数均为自耕农及贫农。农作物以水稻、小麦为主,杂粮蔬菜为次,旧时,历代产量不高,亩产在 160 公斤左右,粮食远不能自给,靠卖柴度日的村民不少,经济落后,生活贫困。中华人民共和国成立后,大兴农田水利建设,推广先进的耕作技术和选用优质的品种进行种植,产量成倍提高,杂交水稻亩产达到 500 公斤左右。到 20 世纪 80 年代中期,粮食已能自给。随着家庭联产承包责任制①的落实,产量稳中有升,粮食自给略余,温饱得到解决。进入 21 世纪,村民生活奔向小康。

　　岭南村山地面积广阔,山林面积占村域面积的 73.9%。山林资源丰富,山林产品多样,其中木材、柴炭、毛竹、竹笋等产品尤为突出。岭南山清水秀,风景优美,旅游资源丰

---

　　①　家庭联产承包责任制是 20 世纪 80 年代初期在我国农村推行的一项重要改革,是农村土地制度的一个转折。中共十一届三中全会以来,我国实行改革开放,而改革最早始于农村改革,农村改革的标志为"包产到户(分田到户)",后来被称为"家庭联产承包责任制"(俗称"大包干")。

富,乡村旅游犹待开发和利用,村内空气清新,堪称天然氧吧。

村民积极兴办工业。旧时村内办过"三窑",即南宋时始办炭窑厂,清代办过缸窑厂,民国时期始办砖瓦厂。中华人民共和国成立后,从事手工业者仍然较多,他们乐业于城市,安居于岭南。20世纪60年代村里办起轧米厂,70年代中期大队建起容量为10千瓦时的小型水电站。随后办起茶厂、胶带厂、油石厂、装潢设计厂等,因经济效益差,到20世纪80年代初都停办了。随着改革开放①的不断深入,村内又陆续办起了公司、工厂。而今村内尚有1家企业(正伟有限公司),建起3家工厂(宁海县季茂快纸箱厂、欧启电器厂、宁海县乾通汽配厂)。2018年,年产值达1480万元。

商贸服务业逐渐兴起。1949年之前,只有外村人到本村开了1家小店。中华人民共和国成立初期至20世纪六七十年代,村内也只有1家代销店。改革开放以来,个体私营商业兴起,到2019年底,村内有个体商贸服务业8家。

水资源丰富,水利建设卓有成效。有2条溪水流经村域,在山弯处拦溪筑库,村内筑有大小不等的水库7座,蓄水量达30万立方米。长期以来,村民们就在村内的两条溪流两岸驳坎填堤,在溪流的河床上垒堰,在田野上挖掘修建渠道进行灌溉。水利建设效果显著,防洪、抗旱、排涝、供水有了保障。

文化教育日益得到重视。旧时,村民多为文盲半文盲。中华人民共和国成立后,村里着力办好教育。随着教育事业的迅速发展,青少年入学率增长,到1985年普及小学教育,至1995年普及初中教育。进入21世纪,高中教育基本普及。旧时,大学生是凤毛麟角,改革开放后,我国大学招生人数迅速增加,岭南村大学毕业生也随之增多。据统计,至2019年10月,全村达到大专及以上学历的有218人,其中获得硕士学位的有24人,大学毕业生人数占全村村民总数的15.5%左右。

公益事业迅速发展。1975年小型水电站建成,装机容量为10千瓦时,村民首次用上电灯,1977年大电网通村,通电率达100%;1989年接通自来水管道,自来水进户,村民可免费饮用自来水,此后,自来水设施逐步完善,入户率和安全饮用率达100%;2015年污水管道铺设完工,垃圾处理站建成并投入使用,污水得到妥善处理;2016年投入204万元,建成建筑面积为1550平方米的村文化礼堂,同年,甬临线两侧提升工程完工,并投入使用。

岭南村村民聪慧。继承先祖遗风,耕读传家,读书立世,培养了一大批杰出的人才。

---

① 改革开放是1978年12月中共十一届三中全会起中国开始实行的对内改革、对外开放的政策。中国的对内改革首先从农村开始,安徽省凤阳县小岗村开始实行"农村家庭联产承包责任制",拉开了我国对内改革的大幕;对外开放是中国的一项基本国策,是中国特色社会主义事业发展的强大动力,是中国的强国之路。

明代有陈明道,他主政慈溪知事,秉公办事,高风亮节。近代有民主革命志士陈士浩,他是黄埔军校一期毕业生,后任北伐军中校团长,北伐战争中率部队从广东征战到徐州,立下不少战功。民国时期有比较著名的西医吴文伟,其1934年毕业于东南医科大学,1941年春,应民国县长方引之聘请,创办宁海县卫生院,任院长。他以高尚的医德、精湛的医术得到群众的好评。当代有革命先辈陈星,他在1930年加入中国共产党,而后在上海、宁海等地进行革命活动,1938年任宁海临时县委书记。1949年8月到县人民政府工作,任建设科科长。1956—1966年历任四届副县长。陈星在任副县长期间,虽整天忙于公务,仍情系家乡,为家乡开建水库大坝献计献策,不遗余力,得到民众的赞颂。

岭南村历史悠久,民风淳朴,崇尚勤劳节俭,民众热心公益事业,造福邻里者代有涌现。前有梁皇寺之陈檀樾(才元公)独资独建独樟祠,后有合族建造寺庙,尚有个人出资建凉亭,村民集资建造学校。改革开放后,各项事业均得到迅速发展,村民生活水平得以提高,公益事业得到改善。

20世纪80年代后,岭南村获得小康示范村、计划生育先进村、森林防火先进单位、治安平安村等荣誉称号。近几年,岭南村获得四星级基层党支部、先进慈善工作站、新时代文明实践站等荣誉称号。

在前童镇党委、政府,村党支部、村委会的带领下,岭南村民正在进行社会主义新农村建设,各项事业迅速发展。

今后,岭南村将继续沿着中国特色社会主义康庄大道奋勇前进,将岭南村建设成为精神更富有、生活更富裕、人民更幸福的社会主义新农村。

大事记

北 宋

大中祥符年间(1008—1016)

大中祥符年间,董姓人氏在岵岫岭南侧居住,为岭南首居的村民。

南 宋

嘉定年间(1208—1224)

《嘉定赤城志》载:宁海辖六乡十九里五十都。村内属连理乡宣阳里二十八都一图。

宝祐二年(1254)

南宋理宗甲寅年(1254),陈启乾自仙居蟠滩(东鲍)徙居岵岫岭南赘董氏婿,为岭南陈氏之始祖。

景炎二年(1277)

宁海县属台州路。

元

至正九年(1349)

六月,地震有感。

至正十六年(1356)

方国珍率义军攻占宁海,欲明善为千夫长不从,住宅俱焚,其三子祥、四子仁俱为方氏兵梢。

明

吴元年(1364)

宁海县属台州路,直至清末。[太祖朱元璋在建立明王朝前(1364)称吴王。]

洪武元年(1368)

村民子祥充军远戍南京,留守卫置产遗,役人替当军。子仁充当南京广洋卫军,至军人回取衣装。难兄难弟有猷、有为其子孙均办衣装,永世不缺。(明兵制规定民籍军人军资自筹)

洪武初年(1368—1378)

明道子子方、子宏无嗣,各舍土地百余石,共舍二百余石土地于梁皇寺,为祝圣焚修之资,故寺僧咸称陈氏为檀樾。

洪武十五年至二十五年(1382—1392)

方孝孺为岭南陈氏纂修宗谱,陈氏自肇基祖至此已历时一百三十余载。

成化二十一年(1485)

重修岭南陈氏宗谱,秉笔无考,首事七世孙文怀,存范翰(四明人,泰宁知县)谱序。

正德三年(1508)

岁大旱,又地震持续两日。

正德十六年(1521)

民间谣传采童男童女,一时嫁娶殆尽。

嘉靖十七年(1538)

是年,卢廷皆率子弟从邑西营前(在城关镇西大街,今已无此地名)迁居响亭山居住。

嘉靖三十一年至四十年(1552—1561)

三月,倭夷之乱,村民景滔等被掳未归。

是年,岭南陈氏第三次修族谱,纂修徐,首事八世孙尹稔、尹纤。

万历元年至四十七年(1573—1619)

魏姓自竹林迁东溪居住。

万历七年(1579)

县主黄醇巡视吾境,敬应孺人之德,旌其门(贞节)亲族称奉贺。

万历十三年(1585)

岭南陈氏第四次修族谱,纂修康天然(号一莲,四明奉川人,庠生)首事十世孙惟新、惟贤惟贵、惟秀存陈楠谱序,康天然、泰鸣来、吴时来、应孺人完节序三篇。

万历四十一年(1613)

三月晦(农历三月三十日,公历5月19日,简称"5·19"),徐霞客由宁海县城出西门,翻越岵岫岭,游过岭南村,夜宿梁皇驿站。

崇祯五年(1632)

三月十四日,徐霞客自宁海发骑,登岵岫岭,游过岭南村,夜宿岔路口。

崇祯八年(1635)

十一月廿六日,地震,屋皆动。

清

顺治元年至十二年(1644—1655)

陈可就自黄坛下张迁东溪居住。

康熙元年(1662)

春无雨,夏大旱。八月,风雨成灾。

康熙七年(1668)

六月十七日,地震。

康熙三十九年(1700)

陈氏十二世陈才元(讳良政)独建宗祠前厅三间且增制戏台,建正厅三间,坐本族东南。宗祠选用樟树构造,故名独樟祠。

康熙五十二年(1713)

岭南陈氏第五次修谱,后谱载:大房失火,宗谱付之灰尘,纂修及首事人无考。

雍正元年(1723)

夏旱连秋,颗粒无收。

乾隆五十五年(1790)

陈氏十五世大赞、大林、大统、大建、大章,议将祀产零余积贮,觅匠石聚良材,五公同造祠堂南北两厢楼房各四间。

道光七年(1827)

岭南陈氏第六次修族谱,纂修王首勋(号钦斋,又号丹陵,本邑太原人,郡廪生),首事十六世孙永仙、永操、永铭、永作、永彬、永堂,十七世孙成珍、成环。

道光十五年(1835)

陈成珍从横坑运来毛竹 40 余株,并组织陈氏各房(堂下、大房、中央堂)以股份制形式,栽在草岩、上茨坪、大坑脚、水牛塘、第一尖岩脚、上岗的茅草山上。自此,岭南山上始有毛竹。

咸丰元年(1851)

岭南陈氏第七次修族谱,纂修十七世孙成珍,参修童汉斌、成环,首事永健、永林、成创、成珠、成瑛、成占、成贯、成宙、成森、成良、成君。此谱无存。惟后世宗谱世传之赞语留其手迹。

咸丰二年(1852)

十一月初六日地震,次年三月又震。

咸丰八年(1858)

五月,彗星出现。

咸丰十一年(1861)

太平军将领潘飞熊率义军由天台入县境,激战前童攻占县城,村民陈邦金、陈邦法加入义军。

同治元年(1862)

四月十二日(壬戌日,公历 5 月 10 日)清晨,太平军李遇茂部万余人冲破西乡团练武装在岵岫岭的防线,由北向南,经过岭南、梁皇向东去攻打前童、竹林。

同治十一年(1872)

知县王耀斌等以梁皇寺和尚淫滥,遂改置梁皇寺为拱台书院。其为我境最早之书院。初改书院时僧所押卖田地奉官司严追,有首事童姓者自匿其田数十石,无人敢言,村民陈邦光上禀得准始尽数献出,远近快之。

光绪二十九年(1903)

岭南陈氏第八次修族谱,纂修小汀葛士衡,首事邦科邦熏、邦辉、邦坤、邦兴、邦宣、邦泰、家绵、家玺、家廉。自癸卯夏始至己酉(1903—1909),历时七载方成,此谱仅存下卷。

是年夏旱,龙潭坑龙潭取水,即雨立碑,碑文为"恩泽普济"。断碑尚存。

宣统三年(1911)

11月,浙江革命军政府派华巨熔等6人从杭州到宁海,扣押知县,清算粮款,接管县署,清政府统治宁海至此结束。

中华民国

民国元年(1912)

1月,前童童建侯任县知事。

是年,改学堂为学校。

民国三年(1914)

宁海县属稽道。中华民国成立至此前,宁海县直属浙江省。

民国四年(1915)

是年,南京临时政府教育部颁《普通教育暂行办法》,制定新学制:高小三年,初中为四年。

民国五年(1916)

8月,孙中山、胡汉民等视察象山港、三门湾,称三门湾为实业之要港。

民国七年(1918)

1月13日未时,地震,悬物摇晃。

民国九年(1920)

7月15日,大风暴雨来袭,多户人家房屋倒塌。

民国十一年(1922)

全县开始实行新学制,定小学初级四年、高级二年。

民国十四年(1925)

是年,在安岩里建胡公殿。首事家进、家喜,系合族舞狮班舞狮子筹款所建。

民国十五年(1926)

撤拱台书院,立梁麓初小,校址在岭南陈氏宗祠(俗称祠堂),原拱台书院由岭下陈管辖,村内家玺指派陈氏外甥杨蒙来住梁皇寺看护。自此后梁皇寺均属岭南村管辖。

民国十六年(1927)

1月,国民革命军北伐军第十九军第一师先遣营与北洋军周荫人部于岵岫岭相遇,两军在岵岫岭展开激烈的战斗,最终北伐军战胜北洋军。

民国十八年(1929)

7月17日起大风暴雨,连续五昼夜。

十月初七,又遭大风袭击五昼夜,民大困。据县志记载,人以树皮、草根为食,数千人无家可归,自尽、逃荒者不计其数。

民国十九年(1930)

是年,中国佛教会宁海分会成立。

民国二十年(1931)

1月17日,柔石在上海被捕。其妻吴素英(东溪人)曾往上海探望,柔石的好友陈士浩(岭下陈人)曾设法营救未成。2月7日,柔石被国民党杀害于上海龙华。

民国二十三年(1934)

八月大旱,村民到龙潭坑龙潭取水(即求雨),应之。立碑:龙潭行雨龙王。残碑尚存。

民国二十四年(1935)

春夏连旱,六月二十四日,水车村村民到龙潭坑龙潭取水,应之。刻碑:霖雨苍生。残碑尚存。

八月发台风,山洪暴发,倒房屋,淹田禾。

是年,宁海县属浙江省第七行政督察区。

是年,废除闾邻制,实行保甲制。全县192个乡镇合并为81个乡镇,共编828保,8228甲,10户为1甲,10甲为1保。村内称梁麓乡第12保。

民国二十五年(1936)

是年,学校由原梁麓初小改名为十二保国民学校,校址仍在岭下陈祠堂。

民国二十七年(1938)

4月,建立中共宁海临时县委,陈星(岭下陈人)任书记。翌年5月组织安排陈星去丽水。

民国二十八年(1939)

9月,宁海中学附设简易师范科,宁海始有师范教育。

民国二十九年(1940)

是年,吴文伟(东溪人)应民国县长方引之聘请,在县城孔家庵创办宁海县卫生院,并任院长。是年,水旱交灾,减收过半。

民国三十二年(1943)

祠堂南厢房修建。原楼屋历经一百五十余载,破旧不雅且失之高大,新造之楼气概胜前。

民国三十三年(1944)

清明祭祀,族人不慎,纸钱之火引发火灾,宗祠正厅3间化之灰尘。

民国三十四年(1945)

6月,占领宁海县城之日军进犯境内,村民趁九曲溪溪坑上避后山乌岩、双岩、青天山、安岩里等处。

7月,日军炮击驻张家山之俞部,村民闻之再次避后山。

8月3日,日伪军300余人,进犯境内,窜向岔路。村民悉避后山。

是年下半年,由于日伪军屡次进犯,劳作被废,田园荒芜。后称之为逃东洋人。

是年,陈氏十九世家林公,谱名家夏,叹宗祠被焚,带领各房代表8人,派工匠,选良材,重建宗祠正厅3间。

民国三十六年(1947)

夏旱连秋旱,水车乡民至石枧潭取水。村内村民送水至水车。

秋李士珍、郭履洲竞选国大代表,李士珍当选。

民国三十七年(1948)

10月13日,中共游击部队在岵岫岭伏击县自卫队,毙敌11名,俘21名,缴枪26支。

民国三十八年(1949)

4月,国民党87军(又称长江部队)3个团败退宁海,侵扰村庄,财物禽畜被掠,抓担夫甚众,村民再次避匿后山,后称逃长江部队。

中华人民共和国

1949 年

7月5日晚10时,宁海解放。

10月1日,中华人民共和国成立。同月,开始使用人民币。

11月,动员村民支前(舟山)民工,村民积极响应,多人支前,返回后有3人被挑选为县委通讯员。

是年,废除保甲制,实行村组制。村域内原属拱西乡第十二保,是年,分设团结乡,村域内属团结乡。

1950 年

是年,村名定为岭南村(包括东溪、响亭山)。全村划分9个小组,成立村农民协会,组织民兵,协助区中队清剿土匪。

5月,中国人民银行开始收兑金圆券。

10月,颁布《中华人民共和国镇压反革命条例》,镇反运动开始。

11月,开办冬学,全村男女老少200余人集中祠堂进行扫盲。

12月,贯彻《中华人民共和国婚姻法》。

1951 年

2月,土改工作队进村,成立农会,划分成分,进行土地改革,均分土地(改出户人均三石六,改进户人均三石一,单身汉三石三斗)。至9月底土地改革基本结束。

7月,动员组织村民兴修水利,原被洪水冲毁的七石坝即被修复。

10月,"抗美援朝,保家卫国"运动开始,动员青年参军,全村有5名青年参加志愿军。

同月,团结乡新民主主义青年团支部成立。岭南村有陈建良等3名青年加入新民主主义青年团支部。

1952 年

1月,开展土改复查工作。

5月,每户发给土地证。同时,分山到组。

10月22日,宁海县从原属台州专区改属宁波专区。

11月,集体缴农业税,岭南村粮质好,及时完成缴公粮任务,被评为缴公粮红旗单位。

1945—1952年,村内土匪活动频繁。村里有2名村民被杀害。亦有极少数人参与,从匪者有2人被处决。

是年,国家决定对国家工作人员和革命残废军人实行公费医疗预防制度,岭南村亦贯彻落实。

1953 年

4月,宣传贯彻婚姻法。

4月,村内组织2个互助组(即童宏法、陈银官互助组),组织农民走合作化道路(称"一化")。

5月11日,降雹,农作物受损严重。

7月,宁高公路开始测量,测量队住村内祠堂,公路经两年建造,于1955年3月通车。同月,粮食实行统购统销。

是月,贯彻总路线,对农业、手工业、私营资本主义工商业实行社会主义改造(称"三改造")。

开设消费合作社,村民入股。

是年,童宏法被评上劳动模范,出席县劳模大会。

1954 年

1 月,村民踊跃购买建设公债。

2 月,第一次普选,成立乡政权。共选出 7 名代表出席乡选。岭南村村民陈林木入选,担任乡文书。

9 月,棉布实行凭票供应。每人额定布票 1 丈 8 尺。

同月,互助组大发展,全村大部分农民加入互助组。

10 月,团结乡信用社成立,村民加入信用社,每股 2 元并发证。

同月,全县开展学习宣传《中华人民共和国宪法》。

是年,村里有 3 名村民加入中国共产党。

1955 年

3 月 1 日,发行新人民币。

同月,因修建宁高(宁海城关至三门县高枧)公路征用土地(征用金以每亩 30 元),征用后即全面动工建造,当年建成通车。

5 月,岭南村出动民工 80 多名,支援前童筑黄沙坝,因民工们抢重活干,受到指挥部表扬。

8 月,粮食实行"三定"(定产、定购、定销),每人每年口粮定稻谷 368 斤(番薯四折一抵口粮)。

9 月,常年互助组转初级合作社,对未入互助组的农户规划入社。全村成立初级社 3 个,称岭南三联社。

11 月 1 日,开始实行国家统一的粮油票证制度。

同年,中共岭南村支部(以下简称"村党支部")成立,陈国郊任村党支部书记。

1956 年

1 月,竹林、团结、前童三乡合为三合乡,后改称前童乡。

3 月,初级社转高级社,响亭山、东溪并入,称岭南高级社。同月,贯彻《一九五六年到一九六七年全国农业发展纲要》,实行"三包"(包工、包产、包成本)。

是年,全面推广种植早稻。

8 月 1 日,遭强台风袭击,为历史上罕见之台灾。山上树木多被吹折,毛竹被毁过半,瓦片尽被吹翻,所存无几,损失惨重。村南芭头大三围有余的上千年蟠龙古松亦被台风所折。后称此次台风为"8·1"台灾。

12 月,岭南村村民陈星当选为宁海县人民政府副县长,连任四届,直至 1966 年。

1957 年

是年，整风"反右"，岭南村有 3 名公办教师被错划为"右派分子"，至 1979 年全部平反。

9 月 23 日，宁海县划属台州专区。

是年，双轮双铧犁、脚踏打稻机开始使用。

是年，在新庵南面新建校舍，小学由祠堂移至新校舍。

1958 年

1 月，下大雪，大量毛竹、树木被折。

1 月 11 日—16 日，强冷空气影响村内，最低气温－9.6 摄氏度，雪后重冰，村内山上树木多被压折，损失严重。

9 月，筑土高炉炼钢。同时，发动群众，献铁献铜。

10 月，撤宁海县建制，宁海、象山合并为象山县，属台州专区。

10 月中旬，全县实行人民公社化。提倡"组织军事化，行动战斗化，生活集体化"，搞"一平二调"，办群众食堂，实行"粮食供给制，吃饭不要钱"。

是年，大办畜牧场。大规模兴建水利，当年筑成上坑八一、船山头、坟庵、麻车岙、半山周、里岙等 6 座山塘水库。

是年，近山烧炭，食堂、牧场均用上好松树烧火，兴卖树之风，山林被严重破坏。

1959 年

年初贯彻中共中央《关于人民公社若干问题的决议》，提出"三级所有，队为基础，按劳分配"的原则。

12 月，宁海县毛屿港堵港工程动工。村内有 50 多名民工支援堵港月余。

1960 年

9 月，遭大暴雨袭击，房屋倒塌，水稻被淹，损失巨大。

是年，农业歉收，用粮极度困难。集体食堂连薄粥杂粮都无法供应，社员只得以番薯藤、秕谷、米糠、乌糯根、金刚刺根、山大麦、犁头菜、玉米芯等充食。

1961 年

2 月 15 日（农历正月初一），下大雪，积雪 50 多厘米，为历史所罕见。同月，复区调整公社，村域内称象山县岔路区前童公社岭南大队，并以生产队为核算单位实行"四固定"（将土地、劳力、耕牛、农具固定给生产队）。

4 月，贯彻中共中央《农村人民公社工作条例（草案）》，继续纠正平均主义和瞎指挥等失误，分自留地，解散食堂，并号召种"十边地"，搞"百斤粮"，发展家庭副业，克服暂时困难。

6月中旬至9月中旬无雨,早稻枯死,晚稻无法下种。

10月,恢复宁海县建制,属宁波专区。

12月,东溪、响亭山划出分立大队。

是年,祠堂戏台破旧,向东移八尺进行修建。

是年,大队买来轧米机1台,始办轧米厂,厂址在董家桥边。

1962 年

2月,宁象分县,村内属宁海县岔路区前童公社岭南大队。

是年冬,石枧水库筑坝开工。

1963 年

是年,石枧水库筑坝,挖心墙,用黄泥填堵心墙。为早日完成挖堵心墙,村民们常开夜工。

1964 年

2月,社会主义教育运动在全县全面展开,村贫下中农协会建立。同月,开展"四清"(清账目、清工分、清仓库、清物资)运动。

6月,开展"五反"(反贪污盗窃、反投机倒把、反铺张浪费、反分散主义、反官僚主义)运动,后改称"四清",即清政治、清经济、清思想、清组织。

7月1日,配合完成第二次全国人口普查工作。

1965 年

是年,贯彻中共中央发布的《农村社会主义教育运动中目前提出的一些问题》,即"二十三条"文件。

1966 年

是年,因"文化大革命",村内部分文物遭到破坏,古装戏(称旧戏)、电影(旧电影)停演、停放。

1967 年

5月,公检法实行军管,村民兵连长任拿总,掌管村务。军管机构延至1968年10月。

8月始大旱。8月2日至11月6日近百日无雨,溪水断流。无水灌溉农田,村民饮用水困难。旱情严重,秋季无收。民大困,政府发粮救济。

1968 年

4月,公检法实行军管,军代表进驻。

9月,前童公社革命委员会成立,岭南村村民陈建官任常委。

10月,掀起"农业学大寨"高潮,宁海县首批116人赴大寨参观,岭南村大队长出席。

随后搞土地平整,造大寨田。

11月2日,宁海县革命委员会成立。实行一元化领导,行使原党政机关职权。革命委员会机构延至1980年。

1969 年

1月,岭南大队革命委员会(以下简称"大队革命委员会")成立。

10月1日,为庆祝中华人民共和国成立20周年,各公社、大队集中岔路区大游行。

是年,村合作医疗站成立。

是年,岭南完小附设的初中班被撤,校址由新庵移至大倪校舍。

1970 年

6月,在"农业学大寨,农村赶越溪"的口号影响下,各生产队派代表赴越溪大队参观。

9月,在"学上旺,赶上旺"的口号影响下,大队派代表赴上旺参观。返回后,船山、茨坪两处种茶30亩。

是年,扩大畜牧场,外龟新建畜舍11间,饲养母猪13头,长毛兔500只。成立副业队,还发展林业,种茶叶,搞苗圃,种桃、李、梨、柿等水果。在茨坪扩建平房2间,重修3间,用于养山蚕。

是年,在"深挖洞,广积粮"的口号影响下,村内里龟、船山等多处深挖防空洞。

是年,兴演革命样板戏。

是年,宁波专区改为宁波地区。宁海县属宁波地区。

1971 年

3月,副业队从平溪板昌林场购买松树苗20万株,栽于梁皇山(茶园山)峰。

6月2日,下暴雨,紫溪洞口庙水库崩塌,冲毁下游6个大队房屋1943间,农田838亩,致188人死亡。全县上下支援抗灾救灾。岭南村派民工50人前往紫溪救灾2天,支持毛竹5000斤。

10月,宁海县恢复党政机关组织。村党支部恢复活动。

1972 年

3月10日,陈星病逝,其遗体火化,开宁海县遗体火化之先例。其骨灰安放在跃龙山烈士陵园。

1973 年

3月,在岩门里、上岗、头巾孔等处栽松树、杉木150亩。

5月,梅雨连绵,小麦赤霉病严重。

是年,割资本主义尾巴,凡十边地、开荒地、三旁地之作物、竹木一律削光,砍光。公社设"打办",打击投机倒把、地下工厂。

1974 年

是年,村后建设茶厂5间,制茶由船山顶移至茶厂。1981年茶厂售为社员住宅。

1975 年

是年,石枧水库大坝建设完工,自1962年开建已历时14年。

是年,后门山水电站开工并建成。农历十二月十四日夜村民首次亮上电灯。同月,轧米厂从董家桥边迁至水电站。

是年,开始种植杂交水稻,三系配套,自繁种子。20世纪80年代大面积种植杂交水稻。

是年,小学新增建教室3个,始附设初中班,学区有岭南、东溪、响亭山、梁皇、西山里、沈坑岙、里外辽等村。

1976 年

1月8日,周恩来总理逝世,干部群众自发戴黑纱,举行悼念活动。同月,大队办油石厂,后因效益差停办。

2月,第一生产队办胶带厂,1978年由大队接收。同月,村在黄狗盘、外龟两处第二次种茶,面积计43亩。

9月9日,毛泽东主席逝世,举国哀悼。大队在学校设灵堂,隆重悼念。18日,集中学校操场参加追悼大会。

1977 年

7月,岭南完全小学附设的初中班首届初中毕业生毕业。

8月22日,台风过境,降暴雨。门前溪七石坝冲毁,石枧水库大坝顶过水,全村组织村民抢险。

9月始,石枧水库大坝加高。溢洪道新开。

是年,按每人0.11石分自留地,全村1314人,共分土地144.54石。

是年,大电网通村,改变了岭南村水电站供电不足的状况。

1978 年

2月,大队接收第一生产队胶带厂,办装潢设计厂,建厂房7间。1980年扩建厂房8间,1982年厂停办。

是年,门前溪改溪造田。新开河道长800余米,宽10余米,用地9.5石,造田29石。

11月,第一个计划生育运动月,村内有6名妇女施行结扎手术。

1979 年

1月,贯彻执行党的十一届三中全会精神,引导党员、干部把工作重点转移到社会主义现代化建设上来。

2月,开展地、富、反、坏分子评审摘帽工作。至1983年,全部结束。

1980年

1—3月,在里烟地、水牛塘、竹山、梅树坑开杉木基地,种杉木200亩。在大岙、外龟、后园扩建苗木基地,苗木品种有杉、樟、水杉、梧桐、楂树、红楂、柏树、橘苗等,为县林业局提供商品苗。村里集体和个人普遍种此类树木。

1981年

2月,第一批茶苗种于外龟,面积40亩;第二批茶苗种于解树坪,面积33亩;第三批茶苗种于大岙,面积20亩,三批总面积计93亩。

12月,推行以"包产到劳,包干到户"的农业生产责任制(俗称"包产到户"),全村按定量分面积集体种的早稻估产到户。

是年,撤大队革命委员会,复村党支部,设大队管理委员会。

是年,古装戏复出上演,祠堂售票放映电影《碧玉簪》。

1982年

7月1日,配合完成第三次全国人口普查工作。

9月,岭南完小附设的初中班撤并至乡校。

是年,分自留山(近山),按1.3亩每人划山到队,再分到户(1983年发自留山证)。自留山所有权属集体,使用权属个人,长期不变。

是年,农业推行家庭联产承包责任制。

1983年

5月,撤销"政社合一"体制,人民公社改为乡,建立乡人民政府和经济联合社,生产大队改为行政村,建立村民委员会和经济合作社。岭南大队亦改为岭南村,设立岭南村村民委员会(以下简称"村委会")。

是年,落实责任山,除龙潭坑两侧至竹山,杉树园到白炭山、毛竹山等由村管理外,其余山全部划片到队,落实到户。同年取消责任山,仍由村管理。

10月,稻谷鼠害严重,有村民用农药拌麦麸作鼠药,未及时投放,被8名小孩误食中毒,抢救复活6人,死2人,此事为后世人们使用农药之教训。

1984年

1月,选举村委会成员。

2月,制订建房规划,把大地圲、大倪、芭头、麦洋头定为建房规划区。

3月,修理石枧水库,用水泥浇筑渠道500米。

8月,开展延长土地承包期工作,一般承包期为15年,并订立承包合同。至11月底完成。村内逐丘定面积定产量,按海螺圩经验定量新复位,按新定量重分承包田,订立承包合同(俗称"分田到户")。

是年,陈阿毛办养鸡场,饲养生猪、肉用鸡,规模居全县之首。县委书记徐涨厚亲临视察,其事迹刊载于《浙江日报》。

1985 年

9月10日,首届教师节,开展尊师重教活动。

是年底,村党支部换届选举。

1986 年

2月,成立清账组,开始清账。

是年,西山岗判山,办服装厂、玩具厂,均无成。

是年,修祠堂。其中戏台大修,其余维修。

1987 年

1月14日,经浙江省民政厅批准,前童撤乡建镇。

2月,在西山后至白炭山,第三次种杉树(树苗为购买所得),种植面积为50亩。

5月7日,经浙江省民政厅批准,划定前童为抗日战争时期革命老区。

是年,村委员换届选举。

1988 年

7月,"7·30"洪灾暴发,冲毁九曲溪后门坑段石板桥4座,冲塌门前山脚大坝1000余米,毁田60余亩,大坍洪30多处,竹木损失无数。

10月19日(农历重阳节),村民庆祝第一个老人节。

1989 年

是年,修复水毁大坝,复田60余亩。冬季至龙判山,接自来水。

1990 年

7月1日,配合完成第四次全国人口普查工作。岭南自然村有住户288户,常住人口989人。

9月1日零时,宁海县内电话号码由5位数升为6位数。

是年,农村经济合作社管理委员会成立。

是年,村委会换届选举,村党支部换届选举。

是年,扩充自来水水源,原自来水前池建于大岙,再建石砚潭前池,铺设水管2000余米至外龟与原水管连通。

是年,建从乌株树脚,经后门畈、后门坑、麦洋头至芭头的环村道路。

是年,收承包田、自留山等承包款。

1991 年

9月,村党支部换届选举。

是年,程控电话开通。

1992 年

是年,全县范围内撤区扩镇并乡。撤岔路区,区内所有的乡均合并,扩建岔路、前童、桑洲三个镇。岭南村属前童镇。

1993 年

2月,岭南陈氏召开重修族谱筹备会,初定各房修谱代表,开始收集资料。

农历九月初九,俗称重阳节,也是老人节,岭南村老人协会成立。

是年,村委会换届选举。

1994 年

10月9日零时,宁海县内电话号码由6位数升为7位数。

是年,岭南陈氏为修族谱,多方收集资料。

1995 年

1月,岭南陈氏修宗谱。各房选代表共24人。

5月,宁海县农村社会养老保险制度正式启动,县、镇(乡)、村三级建立管理网络和农民参保服务工作。

7月,岭南自然村开展人口普查。全村有住户314户,常住人口989人。

12月28日(农历十一月初七)中午,前堂屋三串堂电线短路失火,烧毁楼房29间,平房4间,直接受灾15户,间接受灾13户,损坏楼房15间,平房55间。烧毁粮食4万余斤,现金3.09万元,总计损失近400万元,损失惨重。灾后,政府赈济村民70余户,捐助现金2500多元,粮食1000余斤。

年底,岭南陈氏宗谱修工作基本完成。

1996 年

1月,村党支部换届选举。

3月,贯彻党中央指示,浙江省对坟墓、庙宇实行专项治理。

4月,村委会换届选举。

1997 年

1 月 28 日（农历一九九六年十二月二十日），岭南陈氏在陈氏宗祠举行圆（关）谱仪式。

2 月，县政府常务会议决定，秋季起，全县实行小学六年制义务教育。

8 月，11 号台风使宁海县受灾空前，损失惨重。水车村被淹。村里派代表专程赴水车村探视灾情，进行慰问。

1998 年

是年，门前街大路硬化。

是年，国道同三线（岭南段北起岵岫岭，南至梁皇溪，长约 2000 米）征用土地后开工，于 2001 年通车。

1999 年

3 月，村党支部委员改选。4 月，村委会换届选举。

是年底，完成土地第二轮承包工作，承包期再延长 20 年。

2000 年

1 月 25 日（农历一九九九年十二月十九日）凌晨 2 时许，下份道地房屋失火，失火原因不明，烧毁楼房 30 间，平房 3 间，直接受灾 16 户，计 80 余人，烧毁粮食 10 000 余斤，家具、农具多件，总计损失近 200 万元，损失惨重。灾后，政府赈济各户衣服、现金等。其中现金共计 3000 多元。

11 月 1 日，配合完成第五次全国人口普查工作，全村有住户 461 户，常住人口1438 人。

2001 年

5 月 18 日零时，宁海县内电话号码由 7 位数升为 8 位数。全市通用地区号为 0574。

9 月，宁海县实行殡葬改革，9 月 15 日始试行遗体火化。

2002 年

4 月，村党支部委员改选。

5 月，村委会换届选举。

5 月 19 日，首届中国（宁海）徐霞客开游节在宁海县城隆重开幕。从此，宁海成为中国旅游日发祥地。

2003 年

7 月 26 日，宁海县成功实施首次人工降雨。在双峰乡杨染村发射 8 枚火箭，降雨持续40 分钟，黄坛水库蓄水量增加 20 万立方米左右，村域内也普降中雨 20 多分钟。

是年,整修农田灌溉渠道并进行硬化。

2004 年

2 月 27 日,宁波市财政局印发《关于全面免征农业税的通知》。是年,免征农业税,减轻农民负担,开了有史以来免征"皇粮国税"的先例。

3 月,宁海县推行新型农村合作医疗制度,农村始有医疗保险。是年,村民参加农村医疗保险。

是年,前操场建造公园,香港市民陈翠英(原籍岭下陈人)捐资价值人民币 4.5 万元。

2005 年

4 月,村委会换届选举。村委会办公室设在岭南陈氏宗祠一楼南厢房。

是年,村出钱统一向保险公司办理全村村民旧房屋的保险手续。

11 月 3 日(农历十月初二)下午 2 时许,塘下里道地房屋失火,失火原因不明,烧毁楼房 16 间,受灾 16 户,计 28 人,烧毁家具、农具多件,粮食 6000 余斤,总计损失近 100 万元。灾后,县保险公司按各受灾户被火烧毁的房屋面积发给房屋保险费。

2006 年

2 月,东溪、响亭山、岭南 3 个规模较小的行政村合并成规模较大的岭南行政村。

9 月 1 日,全县义务教育段的中(初中)、小学生全部免除学杂费。

2007 年

是年,镇补水泥(浇 3 平方米地面补 1 包水泥),村民出工,村内小巷、墙弄道路硬化。

2008 年

3 月,村党支部委员改选。

4 月,村委会换届选举。

2009 年

4 月,投入 130 万元,石枧水库除险加固工程开工,年底完工。

7 月 22 日日全食(500 年一遇)。8 点 21 分初亏,9 点 34 分全食始,9 点 39 分全食终,10 点 59 分复圆。

是年,铺设从安岩里到船山里的自来水管道,并投入使用。

2010 年

是年,配合完成第六次全国人口普查工作,截至当年 12 月 31 日,岭南村有住户 403 户,常住人口 1363 人。

2011 年

3 月,村党支部委员改选。

3月31日,国务院常务会通过决议,自2011年起,每年5月19日为"中国旅游日"。

4月,村委会换届选举。

2012年

3月15日,县农林局牵头与其他各局一道来岭南村造林绿化。当天在村祠堂前,甬临线东种植桂花树400余株,当年成林,桂花飘香。

是年,污水管道开始铺设,至2015年底厨余垃圾处理站完工,并投入使用。

2013年

11月,甬台温天然气输气管道工程在岵岫岭顶开工,此工程由浙江省石化总公司负责承建,通过村内段北起岵岫岭,南到梁皇溪,长约2200米。2015年完工。

12月,经宁波市森林组织委员会评估验收,岭南村评定为宁波市森林村庄。

是年,村自来水安装水表,每只水表由宁海县水务集团补助700元,村民自负500元,部分自来水管道改道铺设,至2016年春完工。

2014年

1月,村党支部委员改选。

2月,村委会换届选举。

2月,宁海县委着眼于规范村级权力运行,出台《宁海县村级权力清单三十六条》(简称"三十六条"),在全县范围内推广实践。按"三十六条"精神,岭南村村委会认真贯彻执行。

5月,以9.5万元征用祠堂大门前村民房屋3间,面积约220平方米,当年建成花坛。

2015年

5月,村文化礼堂动工,建筑面积1550平方米,投入204万元。至2016年底主体工程完工,2017年屋内装修,放置展陈图片。

2016年

1月,遵照国家计划生育政策调整,全村实施一对夫妇可生育二孩政策。

7月,甬临线两侧环境提升工程动工,审定价88.9万元,至12月底完工。工程完工后,极大地提升了村庄环境的质量,为村民提供休闲、停车、文化活动的场地。

2017年

3月,村党支部委员改选。

4月,村委会换届选举。

8月,村党支部、村委会办公室从祠堂南厢房迁至岭南村文化礼堂三楼。

2018 年

11 月,村土地联产承包经营权证复查、校对再转承包工作启动。

12 月,在村文化礼堂一楼置办宁海县家宴服务中心,南端底楼为厨房,礼堂为兼用宴厅。

是年秋分日,是首届中国农民丰收节。是日,村民进行庆祝活动。

2019 年

3 月,村土地联产承包经营权证复查、校对再转承包工作完成,承包户领到承包权证。此次村共承包给农户农田耕地 765.8 亩,其中岭南自然村 525.8 亩、东溪自然村 156 亩、响亭山自然村 84 亩。

12 月 1 日,投资 8.5 万余元,九曲溪(后门坑段上起大房桥头,下至下份桥顶)河道护岸工程动工,月底完工。

2020 年

2 月,遵照宁海县新型冠状病毒肺炎疫情防控工作领导小组办公室要求,村组织人员进行疫情防控。紧急采购消杀物资、防护用品。对外地到村人员进行扫码、测体温;对疫区(湖北、武汉)返村人员及时送医院进行核酸检测,并进行为期两周的居家观察;村民做到常戴口罩、勤洗手、常通风,不群聚、紧守一米线等。直至年底,村内未有疫情发生,防控达到预期的目的。

10 月,村党支部改选。

12 月,村委会换届选举。

是年,配合完成第七次全国人口普查工作。截至 2020 年 12 月 31 日,岭南村有住户510 户,常住人口 1372 人。其中,男性 727 人,女性 645 人。

第一章　置村沿革

岭南建村始于北宋大中祥符年间(1008—1016),村庄位于岵岫岭南麓。建村以来,勤劳淳朴的岭南村民,在这块土地上日出而作、日落而息,逐渐形成现有规模的村落。千余年来,村名多次变换,1950年更名为岭南村,沿用至今。

第一节　地理位置

岭南村,村名以自然环境结合地理方位而得,因位于岵岫岭南面,故得岭南之名。岭南村介于北纬29°15′12″至29°16′38″,东经121°19′33″至121°20′35″之间,地处宁海县之西隅,前童镇西北部,距县城12千米,距镇所在地联合村4.2千米。东倚峰山、门前山;南临梁皇溪,与梁皇村相邻;西接梁皇山(茶园山)峰第一尖、岩门里;北枕岵岫岭,与黄坛镇相连。岭南村东、西、北三面群山环抱,中间是一片地势较为平坦的山区河谷盆地,南边是地势较为平坦宽阔的田野。村域面积为5.5平方千米,其中山林面积为6093亩,占整个村域面积的73.9%;耕地面积841.2亩,占整个村域面积的10.2%;村庄建成区(包括水域)面积为1315.8亩,占整个村域面积的15.9%。

第二节　村庄简介

岭南村由岭南、东溪、响亭山3个自然村组成。3个自然村都位于岵岫岭南侧,自然条件相同。旧时,三地同属一个村,中华人民共和国成立初期,三地同为岭南村。1961年同为岭南大队,是年12月,东溪、响亭山划出岭南大队,另立东溪大队、响亭山大队。而后随村名变换,各自成为行政村。2006年,岭南、东溪、响亭山3个规模较小的行政村合并为规模较大的岭南行政村。习惯上人们把原来规模较小的岭南、东溪、响亭山3个行政村分别称为岭南自然村、东溪自然村、响亭山自然村。

岭南自然村　曾用名岭下陈,是岭南行政村村委会驻地。村庄中心地理坐标为东经121°19′42″,北纬29°15′37″,海拔91米,村处前童镇西北,离镇所在地联合村4.2千米。北连东溪自然村,南临梁皇溪(梁皇溪南岸尚有小部分土地属于岭南村,梁皇溪北岸也有小部分土地属于梁皇村)。省道甬临线穿村而过,对外交通便捷。村内道路硬化,行运方便。

有 2 条溪流自西北向东南流经村域,汇入梁皇溪。据《岵岫岭南陈氏宗谱序》载:南宋理宗甲寅年(1254),陈启乾自仙居皤滩徙居岵岫岭南赘董氏婿。董氏则在北宋大中祥符年间(1009—1016)在此定居,元明二代在此定居的尚有朱、周、章、倪等姓氏人员。以村在岵岫岭南面岭下,陈姓人居住较多,故称岭下陈。1950 年改称岭南。

岭南自然村 2018 年有住户 328 户,常住人口 908 人。有耕地 525.8 亩,主产稻谷,尚有小麦、玉米、大豆等。村民生活以务农为主,副业有培育林业、烧炭、卖柴等,还从事猪、牛、羊、鸡、鸭等家禽家畜饲养,部分居民还兼养蚕桑,种植有茶叶、果木等。此外外出务工者也不少。现村内开有商贸服务业 4 家,办有 3 家工厂、1 家公司,2018 年年产值达 1480 万元。

东溪自然村　村庄中心地理坐标是东经 121°19′53″,北纬 29°15′52″,位于前童镇西北处,离镇所在地联合村 4.5 千米的岵岫岭南麓之溪边,北接响亭山自然村,南连岭南自然村。省道甬临线自村中穿过,对外交通便捷,村内道路硬化,出行方便。据《东溪岔门头魏氏宗谱》载:魏姓于明万历年间(1573—1619)自竹林迁此。据《东溪陈氏宗谱》载:清初,陈可就(1644—1650)自黄坛下张迁此。门前溪自东北向西南流过村东,直接以村所依附之溪流取为村名,称东溪。

2018 年,东溪有住户 87 户,常住人口 241 人。有耕地 156 亩,主产稻谷,尚有小麦、玉米、大豆等。村民生活以务农为主,副业有猪、羊、鸡、鸭等家禽家畜饲养,部分村民还经营蚕桑,培育茶叶、果木等。村域内开有小店 2 家。近几年村民进工厂务工者较多。现有山林 884 亩,植被有松树、杉树、毛竹、茅草等。

响亭山自然村　村庄中心地理坐标是东经 121°19′35″,北纬 29°15′56″,位于石枧水库东南方,距前童镇所在地联合村 4.6 千米的岵岫岭南麓,北邻黄坛镇,南接东溪自然村。省道甬临线于村东经过,村内道路硬化,对外交通便捷。有溪流自西北向东南经村北流过。据《重修响亭山卢氏宗谱序》载:卢廷皆于明嘉靖戊戌年(1538),遨游于岵岫岭下响藤山,喜其地,遂率子弟自邑西之营前(在城关镇西大街,今已无此地名)迁居于此。据《重修岭下魏氏宗谱序》载:清初,魏启元(1680—1767)自东溪迁响藤山。据传,古时山上有树,上缠藤蔓,摇动出声,故名响藤山。村以山命名,后因谐音写作响亭山。

2018 年,响亭山有住户 72 户,常住人口 230 人。有耕地 84 亩,主产稻谷,尚有小麦、玉米、大豆等。村民生活向以务农为主,副业有猪、羊、鸡、鸭等家禽家畜饲养,还培植有茶叶、果木等。外出务工者也不少。现有山林 877 亩,植被为松树、毛竹、杉木、其他杂木、茅草等。

第三节　隶属沿革

北宋大中祥符年间(1008—1016),该地隶属台州宁海县连里乡。

南宋宝祐年间(1253—1258),因该地以董姓人氏居住较多,又地处岵岫岭南侧岭下,故村名称岭下董。岭下董隶属台州宁海县连理乡宣阳里。

明初,因该地以倪姓人氏聚居较多,村改名为岭下倪。明代,宁海属台州府。明崇祯年间(1628—1644),岭下倪隶属宁海县连理乡宣阳里二十九都。

清代初期,因该地以陈姓人氏居住最多,村改名为岭下陈。清袭明制,宁海仍属台州府。清雍正六年(1728),实行村里制,岭下陈隶属宁海县第四区塘头庄。

清宣统年间(1909—1911),称宁海县拱台乡塘头庄岭下陈。

民国元年(1912),撤销府级建制,宁海县直隶浙江省。岭下陈隶属宁海县梁麓乡。

民国二十四年(1935),实行甲保制。岭下陈隶属梁麓乡第十二保。

民国二十八年(1939),撤梁麓乡,建拱西乡,岭下陈隶属岔路区拱西乡第十二保。

中华人民共和国成立后,宁海县属台州专区。

1950年初,村名由岭下陈改为岭南村。同年,宁海县设立8个区,岔路区拱西乡第十二保改为岔路区团结乡。该地称岔路区团结乡岭南村。

1952年10月,原属台州专区的宁海县改属宁波专区。

1956年,该村称岔路区前童乡岭南村。

1957年9月,宁海县划属台州专区。

1958年10月7日,浙江省委决定撤销宁海建制,并入象山县,县治设力洋,次年4月县治迁宁海县城关镇。10月中旬,全县实行人民公社化,岭南村改称为岔路(东风)人民公社团结管理区岭南生产大队。

1961年10月,宁、象两地恢复县建制,隶属宁波专区,宁海县人民委员会与人民公社管理委员会并存。岔路(东风)人民公社团结管理区岭南生产大队改称为前童人民公社岭南生产大队。

是年,东溪、响亭山划出岭南,分立大队。

1968年11月,宁海县革命委员会成立。是年,前童公社革命委员会成立,该地隶属前童公社,分别称前童公社岭南生产大队、前童公社东溪生产大队、前童公社响亭山生产大队。

1969年1月,岭南村革命委员会成立。是年,东溪、响亭山革命委员会相继成立。

1970年,宁波专区改为宁波地区,宁海县属宁波地区。

1971年10月,宁海县恢复党政机关组织。同年,村党支部复建,东溪、响亭山党支部也相继复建。

1983年5月,撤销"政社合一"体制,人民公社改为乡,建立前童乡人民政府和乡经济合作社,生产大队改为行政村,建立村民委员会和经济合作社。该村称前童乡岭南村。7月,撤宁波地区,建宁波市,宁海县属宁波市。

1987 年 1 月 14 日,改乡建镇,前童乡改为前童镇,故前童乡岭南村改称前童镇岭南村。

1992 年,全县撤区扩镇并乡,撤岔路区,扩岔路、前童、桑洲 3 个镇,原岔路区所属所有的乡均合并。合并后,此地称宁海县前童镇岭南村。

2006 年,因在全县范围内扩大村的规模,故进行并村,岭南、东溪、响亭山 3 个行政村合并成规模较大的岭南行政村。至此,宁海县前童镇岭南村村名被确定下来,并沿用至今。

第二章 地域 气候

岭南村位于地势较为平坦的山区河谷盆地,东、西、北三面群山环抱,村庄南边是一片地势较为平坦的田野,地域面积为 5.5 平方千米。

岭南村属中纬度亚热带过渡地带,为季风性湿润气候区,夏冬长,春秋短。气候特征为春暖、夏热、秋爽、冬冷,四季分明。地域内有风、雷、雨、雪、冰雹等气象变化,村民中流传着较多的气象谚语,村内偶尔会发生由气象变化引起的自然灾害。

第一节 地 域

岭南村北起岵岫岭顶,南至梁皇溪(梁皇溪南岸尚有小部分土地属于岭南村,梁皇溪北岸有小部分土地属于梁皇村),南北长约 2.2 千米,东起门前山顶,西至茶园山峰第一尖,东西宽约 2.5 千米,地域面积 5.5 平方千米。其中山地面积 6093 亩,占整个村域面积的 73.9% 左右,土地扩权测绘土地面积 841.2 亩,村庄、道路、水域面积约 1315.8 亩。岭南村属山区河谷盆地地貌,东、西、北三面群山环抱,中间地势较为平坦,南边是一片较为广阔的田畴。

第二节 气 候

岭南村属中纬度亚热带过渡地带,为季风性湿润气候区,气候温暖湿润,雨量丰沛。以气温划分,春秋短,夏冬长。其中春季平均为 75 天,夏季平均为 105 天,秋季平均为 62 天,冬季平均为 123 天。气候特征为春暖、夏热、秋爽、冬冷,四季分明。

一、四季气候

春季 从 3 月 27 日至 6 月 9 日,历时 75 天。分孟春、仲春、季春 3 个阶段。孟春,从 3 月 27 日至 4 月 26 日,计 31 天,平均气温 12.3 摄氏度左右。仲春,从 4 月 27 日至 5 月 23 日,计 27 天,平均气温 17.3 摄氏度左右。季春,从 5 月 24 日至 6 月 9 日,计 17 天,平均气温 21.6 摄氏度左右。春季冬季风衰退,夏季风北进,交替激荡,太阳辐射增强,地面增热,气温波伏上升,天气变化多端,常出现低温阴雨或倒春寒和晚霜现象。有"清明断雪,谷雨断霜"之农谚;有"春天孩子脸,一日变三变"和"一日脱赤膊,三日头冻缩"的天气特征。全季平均气温18摄氏度左右,降雨日约40天,降雨量约362毫米,日照约329小时。

夏季　从6月10日至9月22日,历时105天。分孟夏、仲夏、季夏三个阶段。孟夏,从6月10日至7月10日,计31天,平均气温25.5摄氏度左右。仲夏,从7月11日至8月24日,计45天,平均气温稳定在27摄氏度上下。季夏,从8月25日至9月22日,计29天,平均气温25.4摄氏度左右。夏季气候受西太平洋副热带高压控制,冷空气北退,夏季风占绝对优势,多东南风,常出现高温、干旱或雷暴雨天气,亦是热带风暴、台风影响最频繁季节。

有"六月尽、七月半、八月十六勿用算"的天气谚语。全季平均气温26.2摄氏度左右,降雨日约53天,降雨量约790.3毫米,蒸发量约590.7毫米,日照约674.8小时。

秋季　从9月23日至11月23日,历时62天。分孟秋、仲秋、季秋3个阶段。孟秋,从9月23日至10月15日,计23天,平均气温20.8摄氏度左右。仲秋,从10月16日至11月4日,计20天,平均气温17.6—18摄氏度。季秋,从11月5日至11月23日,计19天,平均气温12.7—13.1摄氏度。秋季夏季风减弱,冬季风南移,大陆冷高压已基本形成并渐增南下,与减退的暖湿气流交汇,气温波伏下降,有"一阵秋雨一阵冷"的天气特征。秋季,天高气爽,晴朗回暖,俗称"十月小阳春"。全季平均气温17.4摄氏度左右,降雨日约22天,降雨量约207.8毫米,日照约312.2小时。

冬季　从11月24日至次年3月26日,计123天。分初冬和隆冬两个阶段。初冬,从11月24日至12月27日,计34天,平均气温9.9摄氏度左右。隆冬,从12月28日至次年3月26日,计89天,平均气温5摄氏度左右。冬季气候主要受北方干冷极地、大陆气团的季风所控制,冷空气不断南下,西北风盛行,气温下降,常出现雨、雪、霜冻。冬季后气候变冷,有"一九二九,滴水不流,三九四九,灶塘呴呴"的气候特征。有"冬至前后,沙飞石走;冬至月头,日呴夜呴;冬至月中,日风夜风;冬至月尾,好在年里"之谚语。全季平均气温6.9摄氏度左右,降雨日约55天,降雨量约295毫米,日照约569小时。

二、全年气候概况

全年平均气温16.2摄氏度左右,极端最高气温39摄氏度左右,最低气温－9.6摄氏度左右。年平均日照1886小时,年降水日170天,降雨量1456毫米,无霜期230天左右,占全年63％。无霜期最多259天,最少207天。每年结冰期平均为110天,最多147天,旱、涝、台风三者为害最烈,冰雹灾害性天气均有出现。

当地还流传着相关气候的谚语,现选录部分如下:

春雾雨,夏雾暑,秋雾风,冬雾雪。

春东风,雨做工;夏东风,井底空;秋东风,烂草棚;冬东风,要旱冬。

云走东,车马通;云走南,雨漂船;云走西,马溅泥;云走北,好晒谷。

雷响天边,雨在眼前;雷响头顶,有雨勿紧。

雨打鸡啼丑,雨伞不离手;雨打天亮头,晒死黄牯牛。

预测天气的谚语,仅作参考。预测天气应以气象台天气预报为准。

村民们经过多年的观察所得到的概括性气象变化情况较多,其中九九歌、二十四节气顺口溜、二十四节气气象谚语现记述如下。

(一)九九歌

一九二九,滴水不流。

三九二十七,屋檐挂冰。

四九三十六,夜眠如露宿。

五九四十五,太阳照门户。

六九五十四,笆头长嫩刺。

七九六十三,铺盖两头担。

八九七十二,黄狗伏阴地。

九九八十一,飞爬一齐出。

说明:冬至为九九第一天,冬至后八天称"一九",余类推。

(二)二十四节气顺口溜

春雨惊春清谷天,夏满芒夏暑相连。

秋处露秋寒霜降,冬雪雪冬小大寒。

每月二节日期定,最多相差一二天。

上半年六廿一,下半年八廿三。

(三)二十四节气气象谚语
立春

年逢双春雨水多,年逢无春好种田。

立春打了雷,当春会烂秧。

雷打立春节,惊蛰雨不歇。

雨水

雨水落了雨，阴阴沉沉到谷雨。

雨水前雷，雨雪霏霏。

雨打雨水节，二月落不歇。

惊蛰

惊蛰至，雷声起。

冷惊蛰，暖春分。

惊蛰刮北风，从头淋过冬。

过了惊蛰节，春耕不停歇。

春分

春分不暖，秋分不凉。

吃了春分饭，一天长一线。

春分刮大风，刮到四月中。

春分阴雨天，春季雨绵绵。

清明

清明有霜梅雨少。

清明断雪，谷雨断霜。

清明难得晴，谷雨难得淋。

雨打清明前，洼地好种田。

谷雨

谷雨天，忙种烟。

清明不怕晴，谷雨不怕淋。

谷雨下雨，雨生百谷。

立夏

春争日，夏争时。

雨打立夏，呒水洗耙。

立夏雨少，立冬雪到。

立夏天气凉，麦子收得成。

小满

小满大满江河满。

小满小满，麦粒饱满。

小满天天赶，芒种不容缓。

芒种

芒种芒种,连收带种。

芒种雨涟涟,夏至火烧天。

芒种怕雷公,夏至怕北风。

芒种勿落雨,紧割小麦二日半。

夏至

夏至无雨,缸里无米。

夏至大烂,梅雨当饭。

夏至无响雷,大水十几回。

夏至见春天,有雨到秋天。

小暑

小暑有雨旱,小暑有雨冷。

小暑下几点,大暑落勿歇。

小暑不见日头,大暑晒开石头。

雨打小暑头,四十五天不用牛。

大暑

大暑大雨,百日见霜。

大暑连天阴,遍地出黄金。

大暑无酷热,五谷多不结。

大暑展秋风,秋后热到冬。

立秋

雨打秋,件件收。

立秋温不降,庄稼长得旺。

立秋早晚凉,中午汗湿裳。

立秋雨淋淋,遍地是黄金。

处暑

处暑雨,粒粒皆是米。

处暑处暑,处处要水。

处暑好晴天,家家摘新棉。

处暑谷渐黄,大风要提防。

白露

白露在仲秋,早晚凉悠悠。

过了白露节,夜寒日里热。

白露过秋分,农事忙纷纷。

白露秋分夜,一夜凉一夜。

秋分

秋分节,早晚凉,午后热。

秋分天晴必久旱。

秋分有雨地不干。

秋分有雨来年丰。

寒露

寒露无雨,百日无霜。

吃了寒露饭,单衣汉少见。

寒露到霜降,种麦莫得慌。

寒露霜降节,紧风就是雪。

霜降

霜降无雨,暖到立冬。

霜降见霜,立冬见冰。

霜降不降,百廿日糊荡荡。

霜降下雨连阴雨,霜降不下一冬干。

立冬

立冬晴,一冬晴。

立冬天气冷,一年冷气多。

立冬东北风,冬季好天空。

立冬落雨会烂冬,吃得柴尽米粮空。

小雪

小雪无云大旱。

小雪晴天,雨至年边。

小雪满田红,大雪满田空。

小雪雪漫天,翌年必丰产。

大雪

大雪不冻倒春寒。

大雪下雪,翌年雨不缺。

寒风迎大雪,三九天气暖。

今年大雪飘,明年收成好。

冬至

阴过冬至晴过年,晴过冬至阴过年。

冬至暖,冷到三月中。

冬至晴一天,春节雨雪连。

冬至落雨星不明,大雪纷纷步难行。

小寒

小寒天气热,大寒冷莫说。

小寒不寒,清明倒春寒。

小寒胜大寒,常见不稀罕。

小寒大寒寒得透,来年春天天暖和。

大寒

大寒不寒,来年多有虫害。

小寒不如大寒寒。

大寒之后天渐暖。

过了大寒,又是一年。

三、气候变化引发的自然灾害

由于气候变化,可能出现大风、台风、大雨、暴雨、雪霜、冰雹、干旱、冷害、热害等自然灾害。以下记述的是自 1920 年至 2019 年村内出现过的自然灾害。

民国九年(1920)七月十五日,遭大风暴雨,田毁屋倒。

民国十年(1921)七月,淫雨连旬,洪水泛滥,多道地坝冲毁。

民国十一年(1922)八月初一至初二日,降暴雨。是年遭 5 次大雨,田禾杂粮无收。

民国十八年(1929)七月十七日,遭大风暴雨。九月底遭狂风暴雨 5 昼夜。十月初又遭大雨袭击 5 昼夜,大水泛滥,民大困。

民国二十三年(1934),八月大旱,旱情严重,秋歉收,米行断米 6 市,饥民告籴无门。

民国二十四年(1935),春旱连夏旱,旱情严重,八月发台风,山洪暴发,倒房屋,淹田禾。

民国二十五年(1936),春多雨水,豆麦减产。

民国二十九年(1940),六月大雨夹风,农田被淹,粮食歉收。

民国三十二年(1943),遭狂风暴雨,山洪暴发,树木被折,房屋倒塌 12 间,损失严重。

民国三十三年(1944),旱,且螟虫为害,轻者只收四五成,重者只收二三成。

民国三十四年(1945),二月初五下午至初六日降大雪,积雪盈尺,为十数年所罕见。

民国三十五年(1946),春寒多雨,夏又虫灾,夏、冬旱情严重,粮食歉收。

民国三十六年(1947),夏旱连秋旱,50%的农田颗粒无收,余下农田歉收。

1951年,6月旱,7—8月又旱,旱情严重,粮食歉收。

1952年,3月下旬至4月中旬倒春寒,春季作物损失较大;夏旱严重,农田龟裂;8月17日台风过境,农作物损失严重。

1953年5月11日,降冰雹,农作物严重受损。

1956年8月1日,强台风在象山港登陆,风速每秒40米以上,最大风速达每秒65米;日最大降雨量195毫米,村内毛竹被毁50%以上,山上树木多被台风吹折,村民房屋瓦片多被吹翻,村里芭头千年以上大三围有余的蟠龙古松亦被台风吹折,损失惨重,无法统计,为历史上罕见之灾,因其在8月1日发生,称此次灾害为"8·1"台灾。

1957年,夏旱,9月14日降暴雨,村内300多亩水稻、玉米、番薯等作物被毁。

1958年1月11—16日,受强冷空气影响,村内最低气温降至-9.6摄氏度,雪后冰冻,毛竹、树木多被压折,损失严重。

1960年4月12—21日,倒春寒,烂秧严重。8月24日大风暴雨袭击,房屋倒塌,水稻被淹,农业歉收。是年,村里食堂断粮,社员只得以秕谷、米糠、番薯藤、玉米芯、乌糯根、野菜等充饥。

1961年2月14—16日,大雪,积雪厚50厘米,交通受阻,为历史所罕见。5月19日始,大风暴雨持续35小时,农作物被淹。6月16日至9月中旬,夏旱,耕地受旱,晚稻无法下种。

1962年9月4日,遭受台风袭击,农田被淹,房屋倒塌,损失严重。

1967年,夏旱连秋旱,自8月1日至11月6日98天中,降雨量不到30毫米,村内溪流断流,农田龟裂,遍野赤地,后季无收。全村井水枯竭,村民饮水困难。

1971年,夏旱,自6月11日至9月30日111天中,降雨量仅21.8毫米,村内农田龟裂,严重缺水。

1973年,5月梅汛期降暴雨,降雨量达486.6毫米,为历年同期极值。小麦赤霉病严重。

1974年8月19日,受台风在三门登陆影响,村内降雨量达526—579毫米,农田受淹。

1977年8月22日,受台风影响,暴雨成灾。石枧水库大坝过水,全村总动员抢险。门前溪七石坝被冲毁,毁田50余亩,灾情严重。

1980年,4月13—15日、24—26日,平均气温低至8.8摄氏度,出现倒春寒,早稻烂秧。7—8月,出现"伏天做梅",连续降雨26天,因低温降雨,早稻湿谷发芽,损失较大。

1982年7月30日,受台风在福建登陆影响,降暴雨,日降雨量为230毫米,造成山洪暴发,溪水猛涨,农田被淹。

1986年8月26日,受台风影响,农作物倒伏,粮食歉收。

1988年7月29日,傍晚至次日晨,降雨量为519毫米,30日降暴雨,形成特大洪水,山洪暴发,冲毁九曲溪上石板桥4座,冲走后门坑旁5户人家房屋7间,门前山脚大坝倒塌1000米以上,多数埘碦被毁,农田被毁60多亩,受淹100余亩,大坍洪30处,此次洪灾史无前例,后称"7·30"洪灾。

1989年7月20日,受8909号台风在象山县南部登陆影响,村内风力达11级,竹木被折。

1992年9月22日,受9219号台风在温州附近登陆影响,村内强降雨引发山洪,农田受淹。

1994年6月中旬梅雨期,因连续遭梅季暴雨袭击,农作物受淹。

1997年8月18日,11号台风在温岭县石塘镇登陆。宁海县遭受这次强台风的正面袭击。村内普降大暴雨,降雨量达318.4毫米。洪水暴涨,农作物受灾。

2001年6月23日,受台风"飞燕"影响,强降雨造成农田受淹。

2004年8月12日,受台风"云娜"在温岭石塘镇登陆影响,村内风力达12级,房屋瓦片被吹翻多处,竹木被折。9月13日,受台风"海马"在温州市永强镇登陆影响,村内遭狂风大雨,农田受淹,瓦片被吹翻。

2005年8月6日,受台风"麦莎"在台州市玉环县(现为玉环市)登陆影响,村内降暴雨,农作物受损。9月11日,受台风"卡努"在台州市金清镇登陆影响,村内降大雨,农作物受淹。

2007年10月6日,受台风"罗莎"在苍南登陆影响,村内出现强降雨,洪水成灾,道路多处受损。

2009年8月9日,遭受第8号台风"莫拉克"袭击,村内洪水泛滥,农作物受损。

2012年8月6—9日,台风"海葵"来袭,村内遭狂风暴雨,降雨量为300毫米,风力达12级,农林俱有损失。

2013年,7—8月出现高温天气,持续时间长,强度强,加上降水少,蒸发大,供电供水和农业生产及安全等造成严重影响。

2014年9月20—23日,受台风"凤凰"影响,村内降雨量为300毫米,风力达11级,农作物普遍受损。

2015年7月10—12日,受台风"灿鸿"影响,村内出现大暴雨,风力达12级以上,农作物受损。9月28—30日,受台风"杜鹃"影响,村内降雨量达310毫米,水稻受灾。是年,粮食歉收。

2019年8月9—10日,受台风"利奇马"在温州登陆影响,村内遭强风大雨,农作物受到影响。

附:村内房屋失火火灾情况

<h2 style="text-align:center">村内房屋失火火灾情况</h2>

民国三十三年(1944)清明日,清明祭祀之时,族人不慎,因纸钱之火引发火灾,烧毁陈氏宗祠(祠堂)正厅房屋 3 间,损失 30 余万元。

1957 年 12 月 4 日(农历十月十三)晚上 6 时许,下街头道地房屋失火,失火原因是老人用苎麻秆照明寻找拦腰,不慎碰到易燃物起火,引起火灾,烧毁楼房 5 间,平房 6 间,直接受灾 7 户,20 人,烧毁粮食 4500 余斤,家具、农具多件,损失约 30 万元。

1967 年 11 月 18 日(农历十月十七日)晚上 7 时许,东溪中塘道地房屋失火。失火原因不明,烧毁楼房 5 间、平房 3 间,直接受灾 4 户,17 人,烧毁粮食 1000 余斤,家具、日用品、农具多件,损失达 15 万元。

1968 年 7 月 19 日(农历六月廿四日),下街头房屋失火,失火原因不明,烧毁楼房 3 间、平房 1 间,直接受灾 3 户,10 人,烧毁粮食 3000 余斤,家具、日用品、农具多件,损失 10 万元。

1995 年 12 月 9 日(农历十一月初七)中午,前堂屋三串堂电线短路失火,烧毁楼房 29 间、平房 4 间,直接受灾 15 户,间接受灾 13 户,损坏楼房 15 间、平房 55 间。烧毁粮食 4 万余斤,现金 3.09 万元,总计损失近 400 万元,损失惨重。灾后,政府赈济村民,捐助现金 2500 多元、粮食 1000 余斤。

2000 年 1 月 25 日(农历一九九九年十二月十九日)凌晨 2 时许,下份道地房屋失火。失火原因不明,烧毁楼房 30 间、平房 3 间,直接受灾 16 户,80 余人,烧毁粮食 1 万余斤,家具、农具多件,总计损失近 200 万元,损失惨重。灾后,政府赈济各户衣服、现金等,其中现金共计 3000 多元。

2005 年 11 月 3 日(农历十月初二)下午 2 时许,塘下里道地房屋失火。失火原因不明,烧毁楼房 16 间,受灾 16 户,28 人,烧毁粮食 6000 余斤,家具、农具多件,总计损失近 100 万元。灾后,县保险公司按各受灾户被火烧毁的房屋面积,发给房屋保险金。

2017 年 2 月 15 日(农历癸丑年除夕夜),响亭山桥头庙庙宇失火。失火原因是上香者不慎,烧毁庙宇平房 4 间、佛像多尊,损失 10 万元。翌年,村民集资重建庙宇 4 间,佛像重奉。

第三章　人　口

自宋代以来,村民定居岭南繁衍生息,人口生育无计划,出生率高,成活率低,平均寿命短,自然增长率低,至 1949 年全村有 202 户,677 人。

中华人民共和国成立后,社会稳定,经济发展,人民生活水平逐步提高,医疗条件得到改善,到 20 世纪 70 年代人口迅速增长,成倍增加。20 世纪 80 年代以来,随着计划生育政策的实施,人口过快增长的状况得到控制。

进入 21 世纪,随着城镇化进程的加快,村民迁移变动较多,人口有向城镇聚集的趋势。村中老年人增多,人口趋向老龄化。

第一节　人口状况

自宋朝至中华民国,历代的人口数量,资料记载甚少,至今无确实数据可查。总体来看,自建村以来,在千余年的历史长河中,村内人口生育无节制,呈现出生率高,死亡率亦高,人口自然增长率偏低的状况。至 1949 年,全村尚有 202 户,677 人,其中男 349 人、女 328 人。

经查看档案及核查有关资料,统计出了中华人民共和国成立至 2018 年 11 月 30 日岭南村历年人口的数量,详见表 3-1。截至 2018 年 11 月 30 日,全村共 1379 人,其中男 725 人、女 654 人,比 1949 年增加 702 人,增长率为 103.69%。

表 3-1　1949—2018 年岭南村人口统计表

年份	总户数(户)	总人口(人)	男(人)	女(人)	备注
1949	202	677	349	328	
1950	205	682	353	329	
1951	208	712	367	345	
1952	210	724	368	356	
1953	209	742	374	368	

年份	总户数（户）	总人口（人）	男（人）	女（人）	备注
1954	212	762	383	379	
1955	214	786	395	391	
1956	216	803	401	402	
1957	219	818	419	399	
1958	221	841	430	411	
1959	224	859	441	418	
1960	227	871	442	429	
1961	231	915	471	444	
1962	231	888	445	443	
1963	234	938	487	451	
1964	235	950	495	455	＊
1965	243	981	503	478	
1966	244	1008	512	496	
1967	247	1038	526	512	
1968	254	1067	539	528	
1969	257	1092	553	539	
1970	265	1139	575	564	
1971	262	1119	565	554	
1972	268	1161	590	571	
1973	271	1177	595	582	＊
1974	286	1218	618	600	
1975	302	1258	649	609	＊
1976	315	1285	674	611	
1977	327	1314	691	623	
1978	327	1336	708	628	＊
1979	322	1355	728	627	＊
1980	350	1366	723	643	＊
1981	353	1394	734	660	＊

年份	总户数（户）	总人口（人）	男（人）	女（人）	备注
1982	362	1384	702	682	*
1983	370	1408	711	697	
1984	379	1429	723	706	*
1985	383	1442	726	716	*
1986	383	1443	726	717	*
1987	411	1449	741	708	*
1988	384	1436	733	703	*
1989	426	1467	746	721	*
1990	429	1457	739	718	*
1991	427	1483	760	723	*
1992	425	1488	756	732	*
1993	436	1501	765	736	
1994	434	1487	760	727	
1995	433	1484	761	723	
1996	437	1475	756	719	
1997	444	1468	745	723	
1998	450	1459	741	718	
1999	454	1451	740	711	
2000	461	1438	741	697	
2001	464	1432	740	692	
2002	468	1420	742	678	
2003	473	1411	745	666	
2004	469	1401	743	658	
2005	474	1390	742	648	
2006	480	1384	746	638	
2007	490	1382	740	642	
2008	494	1373	734	639	
2009	499	1386	738	648	

年份	总户数（户）	总人口（人）	男（人）	女（人）	备注
2010	483	1363	728	635	
2011	503	1378	716	662	*
2012	497	1374	737	637	*
2013	499	1373	739	634	*
2014	498	1394	748	646	*
2015	496	1389	740	649	*
2016	493	1376	726	650	*
2017	490	1382	732	650	*
2018	487	1379	725	654	*

注:此表备注栏中标有 * 号的为摘录前童镇派出所或县档案局的数据,其余为调查核实有关资料后的统计数据。

注:截至 2018 年 11 月 30 日,岭南村有 487 户,1379 人,其中男 725 人、女 654 人,0—17 岁 219 人,18—34 岁 282 人,35—59 岁 567 人,60 岁及 60 岁以上 311 人。2018 年死亡者共 16 人,其中男 12 人、女 4 人。2018 年出生者共 15 人,其中男 7 人、女 8 人。

表 3-2　1949—2018 年岭南、东溪、响亭山 3 个自然村人口统计表

单位:户、人

年份	岭　南				东　溪				响亭山				注
	总户数	总人数	男	女	总户数	总人数	男	女	总户数	总人数	男	女	
1949	135	453	229	224	34	107	57	50	33	117	63	54	
1950	135	455	230	225	35	108	58	50	35	119	65	54	
1951	138	470	238	232	36	118	61	57	34	124	68	56	
1952	140	478	241	237	38	121	60	61	32	125	67	58	
1953	142	491	245	246	36	125	63	62	31	126	66	60	
1954	145	505	251	254	35	129	65	64	32	128	67	61	
1955	146	521	260	261	35	135	69	66	33	130	66	64	

年份	岭 南				东 溪				响亭山				注
	总户数	总人数	男	女	总户数	总人数	男	女	总户数	总人数	男	女	
1956	149	533	264	269	34	139	70	69	33	131	67	64	
1957	152	542	278	264	35	143	72	71	32	133	69	64	
1958	155	560	286	274	35	147	73	74	31	134	71	63	
1959	156	571	294	277	36	152	75	77	32	136	72	64	
1960	158	581	292	289	36	155	77	78	33	135	73	62	
1961	161	613	314	299	37	165	84	81	33	137	73	64	
1962	160	590	290	300	35	160	81	79	36	138	74	64	
1963	165	631	325	306	33	169	87	82	36	138	75	63	
1964	163	636	329	307	38	174	89	85	34	140	77	63	＊
1965	165	655	337	318	43	183	91	92	35	143	75	68	
1966	167	674	345	329	42	189	94	95	36	145	73	72	
1967	169	693	351	342	42	194	98	96	36	151	77	74	
1968	172	714	362	352	44	198	99	99	38	155	78	77	
1969	175	734	371	363	45	200	102	98	37	158	80	78	
1970	180	770	387	383	46	204	104	100	39	165	84	81	
1971	178	755	380	375	45	202	103	99	39	162	82	80	
1972	181	788	399	389	47	206	106	100	40	167	85	82	
1973	183	799	402	397	47	208	106	102	41	170	87	83	＊
1974	190	827	420	407	52	215	108	107	44	176	90	86	
1975	198	854	448	406	58	221	110	111	46	183	91	92	＊
1976	206	867	468	399	60	229	113	116	49	189	93	96	
1977	214	885	480	405	62	235	115	120	51	194	96	98	
1978	221	898	491	407	63	240	118	122	53	198	99	99	＊
1979	203	914	502	412	67	240	116	124	52	201	110	91	＊
1980	231	918	498	420	65	245	120	125	54	203	105	98	＊

年份	岭南				东溪				响亭山				注
	总户数	总人数	男	女	总户数	总人数	男	女	总户数	总人数	男	女	
1981	234	911	492	449	64	250	134	116	55	203	108	95	*
1982	233	929	467	462	70	251	129	122	59	205	106	98	*
1983	236	942	472	470	71	254	130	124	63	212	109	103	
1984	239	955	481	474	73	256	131	125	67	218	111	107	*
1985	241	959	482	477	74	258	130	128	68	225	114	111	*
1986	245	966	490	476	72	261	129	132	66	216	107	109	*
1987	268	971	496	475	72	256	135	121	71	222	110	112	*
1988	242	961	490	471	73	256	133	123	69	219	110	109	*
1989	284	990	502	488	72	257	130	127	70	220	114	106	*
1990	288	989	500	489	74	261	131	130	67	207	108	99	*
1991	286	1012	517	495	74	260	132	128	67	211	111	100	*
1992	288	1013	510	503	69	262	135	127	68	213	111	102	*
1993	297	1019	518	501	70	265	135	130	69	217	112	105	
1994	299	1014	517	497	68	261	134	127	67	212	109	103	
1995	301	1011	515	496	67	259	133	126	65	214	113	101	
1996	300	1005	513	492	69	255	131	124	68	215	112	103	
1997	302	1001	505	496	71	251	129	122	71	216	111	105	
1998	305	998	504	494	73	248	127	121	72	213	110	103	
1999	308	990	505	485	72	250	126	124	74	211	109	102	
2000	311	981	505	476	75	247	125	122	75	210	111	99	
2001	314	975	508	467	77	245	123	122	73	212	109	103	
2002	316	966	510	456	76	241	122	119	76	213	110	103	
2003	318	958	511	447	78	238	121	117	77	215	113	102	
2004	315	951	512	439	80	234	119	115	74	216	112	104	
2005	317	945	515	430	79	231	116	115	78	214	111	103	

年份	岭 南				东 溪				响亭山				注
	总户数	总人数	男	女	总户数	总人数	男	女	总户数	总人数	男	女	
2006	321	938	516	422	83	229	115	114	76	217	115	102	
2007	325	940	512	428	85	227	114	113	80	215	114	101	
2008	329	931	505	426	86	224	113	111	79	218	116	102	
2009	333	944	512	432	84	222	111	111	82	220	115	105	
2010	320	922	503	419	84	223	113	110	79	218	112	106	
2011	335	938	490	448	85	221	112	109	83	219	114	105	*
2012	332	926	495	431	86	225	125	100	79	223	117	106	*
2013	335	911	501	410	86	230	117	113	78	232	121	111	*
2014	334	915	495	420	87	238	118	120	77	241	135	106	*
2015	336	907	482	425	88	240	127	113	72	242	131	111	*
2016	333	901	478	423	85	234	119	115	75	241	129	112	*
2017	331	899	470	429	86	240	127	113	73	243	135	108	*
2018	328	908	481	427	87	241	120	121	72	230	124	106	*

注:标有 * 号栏为摘录前童派出所或县档案局数据,其余为调查核实有关资料后的统计数据。

第二节　人口来源

一、岭南自然村

村民多数为陈姓,还有童、卢、吴、潘、娄、胡、项、杨、周、李、姚等各姓人士。经过多方面调查发现,该地各姓人士从何地何时来到岭南的简况如下。

陈姓　据《岭南陈氏宗谱》记,南宋理宗甲寅年(1254),陈启乾自仙居皤滩迁此赘董氏婿,在岭南生计繁衍,至今已有 26 世,陈姓人士已逾千人。

童姓　童懋荣于 1709 年从前童镇联合村迁徙岭南,至今已有 11 世。

卢姓　卢三盈于 1839 年从桑洲镇田洋卢村上三房迁入岭南村,至今已有 8 世。

卢姓　卢阿设于 1947 年从三门县亭旁村移居岭南村。

吴姓　吴宏达于 1830 年从梅林街道迁居岭南村。

潘姓　潘士喜于 1901 年从黄坛镇移居岭南村。

潘姓　潘悌宝于 1915 年从前童镇潘家岙移居岭南村。

娄姓　娄士清于 1858 年从岔路镇上金村迁徙岭南村,至今已有 5 世。

胡姓　胡大性于 1795 年从黄坛镇班竹园村移居岭南村,至今已有 11 世。

项姓　项姓之人于 1812 年从宁海南门项家移居岭南村。

杨姓　杨蒙来于 1910 年从黄坛镇杨家村迁入岭南村。

周姓　周方会于 1953 年从天台县山里周村迁到岭南村。

李姓　李荣跃于 1965 年从上海迁到岭南村。

姚姓　姚阿相于 1953 年从天台县迁到岭南村。

除上述各姓外,值得一提的还有董、朱、章、倪、周、张等姓人士,曾在村域内居住过,而且人口数量也不少。董姓人士在北宋时就定居于此,倪姓人士南宋时定居岭南,朱姓人士明朝时居住岭南,章、张等姓人士在清初定居岭南。至近代,不知何故,董、章、朱、倪、周、张等六姓人士村中已不再存在,但他们居此留下的遗迹尚有董氏在九曲溪上建的董家桥,章氏原址在今下章,该处尚存墙垣枯井,朱氏在村南田野上留有朱家畈,张氏在村中留有张家园,周氏在村中留有四周塘,倪氏在村东南建有倪家岙庙。

二、东溪自然村

现村民有魏、陈、吴、卢、葛、胡、童等姓人士。经过调查发现,该地各姓人士从何地何时来到东溪的情况如下。

魏姓　魏姓之人于明万历年间(1573—1619)自前童镇竹林村迁居东溪。

陈姓　据《东溪陈氏房头谱》,清初,陈可就(1640—1650)自黄坛镇下张村迁东溪居住。

吴姓　吴天福随父于 1733 年从黄坛镇梨岙村迁居东溪。

卢姓　卢姓之人于 1641 年从响亭山移居东溪。

葛姓　葛兴更于 1947 年从前童镇小汀迁移到东溪。

胡姓　胡三性于 1795 年从黄坛镇班竹园村迁移到东溪,至今已有 11 世。

童姓　童宏法于 1901 年从前童镇栅下村迁居东溪。

三、响亭山自然村

现村民多数是卢、魏二姓,还有罗、童等姓人士。经过调查发现,该地各姓人士从何地何时迁居响亭山的情况如下。

卢姓　据《卢氏宗谱》记,卢廷皆于明嘉靖戊戌年(1538)遨游于岵岫岭下响亭山,喜此地,遂率子弟自邑西之营前迁居于此。

魏姓　据《魏氏宗谱》,清初(1680—1767),魏启元自东溪迁入响亭山。

罗姓　罗金春于 1942 年从桑洲镇外岗村迁移到响亭山。

童姓 童惠清于 1955 年从前童迁到响亭山。

上述三个自然村陈、童、卢、吴、潘、娄、胡、项、杨、周、姚、葛、魏、罗、李等共计 15 个姓氏，这 15 个姓氏始祖来自何处何时，列表如下。

表 3-3　各地村民迁入岭南村简况一览表

始祖姓名	从何处来	迁入时间（年）	迁入地点	备注
陈启乾	仙居皤滩	1254	岭南	
陈可就	黄坛镇下张村	1640—1650	东溪	
童懋荣	前童镇联合村	1709	岭南	
童惠清	前童镇	1955	响亭山	
卢三盈	桑洲镇田洋卢村	1839	岭南	
卢廷皆	邑西营前（城关）	1538	响亭山	
卢阿设	三门县亭旁村	1947	岭南	
卢××	响亭山	1641	东溪	
吴宏达	梅林街道	1830	岭南	
吴天福	黄坛镇梨岙村	1733	东溪	
潘士喜	黄坛镇	1901	岭南	
娄士清	岔路镇上金村	1858	岭南	
潘悌宝	前童镇潘家岙	1915	岭南	
胡大性	黄坛镇班竹园村	1795	岭南	
项××	宁海南门项家	1812	岭南	
杨蒙来	黄坛镇杨家村	1910	岭南	
周方会	天台县山里周村	1953	岭南	
李荣跃	上海	1965	岭南	
姚阿相	天台县	1953	岭南	
魏××	前童镇竹林村	1573—1589	东溪	
胡三性	黄坛镇班竹园村	1795	东溪岔门头	
魏启元	前童镇东溪村	1680—1767	响亭山	
葛兴更	前童镇小汀村	1947	东溪	

始祖姓名	从何处来	迁入时间(年)	迁入地点	备注
卢永会	前童镇响亭山村	1956	东溪	
罗金春	桑洲镇外岗村	1942	响亭山	
童宏法	前童镇栅下村	1901	东溪	

注:此表仅列出了现居住在岭南村的各姓氏来源情况,曾在岭南村居住过现已不存在的姓氏未列入本表。

第三节　姓氏渊源

中国是世界上最早使用姓的国家。中国人在三皇五帝以前(距今约 5000 年)就有姓了。姓代表氏族的血统,起源于母系社会,称为氏,是为了区分血缘,防止血缘婚配而发明的相应识别标志。根据《元和姓纂》《中华姓氏通史》和陈、魏、卢等姓谱牒的相关记载,结合对童、吴、潘、娄、胡、杨、项、葛、罗、周等姓氏的调查,现将岭南村各姓氏的起源及来源分列如下。

陈姓:陈姓具有 3000 多年受姓史,三皇五帝中的舜帝是陈姓的血缘先祖。虞阏父助周灭纣有功,又是舜帝第 33 代裔孙,周武王把长女太姬许配给虞阏父之长子妫满为妻,并把古陈丰地氏旧地分给他,国号为陈。妫满公为陈国侯,谥号胡公,建都宛丘(今河南省淮阳县),国人以国为姓,陈胡公满(周代陈国开创者,公至今诞辰已有 3438 周年),便是陈氏受姓太始祖。

吴姓:上古时已有吴姓。少康帝时有神射手吴贺,其后姓吴。

胡姓:始祖名叫妫满,为虞舜后裔,周武王时受封于陈,是为陈侯。妫满死后,谥号胡公,陈国王族后裔及国人多有以先祖谥号为姓氏者,故称胡氏。

周姓:周姓最早可追溯到黄帝轩辕氏。相传黄帝时有一位大将名叫周昌,隋代又有一位太史叫周任,他们的后代都以周为氏。此后,周被秦国灭亡后,相当一部分的周宗室子孙及周朝遗民以周为姓。

杨姓:出自西周王族,来源是周宣王将子长父封到杨国,为杨侯。春秋时,杨国为晋国所灭,其后裔以杨为姓。

童姓:源自上古,是黄帝的后代。黄帝之孙叫颛顼,颛顼有个儿子叫老童。老童天生一副好嗓子,说话唱歌时,嗓音就像钟磬一样洪亮清越,又有音乐的韵味。他的后世子孙就以祖上名字中的字为姓,称童姓。童姓人早期活跃于渤海,即今山东北部,而后向各地迁居。

卢姓:卢姓源于姜姓,是姜子牙的后代。春秋的齐文公之子名高,高之孙傒任齐国上卿,因迎立齐桓公有功,得到卢地(今山东省济南市长清区西南)作为封邑,其子孙以封邑为姓,称卢氏。

魏姓:魏姓最早源于西周初年周成王分封的姬姓诸侯国魏国(册封地于今山西芮城县),国人以国为姓,就是魏姓。魏姓主要分布在山西、山东、河南、河北、陕西和四川等地。

潘姓:公族子弟潘崇助楚穆王继位有功,受封为太师,其后代子孙以祖名为姓,称为潘氏,潘姓在《百家姓》中排名第 42 位。

项姓:春秋时,楚国公子燕,被封于项国(在今河南省项城),国人以国为氏,就姓项姓。

娄姓:娄姓出自姒姓,是大禹的后代。大禹的儿子启建立夏朝,传至第五王为少康,称娄姓。娄姓在《百家姓》中排名第 139 位。

葛姓:葛姓起源于远古时有部落名葛天氏(今河南省长葛一带),其子孙后代称为葛姓。葛姓在《百家姓》中排名第 44 位。

罗姓:罗姓出自女云姓,为颛顼帝之孙祝融氏之后裔,以国为氏,称为罗姓。

第四节　人口迁徙

在漫长的历史长河中,岭南定居的村民,有一部分人口迁移各地定居。查阅宗谱及其他有关资料得知,在元朝、明朝、清朝、民国时期都有少数村民迁移各地居住。中华人民共和国成立后,特别是改革开放以来,随着城镇化进程的不断加快,不少村民在宁海县城、宁波、杭州、上海等地购买房屋,并陆续迁往县城、宁波、杭州、上海等地居住。改革开放后,岭南村民迁往各地居住的人数不断增加。表 3-4 是岭南村村民何时迁往各地居住的情况。

表 3-4　岭南村村民何时迁移各地情况一览表

姓　名	其父名	迁出时间(年)	迁往何地	备注
陈家岳	陈邦升	1881	宁海茶山龙潭	岭南
陈家印	陈邦南	1881	宁海茶山龙潭	岭南
陈土苗	陈有富	1945	奉化市(现奉化区)赵家村	岭南
陈兴官	陈有富	1962	杭州临平机械公司	岭南
陈日照	陈家珀	1952	镇海施金塘后塘	岭南
陈家隆	陈邦椿	1889	下山府	岭南
陈士治	陈家贵	1945	上海	岭南
陈士德	陈家法	1893	山北西门外大湖堂前	岭南
陈新木	陈家常	1951	上海	岭南
陈大毛	陈家木	1888	黄坛镇沙地村	岭南

姓　名	其父名	迁出时间(年)	迁往何地	备注
陈士增	陈家夏	1925	宁海县前童镇竹林村	岭南
陈三根	陈家火	1951	三门县海游镇邮电局	岭南
陈锡官	陈家宋	1948	宁海县前童镇小汀村	岭南
陈建青	陈士银	1965	上海	岭南
陈贤民	陈建水	1972	湖北	岭南
陈建良	陈士雷	1955	宁海县长街镇九江村东陈	岭南
陈士木	陈家明	1926	镇海区贵驷街道通德村牌门头	岭南
陈士江	陈家远	1949	台湾台北市	岭南
陈家船	陈邦足	1909	慈溪市观海卫镇沈市桥村(山北)	岭南
陈建桥	陈士义	1958	杭州建设集团	岭南
陈家溢	陈邦宗	1884	象山县新桥镇山根村	岭南
陈士窑	陈家火	1963	宁海县前童镇梁皇村	岭南
陈新法	陈家喜	1944	杭州	岭南
陈家舫	陈邦足	1927	慈溪市观海卫镇沈市桥村(山北)	岭南
陈士佶	陈家隆	1926	下山府	岭南
陈士冬	陈家隆	1937	临安区方元村徐家	岭南
陈国林	陈忠岳	1970	黄坛镇西溪村,现住宁海	东溪
吴石广	吴　祺	1949	台湾	东溪
吴良明	吴文俊	1946	宁波市江东银杏巷14-203	东溪
吴英豪	吴文俊	1912	贵州贵阳	东溪
胡其贤	胡启官	1895	桃源街道新建村	东溪
胡其统	胡丁秀	1967	桃源街道新建村	东溪
吴万明	吴作金	1944	上海	东溪
吴万良	吴作金	1944	上海	东溪
吴文钦	吴子章	1926	宁波市江东银杏巷	东溪
陈贵秀	陈乃鋆	1855	上海	东溪
芦培民	芦永定	1939	上海	响亭山
芦培松	芦永定	1939	上海	响亭山

姓　名	其父名	迁出时间(年)	迁往何地	备注
芦法春	芦永振	1939	上海	响亭山
魏叶忠	魏建喜	1938	上海	响亭山
魏叶富	魏建喜	1938	上海	响亭山
陈士星	陈家玺	1956	宁海县跃龙街道	岭南
陈建兴	陈士纯	1976	宁海县坛坑路190弄4幢	岭南
陈圣言	陈朝新	1976	宁海县西洋村93号	岭南
陈小来	陈如秀	1974	宁海县东观山	岭南
童锦宏	童可水	1951	宁海县客运公司	岭南
陈灶官	陈德松	1962	宁海县金泰小区43幢402室	岭南
陈新利	陈家常	1956	宁海县黄坛镇沙地村	岭南
陈土根	陈有富	1945	奉化市(现奉化区)赵家村	岭南
陈建昌	陈田官	1971	宁海县银菊路6弄3号	岭南
陈家廉	陈邦敦	1920	临安区太阳镇	岭南

第五节　计划生育

旧时,"早婚早生为荣""多子多孙为福"的生育观念普遍存在。生育无节制,人口呈现出生率高、死亡率亦高、自然增长率低的状况。

中华人民共和国成立后,由于社会稳定,经济发展,医疗条件改善,人们生活水平提高,到20世纪五六十年代,出现了生育高峰期,人口剧增。

1963年始贯彻中共中央、国务院《关于认真提倡计划生育的指示》,1964年区、公社成立计划生育领导小组。

1977年,根据"晚"(晚婚,男25周岁,女23周岁)、"稀"(两个孩子年龄间隔4—5岁)、"少"(每对夫妇生育不超过两个孩子)的生育原则,开展计划生育工作。1978年11月第一个计划生育运动月,全村有6名妇女施行结扎手术。

1979年提倡计划生育、晚婚晚育。推行"奖一、限二、罚三"的综合性措施。

1982年后把计划生育作为一项基本国策来抓。村党支部和村民委员会领导亲自抓,村选配一名妇女为村计划生育员,村妇联指定专人负责计划生育工作。

为了使计划生育国策能够真正落实,政府还制定了与计划生育相关的优惠政策。

一是节育、绝育免费。20世纪60年代中期始,属于计划生育就诊的挂号费、手术费、医药费全部免费。之后,所有避孕工具一律免费供应。

二是晚婚晚育奖励。20 世纪 80 年代起,实行晚婚的国家干部和职工,结婚时按规定的婚假增假 12 天;实行晚育的,分娩时按规定的产假增假 15 天。所增的婚、产假均不影响生产奖和全勤奖。

三是独生子女奖励。1982 年起,对只有一个孩子,保证不再生第二个孩子的夫妇,经本人申请,单位核定,发给"独生子女证"和奖金或奖品;14 周岁以下独生子女,每年可享受独生子女保健费 100 元。农民的独生子女还分给双份的自留地,入学、就业、就医、分房等方面,在同等条件下优先照顾。对领有"独生子女证"丧失劳动力的农民,每月给予奖励扶助费 80 元。

四是婚前培训服务。1986 年起执行婚前登记、婚前检查制度,面对面进行生育、避孕、节育、妇幼保健培训,为育龄夫妇提供优质服务。

1990 年后,由于计划生育各项措施到位,村民旧的生育观念日趋淡化,晚婚、晚育、少生、优生、优育意识逐渐增强,育龄夫妇能按计划进行生育。

进入 21 世纪,计划生育各项政策进一步落实,按计划进行生育在村民心中已形成共识。

2016 年,为应对我国发展面临的人口问题,我国开始全面实施一对夫妻可生育两个子女政策。岭南村积极响应政策,在村民中切实做好政策宣传和解读工作,营造支持政策落实的良好氛围。近几年,岭南村被评为计划生育先进村。

表 3-5　2001—2019 年岭南村人口计生情况统计表

单位:人

年份	男	女	小计	备注
2001	5	4	9	
2002	7	6	13	
2003	5	5	10	
2004	6	7	13	
2005	7	4	11	
2006	6	5	11	
2007	6	7	13	
2008	10	4	14	
2009	16	6	22	
2010	5	6	11	
2011	3	6	9	
2012	11	6	17	

年份	男	女	小计	备注
2013	4	4	8	
2014	4	9	13	
2015	3	4	7	
2016	4	4	8	
2017	8	10	18	
2018	7	8	15	
2019	6	4	10	
总计	123	109	232	

注：从2015年10月起，遵照国家计划生育政策调整，全村实施一对夫妇可生育二孩政策。

第六节　老人状况

旧时，由于经济落后，多数村民生活贫困，医疗方面得不到保障，环境卫生乱、脏、差，村民的寿命普遍较短。在整个村子里，村民能活到60岁就自感幸运，认为能活到花甲之年已是不容易了。在众多的村民中，能活到70岁的人寥寥无几，有"人生七十古来稀"之说法。查阅村里现存家谱，在宋元明清几代里，60虚岁以上老人人数占全村总人数不到10％。

中华人民共和国成立后，由于经济发展，人们生活水平不断提高，环境卫生得到改善，医疗得到保障，进入21世纪，人的寿命普遍增长，健康长寿的老人越来越多。2018年底，对当年去世的16名村民进行调查，发现其年龄基本在70岁以上，具体情况如表3-6所示。

表3-6　2018年岭南村去世村民年龄统计表

姓　名	性别	年龄（岁）	备注
童真坤	男	74	岭南自然村
陈士旺	男	84	岭南自然村
陈金言	男	80	岭南自然村
陈培荣	男	79	岭南自然村
陈定伟	男	70	岭南自然村
陈士松	男	82	岭南自然村
陈丁官	男	86	岭南自然村

姓　名	性别	年龄（岁）	备注
陈灶官	男	86	岭南自然村
项国新	男	70	岭南自然村
卢小贝	男	75	东溪自然村
陈国光	男	66	东溪自然村
魏协义	男	79	响亭山自然村
严美金	女	95	岭南自然村
童悦妹	女	92	岭南自然村
陈来女	女	83	岭南自然村
吴再林	女	82	岭南自然村

备注：本表中年龄为虚岁。

根据表 3-6 中数据计算可知，2018 年岭南村去世男性村民平均寿命为 77 岁，女性村民平均寿命为 87 岁。

2019 年对岭南村老人状况进行调查，得知该村有 497 户，人口 1381 人，60 虚岁（含）以上老人有 394 人，老年人占总人口的 28.5%。在这 394 位老人中，其中 60—69 虚岁的有 217 人，70—79 虚岁的有 116 人，80—89 虚岁的有 56 人，90 虚岁及以上的有 5 人。

岭南、东溪、响亭山 3 个自然村老年人基本情况如表 3-7、表 3-8、表 3-9 所示。

表 3-7　岭南自然村老年人基本情况一览表

	老年人基本情况	人数（人）	占总数比例（%）
年龄结构	60—69 岁	121	12.9
	70—79 岁	71	7.5
	80—89 岁	35	3.7
	90 岁以上	5	0.5
	合　计	232	24.6
家庭结构	独居老人家庭	26 户	5.3
	夫妻双居家庭	62 户	12.7
	随子女生活老人家庭	90 户	18.4

注：2019 年岭南自然村有住户 330 户，常住人口 941 人。

表 3-8　东溪自然村老年人基本情况一览表

	老年人基本情况	人数（人）	占总数比例（%）
年龄结构	60—69 岁	48	20.3
	70—79 岁	18	7.6
	80—89 岁	9	3.8
	90 岁以上	0	0
	合　计	75	31.7
家庭结构	独居老人家庭	4 户	4.3
	夫妻双居家庭	10 户	11
	随子女生活老人家庭	24 户	26.3

注：2019 年东溪自然村有住户 91 户，常住人口 236 人。

表 3-9　响亭山自然村老年人基本情况一览表

	老年人基本情况	人数（人）	占总数比例（%）
年龄结构	60—69 岁	40	19.6
	70—79 岁	22	10.8
	80—89 岁	7	3.4
	90（含 90）岁以上	0	0
	合　计	68	33.3
家庭结构	独居老人家庭	5 户	2.3
	夫妻双居家庭	8 户	3.7
	随子女生活老人家庭	20 户	9.3

注：2019 年响亭山自然村有住户 76 户，常住人口 204 人。

表 3-10　岭南村老年人基本情况一览表

	老年人基本情况	人数（人）	占总数比例（%）
年龄结构	60—69 岁	207	15
	70—79 岁	111	8.0
	80—89 岁	51	3.7
	90（含 90）岁以上	5	0.4
	合　计	374	27.1

老年人基本情况		人数（人）	占总数比例（%）
家庭结构	独居老人家庭	35 户	7.0
	夫妻双居家庭	80 户	16.1
	随子女生活老人家庭	134 户	26.9

注：2019 年岭南村有住户 497 户，常住人口 1381 人。

岭南村2019年高龄老人名录

表 3-11　2019 年底岭南村 80 岁以上老人名录

姓　名	性别	年龄（岁）	出生年份	姓　名	性别	年龄（岁）	出生年份
石好妹	女	94	1926	陈忠良	男	92	1928
陈土兴	男	90	1930	陈建兴	男	86	1934
陈道根	男	89	1931	陈地妹	女	87	1933
陈德康	男	84	1936	柴胜妹	女	87	1933
杨利枝	女	88	1932	陈阿升	男	84	1936
陈土章	男	84	1936	吴中贤	男	86	1934
卢崇府	男	83	1937	葛玉兰	女	85	1935
胡昌炎	男	87	1933	陈建官	男	82	1938
陈明先	男	82	1938	陈银校	男	81	1939
陈贤香	女	88	1932	童根叶	女	81	1939
甘素女	女	87	1933	陈圣贤	男	81	1939
葛定妹	女	85	1935	陈言义	男	83	1937
泮荷女	女	88	1932	陈吉校	男	84	1936
童密芬	女	80	1940	严银仙	女	85	1935
童能妹	女	81	1939	陈祝英	女	83	1937
项来英	女	82	1938	陈梦英	女	80	1940
卢菜英	女	88	1932	娄启校	男	84	1936
章卯妹	女	83	1937	潘仲香	女	83	1937
杨立华	男	85	1935	童苏芬	女	81	1939
葛根妹	女	83	1937	魏协成	男	83	1937

姓 名	性别	年龄（岁）	出生年份	姓 名	性别	年龄（岁）	出生年份
陈忠兴	男	84	1936	胡根妹	女	82	1938
吴良法	男	83	1937	童林地	女	84	1936
吴安荣	男	86	1934	傅苗珍	女	86	1934
魏建成	男	83	1937	胡根仙	女	84	1936
童惠清	男	89	1931	卢喜春	男	89	1936
罗金春	男	81	1939	严爱娥	女	81	1939
卢素英	女	86	1934	卢远瓦	男	84	1936

注：截至 2019 年 12 月，全村共有 80 岁以上老人 54 人，其中男 27 人、女 27 人。

第四章　农村土地改革

中华人民共和国成立以前,土地归私人所有,大部分土地集中在少数人手里。中华人民共和国成立后,1951年进行土地改革,土地均分,权属私有。1954年初级合作社成立,1955年转为高级合作社,村民土地入社,自此土地权属集体,村民按劳分红。1983年始,土地试行家庭联产承包责任制,土地仍权属集体,承包户拥有种植权。家庭联产承包责任制调动了村民生产积极性,并且相对稳定;2000年进一步落实家庭联产承包责任制,并分发集体土地承包权证。2019年3月,村土地联产承包经营权证复查、校对再转承包工作完成,承包户领到土地承包权证。

第一节　土地制度

在长达几千年的封建社会里,土地归私人所有。私人的土地可以自由买卖,出卖者多为生活贫困人家,买入者多为生活富裕的家庭(这些富裕家庭土改划定成分时多被划为地主、富农、富裕中农)和祀众。土地集中在少数人手中,多数农民失去土地成为贫雇农,有部分成为佃户,租种地主和寺庙祀众的土地。土地租种制有预租制、定租制、分租制三种形式。预租制是租入者向租者预交小租,待收割时按约定分成(有对半分、四六分等多种形式);定租制是按额定租谷数到秋收后交租晒干扬净的稻谷,荒熟无让;分租制是分期分批向租者交租。无力租入者,只能做长工或打短工,依靠卖柴、挑担等苦力劳动养家糊口,绝大部分村民过着"糠菜半年、粮半年"的艰苦生活。

村里有众家田,众家田轮流耕种,所收谷物作祭祀费用或待修宗祠、庙宇、路廊、凉亭等公益事业之费用。这种状况一直延至中华民国。

第二节　土地改革

1949年10月1日,中华人民共和国成立。1950年6月,中央人民政府颁布土地改革法。8月,中央人民政府政务院发布《关于划分农村阶级成分的决定》。12月,岔路区团结乡成立土改工作队。1951年2月,乡土改工作队进村。在乡土改工作队的指导下,岭南村成立了农民协会。同月,开始划分成分。3月,全村土地进行登记,并根据土质好坏、路途远近,评定等级、产量。4月,对全村人口进行造册登记。5月,土地改革开始,依法没收地主的土地、山林、耕牛、农具及多余的粮食和房屋,征收富农、祀众、庙宇的部分土地,统一分给少地和无地的贫苦农民。村内按人口分配土地,分配的数量是分进土地户每人可分 3.1 石,分出土地户每人可留 3.6 石,单身汉每人可分 3.3 石。至 9 月底,土地改革全部完成。1952 年 1 月,开始土改复查,重点检查和解决阶级成分之错划、漏划和分配遗留问题,同时整籍造册,填发土地证。2月底,土改全面结束。整个土改过程分五步进行:第一步,宣传发动、调查研究、整理组织;第二步,划分阶级成分;第三步,没收征收地主、富农的土地和山林;第四步,分配土地;第五步,土改总结、布置生产。在进行土地改革的同时,把地主多余的房屋、农具也分给无房无资产的贫雇农。山林分配到组。土地改革法的落实,彻底打破了几千年来土地集中在少数人手里的不合理状况,真正实现了耕者有其田。1952 年春,宁海县人民政府为村民颁发了"土地所有权"证书(俗称"土地证")。从此,村民在自己的土地上耕作,农业生产开始发展。

第三节 土地集体所有

土地改革后,大部分雇农、贫农、贫下中农,因生产条件差,资金短缺,耕种遇到困难,只得以高利贷借款或典卖土地度日。农村开始出现两极分化,为了有效防止农村两极分化,改善农民的生活,中国共产党和中央人民政府对土地制度进行进一步改革,将土地私有制改为集体所有制,积极引导农民走互助合作道路。在自愿结合、合作互利的前提下,开展互助合作运动。互助合作之路先后经历了互助组、初级农业合作社、高级农业合作社、人民公社四个阶段。

一、互助组

1952 年春,村内成立临时互助组。参加互助组的农户按农时季节劳力进行互助帮工,互助帮工只计工不计分,以工换工。1953 年春,村内有(陈)银官、(童)宏法两个互助组,计 45 人,组织农民走合作化道路(称"一体化")。

二、初级农业合作社

1954 年春,银官、宏法两个互助组分别转为岭南初级农业合作社、东溪初级农业合作社,各农户将土地、生产资料按股入社,由社统一使用,各农户按土地、生产资料股份和劳力投工多少进行分红。1955 年春,响亭山初级合作社成立。同年,岭南、东溪、响亭山三个初级农业合作社都在发展中不断壮大。

三、高级农业合作社

1956 年春,全县掀起农业合作化高潮,上述三个初级农业合作社合并为一个高级农业合作社。同年,村里 80% 的农户加入高级农业合作社。入社后土地归集体所有,山林无代价归集体管理,耕牛、农具等主要生产工具,折价入社,取消按土地分红,实行按劳分配。1957年,全村95%以上的农户加入高级农业合作社。由于合作社发展过快,工作粗糙,管理跟不上,农民思想不稳定,造成少部分农民退社。

四、人民公社

1958年,中共中央颁布《关于农村建立人民公社问题的决议》,10月,成立"一大二公""政社合一""工、农、商、学、兵"五位一体的人民公社。村内属东风人民公社团结管理区岭南生产大队。公社成立后,进一步确定土地为集体所有。推行"工资制""公给制",大搞"一平二调",实行粮食供给制,吃饭不要钱,分配搞平均主义。提倡组织军事化(称"三营三连"),行动战斗化,生活集体化。开展"大跃进"运动,口号为"奋战一百天,争取亩产三千三"。早稻乱估产,产量放卫星,弄虚作假,瞎指挥之风盛行。搞移苗并丘,门前山脚7亩将要抽穗的晚稻并种2亩,结果是颗粒无收。刮起浮夸风,大办食堂,大炼钢铁,结果都有始无终。几年的"一平二调""瞎指挥",严重挫伤了农民的生产积极性;同时,又遇自然灾害,结果弄得村民生活极度贫困。

1960年下半年开始纠正"左倾"错误,着手制止"一平二调",开始退赔了部分平调物资。1961年贯彻中共中央《农村人民公社工作条例》,确定人民公社"三级所有,队为基础,生产队为基本核算单位"的体制。继续纠正平均主义、瞎指挥等失误,解散食堂,分自留地,号召种"十边地",搞"百斤粮",开荒种粮,搞家庭副业,允许养少量鸡鸭等。同年,全村13个生产队开始实行"劳力、土地、耕牛、农具"四固定,由此调动了村民的生产积极性,往后几年,农业生产逐步得到恢复,村民生活日趋安定。

1983年实行政社分设,试行建制乡镇,人民公社体制在无形中消退。

第四节　联产承包

1983年全面推行家庭联产承包责任制,将全村3个生产大队10个生产队的土地承包给各农户进行耕种,土地权属集体,使用权属农户,承包期为3年。家庭联产承包责任制的试行是农村土地制度的改革,克服了人民公社时期存在的分配平均主义的弊端,极大地调动了村民的生产积极性。1984年延长土地承包年限,从原来的3年调整到15年。1999年10月,根据国务院办公厅《关于进一步稳定和完善农村土地承包关系的通知》的精神,集体土地联产承包到户,2000年各农户领到浙江省农村集体土地承包权证,有效期为30年。土地承包权证的发放,有效地维护了农民承包集体土地的合法权益,提高了村民的生产积极性。

表 4-1　2000 年岭南村集体土地联产承包户数、面积统计表

序号	组别	户数(户)	承包土地数量(亩)	备注
1	1	27	37.0	岭南
2	2	24	35.7	岭南
3	3	31	59.2	岭南
4	4	23	38.9	岭南
5	5	24	51.4	岭南
6	6	33	514.7	岭南
7	7	30	45.9	岭南
8	8	23	42.2	岭南
9	9	22	34.8	岭南
10	10	23	36.1	岭南
11	1	27	44.6	东溪
12	2	19	42.3	东溪
13	3	20	35.8	东溪
14	1	32	42.0	响亭山
15	2	31	42.0	响亭山
合计	15	389	433	

　　2019 年,村土地联产承包经营权证复查、校对再转承包工作于 3 月底完成,承包户领到印有宁海县农林局签章的承包权证。此次全村共承包给农户农田耕地 765.8 亩,其中岭南自然村 525.8 亩、东溪自然村 156 亩、响亭山自然村 84 亩。

第五章　农　业

岭南为农业区域,以种植水稻、小麦为主,多种经营。旧时,受封建土地所有制束缚,农业生产经营粗放,耕作技术落后,兼以水利失修,抗灾力弱。一般年景,粮食亩产 300 斤左右。

中华人民共和国成立后,彻底摧毁封建土地私有制度,不断变革农村生产关系,走集体化道路。大力兴修水利,改良农田,改进耕作制度,推广良种和增产技术,发展农业生产。

1979 年后,农村经济体制改革,1983 年全面推行家庭联产承包责任制,调动了村民种粮的积极性。1990 年后全面推广杂交水稻优良品种,亩产可达 1000 斤左右。村民用粮问题得到解决。

第一节　农业用地

村内耕地主要分布在村庄周围,以村的南面、东面为多,由于整个地形西北略高,东南较低,故村庄东南面多为水田,西北面旱地多于水田。

民国时期,岭南村有多少耕地面积,无资料可查。

中华人民共和国成立后,1951 年进行土地改革时,经过细致调查后,把所有土地进行了登记造册。当时岭南村有住户 208 户,常住人口 712 人,有耕地 2558.2 石(948 亩),其中水田 2207.2 石(818 亩)、旱地(山边地、溪边地、园地、宅基地及其他零星土地等)351 石(130 亩)。人均占有耕地面积为 1.33 亩。

1968—1974 年,在"农业学大寨"中,村民在山边开垦荒坡进行扩地,在溪滩填土筑堤造地共计 20 余亩。

1978 年,村民在门前溪改道造田 10.7 亩。

1988 年 7 月,"7·30"洪灾,冲塌门前溪大坝、堤岸 1000 余米,毁田 80 余亩。

1989 年,修复被"7·30"洪灾冲毁的门前溪(门前山脚)大坝 1000 余米,复田 50 余亩。

2018 年,岭南村有住户 487 户,常住人口 1379 人,有耕地面积 763.5 亩。其中,岭南自然村 520.9 亩、东溪自然村 156 亩、响亭山自然村 86.6 亩。人均耕地面积为 0.55 亩。

人均占有耕地面积以 1951 年最多，为 1.33 亩。1951 年以来，人均耕地面积随人口增长和各种土地征用而逐步减少。至 2018 年，人均占有耕地仅 0.55 亩。

全村人均耕地面积逐步减少，主要原因有四个：一是人口增多；二是集体和个人建房用去了部分土地；三是集体建设公共设施征用了部分土地；四是国家建造公路征用了部分土地。

注：1991 年时，岭南自然村分布在梁皇溪以南的土地面积共计 119.6 石（44.3 亩）。其中：一队 22 石，二队 28 石，三队 27.3 石，四队 12.3 石，五队 30 石。

第二节 粮食生产

一、面积、产量

民国期间，粮食产量低，起伏不稳，亩产 300 斤左右。遇上病虫害、旱灾等，亩产则更低。

中华人民共和国成立后，粮食产量逐步提高。1950 年全村粮食耕地 831 亩，亩产 156 公斤，总产 129.3 吨。1955 年农业合作化，扩大单季改双季、间作改连作、两熟改三熟耕作制，粮食耕地面积虽因建造宁高公路减至 806 亩，但亩产达到 232 公斤，总产 186.9 吨，分别比 1950 年增产 48.7％和 44.5％。此后十余年粮食产量起伏徘徊，至 1969 开始回升，粮食耕地达 823 亩，亩产 295 公斤，总产 242.8 吨。1977 年进一步推行春粮、早稻、晚稻三熟制，亩产 405 公斤，总产 334.1 吨，实现《1956 年到 1967 年全国农业发展纲要》规定的亩产 800 斤的指标。1985 年采取以推广杂交水稻等高产品种为主的增产措施，粮食作物 832 亩，总产 420.9 吨，亩产 506 公斤，首次突破千斤大关。1990 年起，随着优良品种杂交水稻的全面推广、耕作制度的改进以及管理措施的加强，亩产都稳定在 500 公斤以上。1949 年至 2015 年各年粮食种植面积、亩产情况如表 5-1 所示。

表 5-1　1949—2015 年粮食耕地面积、产量、人均粮食情况表

年份	面积（亩）	亩产（公斤）	总产（吨）	人数（人）	人均粮食（公斤）
1949	831	148	122.9	677	182
1950	829	156	129.3	682	190
1951	848	165	139.9	712	197
1952	846	174	147.2	724	203
1953	841	185	156	742	210
1954	836	211	176.4	762	232

年份	面积（亩）	亩产（公斤）	总产（吨）	人数（人）	人均粮食（公斤）
1955	806	232	186.9	786	238
1956	808	201	162.4	803	202
1957	811	214	173.6	818	212
1958	812	212	172.1	841	205
1959	813	215	174.8	859	204
1960	811	218	176.8	871	203
1961	814	198	161.2	915	176
1962	815	211	171.9	888	194
1963	816	219	178.7	938	191
1964	819	258	211.3	950	222
1965	821	243	199.5	981	203
1966	822	256	210.4	1008	209
1967	819	267	218.6	1038	211
1968	821	278	228.2	1067	214
1969	823	295	242.8	1092	222
1970	822	313	257.3	1139	226
1971	821	325	266.8	1119	238
1972	819	348	285	1161	285
1973	822	368	302.4	1177	257
1974	818	386	315.7	1218	259
1975	820	391	320.6	1258	255
1976	823	393	323.4	1285	252
1977	825	405	334.1	1314	254
1978	826	408	337	1336	252
1979	829	403	334	1355	245
1980	827	411	339.9	1366	249
1981	829	401	332.4	1364	244
1982	830	407	337.8	1385	244

年份	面积（亩）	亩产（公斤）	总产（吨）	人数（人）	人均粮食（公斤）
1983	831	416	345.7	1408	246
1984	828	476	394.1	1429	276
1985	818	506	413.9	1442	287
1986	806	496	396.6	1443	275
1987	801	501	401.3	1449	277
1988	795	492	391.1	1436	272
1989	792	495	392	1467	267
1990	787	502	395.1	1457	271
1991	784	503	394.4	1483	266
1992	782	505	394.9	1488	266
1993	781	511	399.1	1494	267
1994	779	509	396.5	1487	267
1995	778	512	398.8	1484	269
1996	776	514	398.9	1475	270
1997	775	515	399.1	1468	272
1998	758	519	393.4	1459	270
1999	756	513	387.8	1451	267
2000	755	518	391.1	1438	272
2001	753	514	387	1432	270
2002	751	515	386.8	1420	272
2003	748	511	352.2	1411	271
2004	746	510	380.5	1401	272
2005	745	516	384.4	1390	277
2006	750	514	385.5	1384	279
2007	752	512	385	1382	279
2008	756	509	384.8	1373	280
2009	757	508	384.1	1386	277
2010	758	513	388.4	1363	285

年份	面积（亩）	亩产（公斤）	总产（吨）	人数（人）	人均粮食（公斤）
2011	754	515	388.3	1378	282
2012	757	520	393.6	1374	287
2013	756	521	393.9	1373	287
2014	753	523	393.8	1394	283
2015	761	525	399.3	1389	288

从表5-1可以看出，到了20世纪80年代中期，岭南村人均粮食稳定在500余斤，已达到自给水平。进入21世纪，人均粮食达到540余斤，粮食自给略有余。

2015年后，粮食种植面积每年减少150亩左右，有退耕还林的趋向。原因是村民自种粮食（例种杂交稻）所花的成本和所得粮食的收入相差无几，甚至亏本，自种粮食不合算；再则，市场上大米敞开供应，且价格实惠，人们做一天小工所得之钱，就能买到50余斤大米。

二、耕作制度

村内土地有水田、旱地（山地）两类。水田多，旱地少。民国时期，水田除部分土地贫瘠、水系条件差的采取冬耕闲养夏种稻的一熟制外，大部分水田为冬麦夏稻两熟制，尚有小部分农田种麦、稻、菜或瓜三熟制，亩产不到300斤。山地以春种番薯为主，冬季种植大小麦、马铃薯等，亩产200斤左右。民国三十六年（1947），有几户村民种植间作稻10来亩，因雀、虫为害严重，增产量少而后停种。

中华人民共和国成立后，不断改革耕作制度，提高粮田复种指数，增加粮食产量。中华人民共和国成立的头两年，旱地多种麦、豆、杂粮三熟制，大部分水田为冬麦夏稻两熟制，小部分水田为冬耕闲养夏种稻，亩产在300斤左右。1952年有村民开始种植双季间作稻，平均亩产约260公斤，比种植中稻亩产约增产60公斤。1953年引进早稻"503"品种，1955年开始种植"间作稻"。其种植方式是间作，春季播种早稻，待早稻成活后，进行除草施肥，在早稻横行间嵌插晚青稻秧苗，待早稻在大暑前后收割后，继续对晚青稻进行管理，直到秋季成熟后进行收割。"间作稻"亩产可达四五百斤，要比单季稻亩产高出一二百斤。1956年扩大改制，逐步推行单季改双季，间作改连作，两熟改三熟耕作制。1958年"间作稻"停种，推行连作稻。连作稻又叫双季稻，其种植方式是待早稻在大暑前后收割后，即继续种下晚稻，待秋后晚稻成熟再进行收获。连作稻增加了单位面积的产量，亩产可达600斤。1962年后，全面实行连作稻耕作制。同时，进行水利建设，改善了水田的排灌条件，大部分水田开始在冬季种上了绿肥或春花作物，基本消灭冬闲田。1964年始发展春粮、早稻、秋玉米或秋黄豆三熟制。1972年开始推行水田种植春粮、早稻、晚稻三熟制,扩大双季连作稻。1975年开始种植优良品种杂交水稻,亩产达到450公斤。由于三熟耕作制度的试行,提高了农田的复种指数,粮食亩产可达千斤。20世纪80年代初期,春粮、杂交稻两熟制面积逐渐扩大。同时尚有村民试行麦、稻、菜,或麦、瓜、稻等多种组合的三熟制。1986年后,产业结构进行调整,村内多推行麦、稻、菜三熟制。进入20世纪90年代,随着粮食产量的提高,国家把长期实行的粮食征购任务改为合同订购,把原来指令性种植计划调改为以经济效益为中心的指导性计划,充分发挥了村民的自主权。随着高产优良品种——亩产能超千斤的杂交稻的引种,单种一季杂交稻就能满足用粮需求。进入21世纪,多数水田试行种杂交水稻一熟制或麦、杂交水稻两熟制。尚有少数村民仍试行麦、稻、菜,或麦、瓜、稻等多种组合的三熟制。

旱地耕作制度,有实行麦类、番薯两熟栽种的,还有实行麦、早豆或南瓜(或番薯)三熟套种制的。

三、良种推广

村内种植最多的粮食作物是水稻,其次是大麦、小麦,再次是番薯、玉米、大豆、马铃薯等。现把上述各类作物在当地良种推广情况分述如下。

水稻 民国初期有早红、晚红、早水红、缩头红、樱珠糯、黄扁糯、黄岩糯、花秋诸种。民国三十年(1941)后,有花秋、长秆白、红谷、本地晚青、晚粳、红香粳、淮白、早水红、出洞乌、水底青、糯谷等稻种。

中华人民共和国成立后,逐步推广更新优良稻种。1953年始,推行双季稻,早稻以"503"为主,推广南特号、莲塘早、陆财号。20世纪60年代,以种植南特号为主,试种陆财号,有芒早粳,大力推广矮脚南特号,搭配矮头头、早南稻。70年代,以矮脚南特号为主,搭配二九青、二九南、珍汕97、团粒矮。70年代末80年代初,以推广广陆矮4号为主,搭配二九丰、二九青、浙幅802、青秆黄、嘉育293。晚稻间作,只嵌晚青稻一个品种。连作稻1958年始推广农垦58,试种猪毛簇、老来青、红须粳、西洋糯。20世纪70年代,引进中籼、珍珠矮、二九矮、广场矮、南塘16、早金凤、中粳、东方红1号、船工稻、糯稻、京引15、红壳糯、晚粳、农虎6号、沪选19、宁选晚4号、武农早。1975年,始试种杂交稻,品种有南优、汕优。1979年,全面普及种植杂交稻,搭配农虎6号、矮粳23、秀水11、秀水48、祥湖24、双糯4号等。1985年后,种单季杂交稻为主的耕作制代替了种双季连作稻的耕作制。新发展的杂交稻品种尚有协优6号、协优64、协优9308、奥优938、甬优6号等,粳稻有甬优1号,糯稻有绍糯4号等。1985年后,早稻推广浙幅502号、二九丰,同时全面推广杂交水稻。1990年后,全面推广杂交水稻优良品种协亿46号和汕优63,单季亩产可达1000斤左右。

1975 年开始种植的亩产可达千斤以上的优良高产品种杂交水稻

小麦 民国时期,有白壳早、大粒、洋芒、赤方、和尚麦及洛阳青等农家种。中华人民共和国成立初期至 20 世纪 60 年代,以岔路早小麦、洋麦为主,推广矮粒多、南大 2419、阿勃等良种。70 年代仍以早小麦为主,推广矮秆红、吉利、万年 2 号、丰产 3 号、浙麦 2 号等品种。80 年代以杨麦 4 号和浙麦 2 号为主,引种宁麦 3 号,推广早红 341、阿选 2 号等良种。

大麦 民国时期种有红秆早、六棱长等。中华人民共和国成立后以栽培水红大麦为主,另有早大麦、红尖六棱等品种。20 世纪 60 年代引进无芒六棱、浙农 12、浙农无芒二棱,70 年代以来,换以早熟 3 号为主,推广沪麦 4 号和 10 号、舟麦 1 号、浙农大 2 号和 3 号。米麦有立夏黄,后推广天津 1 号,米麦在 70 年代后极少种植。

番薯 民国时期有白皮白心、红皮白心、红皮黄心等农家种。中华人民共和国成立后,以种红皮白心和红皮黄心为主,20 世纪 50 年代中后期推广胜利百号和港头白。60 年代种红皮白心较多,同时推广胜利百号。70 年代后,推广红红 1 号、丽群 6 号、浙薯 1 号和徐薯 18 号良种。

玉米 亦称苞芦。民国时期,主要种植岔路本地玉米。中华人民共和国成立初期,仍种岔路本地玉米。20 世纪 50 年代中后期,推广金皇后、半黄和中粒黄。60 年代以种盘安黄子和浙杂 1 号为主。70 年代推广杂交玉米、旅曲、丹玉 1 号、虎单 5 号等品种。80 年代后引进苏玉糯 1 号、科糯 3 号、浙凤糯 2 号等良种。

马铃薯 民国时期引进种植,称洋芋。中华人民共和国成立后,1957 年引种镇海九洋薯。20世纪60年代引进大种洋芋、镇海九洋薯、立夏早、兰州种。1978年始种同薯8号。1983年引进东北克新1号良种。

四、栽培技术

(一)水稻

育秧 20世纪50年代前,常用清水浸种、芒谷下田,水秧田育秧。20世纪50年代引种早稻后,推广泥水、盐水选种,药剂浸种,水耕水育,脚孔分畦,露芽落田。也曾推广温汤浸种,铺竹席、草席保温催芽,待露芽后落田。减轻病害,提高壮苗程度。60年代改为燥耕燥做半旱通气秧田,稀播壮秧,小苗带土移栽。70年代利用5406催芽,推广稀播壮秧,二段育秧。80年代采取尼龙薄膜覆盖保温育秧,两段育秧苗,提高秧苗素质。90年代后由于普遍种植优良品种杂交水稻,若用手工插秧,育秧采取药水浸种,露芽出田,水秧田育秧。若用插秧机插秧,育秧采取药水浸种,露芽放入秧板,用秧板育秧。

栽培管理 民国时期,采用两耕两耙或三耕三耙整田,大株稀植。中华人民共和国成立初,仍采用两耕两耙或三耕三耙整田,大株稀植。20世纪50年代后期,贯彻执行"土、肥、水、种、密、保、管、工"农业八字宪法。环绕改变耕作制度,解决季节矛盾,实行早播早栽、壮秧密植,施足基肥、早施追肥,搁田防倒等技术。1958年曾一度搞"移苗并丘",徒劳减产。60年代起,推广燥耕少耙"泡饭田",以利还苗早发,并以多插苗多孕穗增产,每亩3万丛25万苗以上。70年代改为浅水插秧,实行薄水发棵、适时搁田、合理施肥、有水保胎、活水到老等水浆管理技术。80年代推行"稀、少、平"栽培法,逐步实行配方施肥、病虫综合防治等技术,并施行高产模式栽培。

施肥

(1)有机肥料

民国时期,只用传统的有机肥料,如畜粪、人粪、焦泥灰、草木灰等,因受数量的限制,多为清耕白种,靠土壤肥力,产量很低。中华人民共和国成立后,使用有机肥料的种类增加,数量增多,主要有:①人、畜、家禽粪肥;②猪、牛栏肥;③绿肥(水花生、水浮莲、水葫芦、绿萍、紫云英、山上割来的嫩树叶、青草等,有直接翻入和踏入田中,也有经堆沤后施入田中);④农作物秸秆(有劈碎后翻入田中,或铺入庄稼行中);⑤灰肥(草木灰、焦泥灰等);⑥饼肥(菜籽饼、茶籽饼、桐油饼等)。2008年,开始推广商品有机肥,该有机肥对培肥土壤有很大的作用,同时对农作物不伤苗,不会引起贪青、倒伏。农作物产量显著提高。

(2)化学肥料

始于民国期间,但品种仅有硫酸铵,俗称肥田粉,而且数量很少。中华人民共和国成立后,化学肥料逐步得到推广。化肥以氮、磷、钾三要素为主,氮肥主要有硫酸铵、石灰氮、氨水、硫酸氢铵、尿素等;磷肥主要有过磷酸钙、钙镁磷肥和磷矿粉;钾肥主要有氯化钾、硫酸钾;复合肥主要有氮磷、氮钾、磷钾、氮磷钾和磷酸二氢钾等;微肥有硼砂、钼酸铵、锌肥;菌肥有五四〇六;激素肥料有九二〇、乙烯利、三十烷醇等。村民们 20 世纪 70 年代大量使用氨水、碳酸氢铵等化肥。80 年代多用尿素、复混肥、三元复合肥、氯酸钾等。90 年代后多用尿素、复合肥等化学肥料。

除草　稻田普遍有鸭舌草、稗草、野慈姑、三棱草等,与水稻争水争肥争阳光。为了能使水稻正常生长发育,必须进行除草。20 世纪 50 年代,利用铁犁深耕,木耙、铁耙翻耙,利用田圈在水稻行间来回拉动耘翻草根进行除草。60 年代改用人手摸田除草。80 年代后多用除草剂除草。

(二)小麦

中华人民共和国成立前后,多行狭畦宽沟,宽距点播,播后用人粪滴籽,上盖焦泥灰(或拌籽),出苗后施苗肥,年内重施腊肥。20 世纪 60 年代推广条播。70 年代推行阔畦深沟撒播,先耕耙整地,泼上肥水,再行播种。早施苗肥,重施拔节肥和孕穗肥。加强削地除草和防病治虫管理。80 年代推广稻板麦,使用除草剂,施肥改为"前促、中控、后补"法,即早施苗肥和促叶肥,不施或少施腊肥,看苗施用拔节孕穗肥。

(三)番薯

中华人民共和国成立前后,均采用温床催苗育法,出苗后直接剪苗插种,或在清明前剪苗密插繁殖冷藤,再剪苗插种。20 世纪 80 年代推广薄膜覆盖育苗,使苗早、苗壮、苗多、苗齐。立夏至芒种,薯地深翻施放基肥,再筑垄插种。旧时以直插为主,20 世纪 50 年代提倡斜插。60 年代改为水平插,每亩 3000 株左右。插后用淡人肥滴株,成活后及时翻藤中耕除草,增施肥料。80 年代全面推广新品种,施足基肥,适时早插,斜插或浅平插,及时施肥培土、防治病虫草害和提藤管理。

(四)玉米

由于播种季节的不同,可分为春玉米、夏玉米、秋玉米。春玉米一般在清明前后进行播种。夏玉米在 5 月下旬春花收后即翻耕整地,施足基肥播种。一年三熟的夏玉米在 7 月上旬种。秋玉米在 7 月中旬播种。三熟制秋玉米为争季节,采取育苗移栽。田间管理主要做好定苗补苗、适施苗肥、中耕除草、灌溉抗旱、排水防涝、培土护根,去雄授粉,重施穗肥及防治病虫害等。

五、庄稼保护

水稻病虫害有稻热病、白叶枯病、纹枯病、矮缩病、稻蝗、稻螟、稻纵卷叶虫、黑尾叶虫、稻飞虱、稻苞虫、稻蝽象、稻蓟马等。

麦类病虫害有黑穗病、锈病、白粉病、赤霉病、条纹病、网斑病、蚜虫、黏虫等。

玉米病虫害有大斑病、小斑病、茎腐病、锈病、玉米螟、蚜虫等。

番薯病虫害有黑斑病、象甲等。

民国时期,为防治庄稼病虫草害,政府采取了不少措施。民国十八年(1929),县成立治虫委员会,配督导员和治虫专员,区设治虫事务所,村设委员会,督促指导病虫害防治。村民主要采取摘除卵块,点灯诱杀,徒手捕捉,灌水淹杀和滴油扫除等方法。

中华人民共和国成立初期,因药械欠缺,仍以人工防治为主。1952年,发动群众在田间点灯治螟虫,秧田摘除卵块,并掘毁稻根,烧削田边杂草,清除越冬虫卵。20世纪50年代中后期,县成立病虫防治指挥部,社队建立相应组织,大队配备农民植保员,组织技术培训,推广波尔多液、石灰硫黄合剂等药剂防治。1963年后,开始全面推行化学农药、土农药和人工捕杀相结合的防治措施。20世纪70年代,贯彻"预防为主,综合防治"方针,推广有机磷农药,施行合理使用化学农药、黑光灯诱杀。1972年,有村民自制土农药[①],进行喷杀、更新品种、改进施肥技术、改土轮作、合理灌溉、利用天敌等综合措施。1985年2月县成立植保测报植检站,在植检站的指导下,村民们开展植保工作,控制和降低病虫发生为害,同时加强种子检疫,防止毁灭性病虫和危害性杂草传播,保护庄稼生长。进入20世纪90年代,贯彻执行"预防为主,综合防治"方针,采用农药防治,物理防治、生物防治、化学防治相结合,并不断改进更新农药,把病虫危害损失降到最低。化学农药全面使用后,除虫防病害见效快、效果好,深受广大农民的欢迎。但化学农药的大量使用,在杀灭天敌的同时也污染了环境,终成公害,引起了各级领导的重视和涉农部门的关注。进入21世纪,县增设农产品检测认证机构,提倡无公害农产品、绿色食品、有机食品,严禁极毒农药在蔬菜瓜果上使用,限制低毒、低残留农药在一季农作物上使用的次数和离收获前的天数。全社会共同努力,正确合理地使用农药,在保护好庄稼生长的同时,又能使庄稼成为无公害产品。

第三节　经济作物

岭南村种植的经济作物主要有豆类、蔬菜、花生、芝麻、绿肥等,且多为自食自用。

早大豆　中华人民共和国成立前,村民常安排1—2分土地种植早大豆(俗称早豆),自种自食,余下部分投入市场销售。

中华人民共和国成立初期,仍延续旧时种植模式,公社化时期生产队安排成片土地种植早大豆,多数出售,少量分给社员食用。1983年后村民们多在承包责任地里安排少量

---

　　① 村民自制土农药,这是指1972年村民陈胜利按1∶1的比例取当地山上闹阳花枝、苦楝树枝叶、醉鱼草、木荷树叶等有毒树枝、树叶100来斤,放入盛有400来斤水的大锅里,然后煎煮12小时以上,待锅里的水只剩有150来斤时土农药制成,待冷却后即可喷洒使用。经宁波农科所鉴定,该土农药对消灭螟虫、青虫等效果显著。

土地进行种植,以补充生活所需。

村民种植早大豆多用三熟制。一种是麦、豆、杂粮三熟套种,一般在清明前后套种早大豆。一种是麦、瓜、豆三熟套种,早大豆在夏至到小暑播种。种植品种以岔路早大豆为主,配种白皮豆、白毛豆、大青豆、五月拔和大黄豆等。再一种是春粮、早稻、秋大豆三熟制,秋大豆在立秋前后播种。出苗后加强削地松土、病虫防治、水肥管理,除净杂草,可获丰收。

所收获的大豆,村民多用来加工成副食品,制作成美味佳肴,如用早大豆加工成豆腐、香干、空心腐、千腐等,多为自家食用,也有少量出售。

蔬菜 中华人民共和国成立前,村民置有少量菜地或菜园以种植蔬菜,自种自食,余下部分投入市场销售。

中华人民共和国成立后,互助合作社时期,土地入社,留给社员少量自留地,种植蔬菜或其他作物,以补充生活所需。

历来蔬菜种类颇多,中华人民共和国成立后除延续种植水车大萝卜、长梗白菜、芥菜、雪里蕻、黄芽菜、大头菜、苋菜、空心菜、黄花菜、带豆、扁豆、四季豆、尖辣椒、夜开花、黄瓜、南瓜、冬瓜、胡萝卜、茄子等农家种外,陆续引种浙大长萝卜、山东大白菜、宁波雪里蕻、夏葱、榨菜、杭州红茄、西红柿(红丰、北京早红)、青皮冬瓜、甜椒、长丝瓜、尖叶菠菜、四季葱、京丰1号甘蓝、津研2号黄瓜、安吉长瓠、青菜(四月曼、五月曼、城青2号)等良种。

20世纪50年代,多用传统的种植方法。60年代多采取育苗移栽,也有露天直播。70年代改为土温床育苗移栽。80年代推行塑膜覆盖育苗移栽。90年代全面推广塑膜大棚育苗移栽。进入21世纪,全面试行塑膜大棚种植。

花生 中华人民共和国成立前,村民利用隙地分散少量种植花生,自种自食。

中华人民共和国成立后,村民们多在零星地里或在部分承包责任地里种植,以补充生活所需。

种植品种有大泡花生、小京生、四川天府3号和广东粤油551号等。

芝麻 中华人民共和国成立前,村民置有少量土地种植芝麻,自种自食,余下部分投入市场销售。

中华人民共和国成立后,村民们多在零星地里或在部分承包责任地里种植,以补充生活所需。

种植品种有黑芝麻、白芝麻两种。

绿肥 红花草子,20世纪前期、中后期村内多数村民都在田里种植,为农家重要有机肥料,部分鲜草子经青贮可作为牲畜饲料。

紫云英 俗称草子。一般在白露至秋分时播种,出苗后增施磷钾肥,同时做好排水防冻保暖管理,亩产鲜草量1250公斤上下。20世纪80年代后,因化肥增多,紫云英渐减。

第四节　畜禽饲养

一、家畜饲养

猪　养猪是传统的农家副业,猪肥可用作农作物厩肥。谚云:"田要肥,猪栏垃圾泥。"民国时期,因经济落后,战事频仍,只有部分农户养猪1—2头。

中华人民共和国成立后,一般农户养猪1—2头,最多一户养5头,全村500多头,平均每户1头多。这种状况延至20世纪90年代。猪种,村内以养岔路黑猪为主,属肉脂兼用型土种。黑猪全体黑毛,有金钱、公字、兰花3种头型,耳大下垂,呈八字样,有蒲扇耳之称。骨骼粗细适中,体质结实,性情温驯,适应性好,耐粗饲料,抗病力强,饲养期短,长肉快,肉质鲜美,历来为当地农户采购饲养之首选。进入21世纪,由于养猪大户养猪规模扩大,猪的数量增多,个体农户养猪利润减少,农户饲养猪所剩无几。2019年村中只有1户人家养了3头猪。

牛　民国期间,村中富裕人家多养水牛,一般农户养黄牛,贫困人家没有牛。牛是农民的宝贝,耕田耙地少不了牛。每到春耕季节,没有牛的人家多以劳力出工牛户,换回牛给自家耕地,叫"盘牛工"。村内亦有人入春向临海、天台等地市场购牛,用来春夏耕田耙地,秋后销往鄞县(现鄞州区)、奉化等地。

中华人民共和国成立后,政府采取多项政策,扶持和鼓励农民养牛。1953年一般农户都养牛,存栏量为历史之最。农业合作化时期,耕牛折价入社,转户养为集体饲养。牛种有黄牛和水牛两类。黄牛属浙南小狗牛类,毛色黄,体型偏矮小,肌肉结实,蹄壳坚硬,行动敏捷,肌纤维细,肉质鲜美,是一种适宜山区和半山丘陵地区耕作的役肉两用型品种。水牛以温州型为主,性喜水,挽力强。20世纪70年代初期,增养较快,饲养量约占总数一半。70年代中后期,有村民购置了拖拉机后,耕牛逐渐减少。80年代后,随着拖拉机的增多,且拖拉机耕田耙地成本低,牛在耕地耙田等方面的功能已被拖拉机所代替。进入21世纪,农户养牛的越来越少。到2019年,全村只有1户人家养着1头黄牛。

羊　中华人民共和国成立前,村内只有少数人家养羊,数量不多。中华人民共和国成立后,多有农户养羊的,一般养1—2只,以年底自食为主,羊种多是养肉型本地山羊,体型中等,一般阉羊体重20—35公斤。养羊户上午有露水时不放牧,放牧以申时(下午3—5时)为最佳,只要把羊系在草地中的木桩上,羊就会吃草饱肚。冬季无草时,羊多以番薯藤干作饲料,母乳羊或以番薯丝为饲料。近几年,除个别专业户养百来头羊外,一般农户已不养羊。2019年,全村只有2户人家共养有4只羊。

兔　20世纪50—60年代,村内有家养长毛兔的,剪兔毛出售给供销社,或自家纺织毛衣。也有养肉兔的,肉多自食。兔置于竹笼饲养,喂干净嫩草或青菜,需经常打扫兔笼保持清洁卫生,消毒防病。兔繁殖率高,但易得病死亡。现村内已无农户养兔。

二、家禽饲养

鸡　鸡历来是家家户户饲养的家禽,且以放养为主,一般农户都养母鸡,自孵小鸡养肉鸡,多的养十几只,少的养4—5只。母鸡生的蛋除自食外,多用来换取盐、酱、醋、酒、烟等。公鸡选1—2只传种、报晓外,其余阉卵去雄作"鲜鸡"。鸡种以默林鸡为主。鸡饲料以谷糠及残羹剩饭为主,可不计成本,所以农户养鸡者甚多。逢年过节,有的出售,有的自宰。1980年后,家庭饲养开始向专业化和商品化方向发展。1984年,村民陈阿毛办起养殖鸡场,养鸡数量达5000多只,创历史最高纪录。1985年后,因发鸡病经济效益差而停养。1990年后,养鸡的农户日趋减少。进入21世纪,为了保持环境清洁,养鸡需得圈养,养鸡的农户所剩无几。2019年,村内只有10来户村民每家养了2—3只鸡。

鸭　旧时,家养不多,只有少数农户养几只母鸭生蛋自食。中华人民共和国成立后,20世纪五六十年代,家养有所增加,以养母鸭为主,饲养品种多选绍鸭。1978年供销社调整蛋类收购价,鸭蛋价格提高,养鸭农户增多,鸭饲料以玉米、乌麦皮粉为主,辅以虾皮末、鱼烤头等。1980年后,家庭养鸭开始向专业化方向发展,养鸭的农户日趋减少。进入21世纪,多数农户已不养鸭。2019年,村内尚有10户人家养鸭,其数量可不算少,其中8户人家每户养鸭10来只,2户人家每户养鸭80来只。

鹅　村内历来只有少数农户养1—2只鹅,以取蛋或杀肉自食。鹅是食草家禽,有"边吃边拉,一百廿日好卖"之说。所养品种为宁波白鹅。宁波白鹅体大,肉鲜嫩。鹅分秋冬、冬春两批,冬鹅价高。养鹅比较辛苦,白天要放养割草,黄昏要切草喂料,需人一天到晚看着鹅。1990年后,养鹅的农户日趋减少,进入21世纪,村内养鹅的农户所剩无几。2019年,只有1户人家养着4只鹅。

第五节　农业工具

农业工具,简称农具。在长达千余年的农业生产劳动中,村民们常用的传统农具有以下几种。

锄头　最为常用。有阔板锄、硖板锄、三角锄、草刮,还有开山挖岩石用的羊角锄、铸锄等。

薅锄　亦称草刮,用于削地松土除草。

铁耙　有四齿和两齿之分,四齿耙多用于农田平整,两齿耙多用于窄行深翻和开挖狭沟。

镰刀　俗称沙吉,弯月形,刃口开细齿,用于收割稻麦。

木犁　由木架铁头、犁冲、犁头、犁壁、犁脚、犁尾巴等部分组成,用于翻耕田地。

田耙　有木耙、铁耙两种。木耙装木齿或铁齿,主要用于平整;铁耙纯用铁齿,主要用于碎土。

水车　分手牵车、脚踏车、牛车、风力车,长度 2—5 米不等。由木制车槽、四板、车骨、齿轮、车轴组成,用于提水灌溉。

稻桶　呈口大底小方斗形,旧时用木板制作,现多用铁皮制成,用于稻麦脱粒。

晒席　由竹篾片编制而成,长 3.6 米,宽 2.5 米,用于翻晒稻麦和各种农副产品。

竹箩　用竹篾片、竹丝编制,底方上口圆,用于贮藏和挑运谷物等农副产品。

米箩　用竹篾片、竹丝编制,底方上口圆,用于盛粉、挑米、燥净等。

风车　用木制成。作谷物瘪饱分选扬净之用。

捣臼　以石制成,用于捣米或加工馍糍等。

石磨　以石制成,圆形,大小不等,分上、下两块,上、下块各有八卦齿纹,分人力和水力推动两种。人力磨配有木制磨担,靠人力双手拉动,将米、麦等磨成粉;水力磨磨盘底下配有木制水轮机,用水冲动水轮机带动磨盘转动,磨成面粉、豆浆等。

碾子　用石制作,由碾槽、碾盘、木制碾盘夹、碾轴等组成,靠牛力拉动,能碾谷成米。

此外,还有粪桶、料勺、畚箕、猪槽、猪水桶、铁铲、铡刀、柴刀、米筛、糠筛、谷筛、扁担、蓑衣、笠帽等农用工具。

中华人民共和国成立后,对耕作、收割、脱粒、加工、排灌、运输等方面的农用工具进行改进,并逐步走向半机械化和机械化。

1957 年,双轮双铧犁开始使用。由于铁制双轮双铧犁笨重,又要双牛并耕,不便于操作,使用不久就停用了。

同年,双人脚踏打稻机开始使用,1982 年后,选用单人脚踏打稻机。此后,打稻机便代替稻桶用于脱粒。

1957 年,引进抽水机。由于抽水机使用方便,灌、排水功效高,抽水机的使用,代替了人工用水车(牵车、踏车、风力车)进行排灌水的功能。

1958 年,手摇式喷雾喷粉器开始使用。20 世纪 60 年代推广单管式压缩喷雾器。1982 年,开始使用背包式喷雾器,而后机动喷雾器投入使用。

1970 年后,引进手扶拖拉机,手扶拖拉机灵活轻便,适宜当前农田规模翻耕,又可作农村短途运输工具,逐渐得到推广。此后拖拉机逐步代替了牛力翻耕。

1971 年,配置机动脱粒打稻机。此后,机动脱粒打稻机便代替稻桶进行脱粒。

由于农具不断改进,很多传统农具已停止使用或淘汰,如稻桶、碾子、石磨、水车等。当然,还有部分传统农具还在沿用,如锄头、草刮、镰刀等。

宁海县前童镇岭南村永久基本农田保护区牌

第六章　工　业

岭南村的工业,民国前均为手工业,南宋后期始筑炭窑,清代始建缸窑,民国时期办砖瓦窑。

中华人民共和国成立后,办起轧米厂、建过水力发电站。1976 年曾办过胶带厂,1978年转为装潢设计厂。1986 年办服装厂、玩具厂。上述所办之厂除轧米厂外,办后不到几年都已停办。1990 年后,村里又陆续办起 1 家公司(正绵有限公司),建起 3 家工厂(成江灯具厂、欧启电器厂、宁海县乾通汽配厂)。1992 年后,有村民到外地办起了 3 家工厂、7家公司。

第一节　手工业

岭南村个体手工业历史悠久。宋代起就有个体手工业者从事木器、竹器、铁器、棕器、泥水、印染、裁缝等手工业生产。从事手工业者人数也不少,而且行业较多,可称五匠(泥水匠、木匠、篾匠、石匠、漆匠)俱全。在五匠之中,以泥水匠、木匠人数最多,篾匠次之,余下的是石匠与漆匠。泥水匠、木匠不仅人数多,而且起步早。据陈氏宗谱载,早在南宋时期,人们便"安居此地筑室于兹间"。筑室就是建房,建房需木匠搭架上梁,泥水匠砌墙盖瓦。可见那时村民中就有木工和水泥工了,而且代代相传延续至今。现外出到兰州、天津、北京等地开家具店、办家具厂的木匠有 50 余人。到外地做建筑工作的泥水匠有 30 余人。他们乐业于城市,安居于岭南。

篾匠、石匠、漆匠始于明末清初,盛于清代、民国。中华人民共和国成立之初,从事相应职业者还不少。自改革开放以来,由于机械操作代替了手工劳动,从事篾匠、石匠、漆匠等工作的人员所剩无几。

第二节　旧时烧窑

南宋后期,有村民在村西薪炭林茂盛的山坡上筑起炭窑,在秋末、冬季时节砍薪炭林在窑中烧炭,因烧后所得之炭带有白色,故名白炭。所烧之窑叫白炭窑,白炭窑也叫炭窑厂。一般情况下,3 人半月可烧 3 窑,一窑能出白炭 1000—1500 公斤。白炭,可供村民取暖或热饭菜,还可对外销售,经济效益较好,故烧炭代代相传,自南宋开始,沿袭元明清直至民国。中华人民共和国成立后,到 20 世纪 60 年代,煤的使用代替了白炭,炭窑才停办。现村西解树坪、长朗、大山头、许家山、梁岩峇头、大坑等山上还留着炭窑厂遗址。村民们不忘烧炭的那些岁月,把当年筑过炭窑、薪炭林最茂盛、所烧白炭最多的位于横路口路下东北面的那座山,叫白炭山。

清代初期,有村民在村西南面矮山的山脚处建起缸窑,用柴烧制七石缸、酒埕、米鬈等陶瓷品。到清代后期,缸窑因经济效益差而停办。现建窑处还留有缸窑的遗迹,如七石缸、米鬈、酒埕等碎片,故村民们把办过缸窑位于村西南面的那座矮山叫作缸窑山。

民国时期,村内始办砖瓦窑。民国二年(1913),因建房需要砖瓦,岭南村有 3 户村民在村南麦洋头下叫下章的地方,选址 2 亩,合股建砖瓦窑。砖瓦窑处盖有茅房 3 间,建有窑 1 座,因窑形似猪头,名曰猪头窑。平时,每日有砖瓦工 6—8 人,半月能做出一窑砖瓦,用柴烧制,1 座窑一般能烧出砖 2000 只左右,瓦片 15 000 片左右,按现砖瓦价格,1 窑砖瓦可获得人民币 1.12 万元。在通常情况下,一般一年可烧 10 来窑,年收入可达 11.2 万元左右。在民国四年(1915),东溪自然村有 4 户村民合股在东溪大门山脚处砌起 1 座砖瓦窑,窑的规模、管理模式、砖瓦状况、年收入情况等均与岭南砖瓦窑基本相同。1969 年,因市场上有用煤烧制的红砖出售,用柴做燃料来烧制青砖瓦成本较高,经济效益不好,故 2 座砖瓦窑都停办。现在下章、大门山脚两处都还留有砖瓦窑的遗址。

第三节　集体企业

1961 年,岭南大队购买轧米机、柴油机各 1 台,在董家桥南面建造平房 4 间,办起了轧米厂。靠柴油机转动带动轧米机轧米,改变了几千年来将稻谷用捣臼捣或用碾盘(靠牛拉)碾成米的状况。轧米厂为群众生活带来了方便,深受群众的欢迎。用轧米机轧米的方法至今仍在使用。

1975 年,岭南大队在后门山建水电站,利用水力带动水轮机,水轮机带动发电机发电,发电机装机容量为 10 千瓦时。水电站于 12 月竣工,村民于 12 月 14 日晚首次亮上电灯,改变了过去用篾片、松脂、蜡烛、煤油照明的历史。1976 年春,大队把设在董家桥边的轧米厂移至水电站,由此将用柴油机作动力轧米改为用电动机作动力轧米。1977 年秋,大电网进村,改变了岭南村水电站供电不足的状况。

1976 年 1 月,村民在响亭山办起有机玻璃艺术厂,制作产品是火车站用的有机玻璃时间表、标价表和铁路示意图等。后因各火车站都使用高科技电子显示屏,不再用有机玻璃的时间表,艺术厂停办。1976 年 2 月,第一生产队在岭南祠堂南厢房办起胶带厂,大队办油石厂。1978 年 2 月,胶带厂被大队接收,改办岭南装潢设计厂,同年建厂房 7 间。生产产品有有机玻璃时间表、旅行秤等。初期生产形势尚好,1980 年又扩建厂房 8 间,后因经济效益差,于 1982 年停办。1985 年大队曾办起服装厂、玩具厂,终因经济效益差而停办。1986 年大队在西山岗判山,所得资金用来重新开办服装厂、玩具厂,均未办成。

第四节　民办企业

1990 年后,随着改革开放的不断深入,村域内陆续开办起民办企业,先后建起了 1 家公司,办起了 3 家工厂,具体情况如下。

宁海县乾通汽配厂

该厂位于岭南自然村北部,甬临线西侧,创建于 1996 年。其法定代表人是岭南村村民陈明亮。该厂总投资 500 万元,占地面积约 7 亩,建筑面积 5000 平方米。现有职工 20 余人,各类生产及检测设备 30 台,生产产品是汽车配件,2018 年产值达 300 万元。

宁海县乾通汽配厂

宁海县欧启电器厂

宁海县欧启电器厂位于乾通汽配厂南面,甬临线西侧,创建于 1992 年。其法定代表人是陈巧娟。该厂总投资 50 余万元,占地面积约 1 亩,建筑面积约 500 平方米。现有职工 5 人,主要设备有注塑机,生产产品是汽车配件,2018 年产值达 80 万元。

宁海县季茂快纸箱厂

该厂位于乾通汽配厂南面,甬临线西侧,创建于 2013 年。其法定代表人是季茂快。

宁海县欧启电器厂

该厂总投资 50 万元,占地面积约 3.5 亩,建筑面积 2000 平方米。现有职工 9 人,主要设备有印刷机,生产产品是纸箱,2018 年产值达 300 万元。该厂于 2019 年 3 月停办。

宁海佳海精密五金厂

该厂在整合原有佳海品牌人脉、市场资源的基础上,于 2019 年 8 月在岭南村开办。其法定代表人是侯学慧。该厂是一家专业生产各种精密五金配件的企业,产品广泛应用于高精端模具制造领域。

该厂厂址原是宁海县季茂快纸箱厂,因季茂快纸箱厂于 2019 年 3 月停办,厂房转让给佳海精密五金厂使用。现该厂总投资 600 万元,占地面积约 3.5 亩,建筑面积 2300 平方米。有职工 15 人,主要设备有数控车床、磨床等,生产产品是模具配件。2019 年销售产值达 500 万元。

宁海佳海精密五金厂

宁波正伟金属制品有限公司

宁波正伟金属制品有限公司位于岭南村北部,乾通汽配厂北面,甬临线西侧,创建于2015年。其法定代表人是李伟。该厂总投资100万元,占地面积约3亩,建筑面积2000平方米。现有职工30人,主要设备是数控车床,生产产品是地漏。2018年产值达800万元。

宁波正伟金属制品有限公司

上述5家民办企业中,除宁海县乾通汽配厂外,其余3家工厂、1家公司均是外村籍人氏在村内开办的企业。有外地村民来岭南村开办企业,也有村内村民到外地创办企业。改革开放后,岭南村村民在各地创办了3家工厂、7家公司,即宁海县文锦工艺品厂、宁海县前童成江灯具厂、宁海县锦涵五金厂、宁海县诗特拉工艺品有限公司、天津市皇佳彼德家具制造有限公司、陕西沣舰生物科技工程(游艇)有限公司、宁波银三起重搬运有限公司、宁海县银东运输有限公司、宁波市鼎衡机械有限公司、宁海富宁饲料工业有限公司。办在外地的3家工厂、7家公司简况如下。

宁海县前童成江灯具厂

宁海县前童成江灯具厂位于前童镇鹿分路18号,创建于2015年。其法定代表人是陈成江。该厂总投资500万元,占地面积约2.7亩,建筑面积1800平方米。现有职工17人,主要设备有压铸机、灯具机械,生产产品是灯具。2019年产值达1000万元。

宁海县锦涵五金厂

宁海县锦涵五金厂位于黄坛镇车站路134号,创建于2013年。其法定代表人是卢其平。该厂占地面积1亩,建筑面积600平方米,总投资60万元。现有职工10人,主要设备有数控车床、仪表车、冲床等,生产产品主要是五金制品加工。2019年产值达80万元。

宁海县文锦工艺品厂

该厂位于岔路镇湖头工业园区 507 号,创建于 2011 年。其法定代表人是吴锦武。该厂总投资 200 余万元,占地面积约 5 亩,建筑面积 3000 平方米。现有职工 45 人,主要设备有发泡机等,生产产品是颗粒抱枕,产品出口国外。2019 年产值达 1000 万元。

宁海县诗特拉工艺品有限公司

宁海县诗特拉工艺品有限公司位于宁海县桃源街道 11 号,创建于 2013 年。法定代表人是吴锦文。该厂总投资 50 余万元,占地面积约 5 亩,建筑面积 1200 平方米。现有职工 20 人,主要设备有气泵,生产产品是工艺品,产品出口国外。2019 年产值达 480 万元。

天津市皇佳彼德家具制造有限公司

该家具制造有限公司位于天津市北辰区青光工业园区,创建于 1993 年,法定代表人是陈金钱。该厂总投资人民币 1000 万元,占地面积约 30 亩,建筑面积 24 000 平方米。现有职工 200 余人,主要设备有各类家具机床,生产产品是家具。2019 年产值达 5000 万元。

陕西沣舰生物科技工程有限公司/陕西沣舰游艇有限公司

陕西沣舰生物科技工程有限公司与陕西沣舰游艇有限公司位于陕西省西咸新区沣东新城斗门西街 99 号,建于 2018 年。该厂总投资人民币 100 万元,法定代表人是吴维勇。两家公司占地面积 6.8 亩,建筑面积 2000 平方米,现有职工 48 人,生产产品主要是游艇。2019 年产值达 2000 万元。

宁波银三起重搬运有限公司

宁波银三起重搬运有限公司位于宁波市北区小港姜家岙 1 号,建于 2014 年 6 月,投入人民币 380 万元,法定代表人是陈银三。该厂占地面积 3.5 亩,建筑面积 800 平方米。现有职工 20 人,主要设备是起重机及货物吊装配件。2019 年产值达 5000 万元。

宁海县银东运输有限公司

宁海县银东运输有限公司位于力洋镇开发区,成立于 2014 年 7 月,法定代表人是陈煜。该公司总投资 300 万元,占地面积 15 亩,建筑面积 800 平方米。现有职工 30 人,主要设备有工程车 23 辆,拌车 2 辆,主要业务是工程运输,水泥混凝土挡风搅拌。2019 年产值达 1500 万元。

宁波市鼎衡机械有限公司

宁波市鼎衡机械有限公司创建于 2011 年 2 月,位于宁海县宁昌西路 28 号,法定代表人是魏云峰。该公司占地面积 2.25 亩,建筑面积 1200 平方米,总投资 200 万元。现有职工 35 人,主营业务是机械制造、模具、传感器等。2019 年产值达 1100 万元。

宁海富宁饲料工业有限公司

宁海富宁饲料工业有限公司成立于 1998 年,位于宁海县环城西路 34 号,法定代表人是魏云贵。该公司总投资 3000 万元,占地面积 6.2 亩,建筑面积 3500 平方米。现有职工 58 人,设备有颗粒饲料加工器,主要生产配合颗粒饲料。2019 年产值达 1000 万元。

第七章　林　业

岭南村有山林面积 406.2 公顷,山林资源丰富,树木种类多种,产品多样。

旧时山体多为自然林,山林中长有松树、杉木、毛竹、茅草,还长有少量板栗、木荷、枫树、樟木、漆树等。村民依山生息,边养护边采伐。

中华人民共和国成立后,人民政府提出发展林业生产,发动群众植树造林,村民积极响应,绿化荒山。山林所有制的变革,分自留山到户,责任到人,调动了村民开发与利用山林的积极性。山坡上栽上了松树、杉木、各种果木、茶叶等。

从 20 世纪 70 年代中期起,开展大面积多品种植树造林。20 世纪 80 年代继续绿化造林。1990 年后,为实现县委、县政府提出的"五年消灭宜林荒山,十年绿化宁海大地"的目标,村两委加倍努力,并加强管理,落实护林防火制度。进入 21 世纪,岭南村树木成林,柴草遍地,一片苍翠。

第一节　山林所有制

北宋时期,山林属共有,称众家山。自南宋后期开始,村中富裕人家买众家山为私有,此后部分山林属私有。

到了民国时期,除保留部分众家山,山林均属个人所有,绝大部分为地主、富农占有。

中华人民共和国成立后,1951 年进行土地改革,从地主、富农家里没收、征收山林,大部分分配给贫下中农,小部分留归村公有。1956 年冬,山林全部入社,1958 年公社化时,山林转归生产大队所有。

1982 年,分自留山(矮山),每人有 1.3 亩的定额,先由大队按人数划片到生产队,再由生产队按每人 1.3 亩的数量分到户。1983 年,农户领到自留山证。自留山权属集体,使用权、管理权属用户,长期不变。是年冬,落实责任山,除龙潭坑两侧至竹山,杉树园到白炭山,毛竹山等由村管理,其余山全部划片到队,作为责任山落实到户。1988 年,取消责任山,山仍由村管理。村民需要用材,可向大队提出申请,经大队同意即可砍伐使用。由于山林所有制的改革,自留山落实到户,调动了村民开发与利用山林的积极性,山林利用率迅速提高。

第二节　面积　植被

岭南村的山林,分布在村庄的东、西、北三个方向,属浙闽山丘甜槠木荷林区,典型的阔叶林带。无原始森林植被,多为人工栽培的用材林、经济林、毛竹林等。

全村共有山林面积6093亩,其中岭南自然村4332亩、东溪自然村884亩、响亭山自然村877亩。山林总面积中,用材林1680亩,疏林1142亩,薪炭林1127亩,灌木、狼萁、茅草等1025亩,竹林(主要是毛竹)1011亩,茶树100亩,露岩8亩。植被种类:村西山上主要长有毛竹、杂树、茅草等。村东、村北、村西等矮山上长有乔木,乔木以松树为主,间有少量杉树、板栗树、杨梅树、木荷树、乌楮树、樟树、漆树等,树下植被多是灌木丛和狼萁。山麓、溪边长有樟树、苦楝树、乌桕树、桑树、银杏树、棕榈树、枫杨树、杨柳树、朴树等。山体植被生长良好。各座山的名称、面积及植被种类列表如下。

表7-1　岭南村山林名称、面积、植被一览表

名称	面积(亩)	植被	备注
烂胡坦	142	用材林、灌木林、茅草等	岭南
头巾孔里坦	164	毛竹、用材林、茅草等	
水牛塘	89	毛竹、用材林、薪炭林等	
纱帽岩	62	用材林、经济林、灌木林等	
燕地	104	用材林、经济林等	
水牛塘	61	毛竹、用材林、经济林等	
竹山	61	毛竹、用材林等	
石峰	148	用材林、薪炭林、灌木林等	
老鹰岩	75	用材林、茅草等	
捣七头郎	66	用材林、经济林、柴草等	
尖山尾巴	174	毛竹、用材林、薪炭林等	
第一尖	142	毛竹、用材林、茅草等	
平岩	143	毛竹、经济林、茅草等	
来龙	58	用材林、冬青树等	
平岩岗	145	毛竹、用材林、茅草等	
大湾头	45	经济林、毛竹林等	
横路口	27	用材林、毛竹林等	

名称	面积（亩）	植被	备注
白炭山	93	用材林、枫树、茅草等	
里拷邦	61	用材林、茅草等	
土地岩	77	用材林、樟树、冬青树等	岭南
尖山	73	用材林、杉树等	
三角坑	120	用材林、枫树、冬青树等	
乌辽郎	200	用材林、枫树、樟树等	
开口岩	139	用材林、枫树等	
平岩脚	53	经济林、松树等	
亮岩肩	80	杂树、茅草等	
掩善岗头	54	防护林、杂树等	
双辽斗	94	松树、枫树、樟树等	
独天岩	90	松树、枫树等	
外拷邦	159	松树、冬青树、茅草等	
杉树园	73	杉树、茅草等	
庵岩里	60	松树、茅草等	
中央岗	119	杂树、茅草等	
外溜	156	松树、毛竹、樟树等	
樟树坑	53	樟树、冬青树等	
中央郎	61	经济林、松树、杉树等	
路西呑	112	松树、茶树等	
西山坑	94	松树、杉树、樟树等	
乌岩	104	松树、杉树、茅草等	
里坑	112	毛竹、茶树、用材林等	岭南
船山	15	花木、茶树等	
坟庵里坑	101	用材林、茅草等	
里旁山	37	用材林等	
仙桃	49	松树、枫树等	
缸窑山	63	松树、杉树、枫树等	

名称	面积（亩）	植被	备注
后门山	53	用材林、枫树、毛竹等	
鞍山朝日	44	用材林、枫树、茅草等	
鞍山背阴	55	用材林、枫树、茅草等	
月边	14	用材林、枫树等	
里岙	44	松树、茅草等	
后门山	13	毛竹、枫树、雷竹等	
门前山	61	毛竹、雷竹、用材林等	岭南
脚块头浪	250	毛竹、枫树、经济林等	东溪
长坑	182	毛竹、经济林、枫树、山楂树等	
岭头	33	毛竹、茶树、经济林等	
里山	35	毛竹、用材林、茅草等	
九石畈顶	30	毛竹、茶树、樟树、木荷树等	
毛田	40	茶树、经济林、毛竹等	
金钩山	30	毛竹、用材林、乌稔树、木荷树等	
花身月	40	毛竹、板栗树、榛树、乌稔树等	
岩门	30	用材林、板栗树、苦楝树等	
狮子山	35	经济林、榛树、苦楝树等	
香山	30	毛竹、用材林、茅草等	
朱家坑	40	毛竹、经济林等	
门前山	32	毛竹、用材林、茅草等	
新路廊后	40	毛竹、经济林等	
红岩坑	20	毛竹、苦楝树等	东溪
前山黄狗盘	48	用材林、枫树等	响亭山
仰天湾茶山	45	茶苗、茶树、杉树等	
仰天湾	34	毛竹、杉树、木荷树等	
脚块头浪	235	毛竹、薪炭林等	
保主岩	141.5	用材林、茅草等	
笠帽毯	14.9	毛竹、用材林等	

续　表

名称	面积（亩）	植被	备注
里岙老鼠主	6.6	杉树、木荷树等	
红岩后门山	9.6	杉树、枫树、茅草等	
金刚肚后山	9.5	毛竹、乌桵树、木荷树等	
老鼠嘴山头	4.2	松树、板栗树、苦楝树等	
大山断头岗	6.5	毛竹、苦楝树、茅草等	
蜂桶岩许家	4.5	毛竹、用材林等	
长钱后门山	11.8	毛竹、经济林等	
蜂桶岩头山	11.3	毛竹、枫树、茅草等	
里山后门山	20.6	毛竹、苦楝树等	
大山头	35.2	杉树、枫树、茅草等	
里山山后门	13	松树、杉树、木荷树等	
小山头里浪	19.3	毛竹、杉树、枫树等	
九石斧头山	6.1	用材林、枫树等	
大山头	25.1	经济林、榛树等	
斧头山落岩	13.7	用材林、枫树等	
大岗庆	6	杉树、枫树等	
来落岩	3.3	用材林、枫树等	
红岩坑	13.4	松树、杉树、茅草等	
后门山红岩坑	103.9	毛竹、杉树、枫树等	响亭山
合计	6093		

注：山林面积具体分布情况为岭南自然村4332亩，东溪自然村884亩，响亭山自然村877亩。

第三节　山林产品

村内主要的山林产品有木材、毛竹、柴炭、竹笋等。其次是茶叶、果树、棕榈树、野生淀粉、野生动物、野生药材、木本油料等。

木材　岭南村有山林面积6093亩。其中用材林面积占山林面积的27.57%，村内用材林以松树为主，杉树次之，其他有木荷树、乌桵树、板栗树、樟树、枫树、漆树、青冈树等。山麓、溪边、田边长有苦楝、油桐、乌桕、桑树、银杏、枇杷、棕榈、沙柏、柳树等。旧时，有山的人家可在自家山上伐木建房做家具，也可伐木在市场上进行售卖。无山林的村民在经得众人同意后,方可到众家山砍树用。

中华人民共和国成立后,1951 年土地改革时,山林大部分分到户,小部分留归全村公有。村民需用木料可在户内山林中采伐。1956 年冬,山林入社,木材购销由国家统一管理,岭南村每年向县森林工作站出售一定数量的木材。1958 年公社化时,山林转归生产大队,社员乱砍滥伐,不到 3 年时间木材伐尽,山林衰败。1963 年后,由于加强林业管理,山林得以恢复。1982 年,以每人 1.3 亩的定额分自留山到户,调动了村民植树造林的积极性,林业得以发展。此后,村民需要木料,可在自留山砍伐自用,也可伐木到市场上销售。1985 年起,木材交易市场开放,允许多渠道经营。村民们就把木材制作成家具,到市场上进行交易。也有村民把木材运往外地销售,经济效益较好。

毛竹 岭南村有竹林 1000 余亩,竹林以毛竹为主。民国时期,年出售毛竹 1000 余根。中华人民共和国成立后,1951 年,供销社开始经营。1953 年供销社统一收购,岭南村按计划销售。1953—1955 年,村每年销售 3000 根。1956 年台风来袭,大批毛竹被吹倒,只得砍伐,供销社收购 8000 余根。1958 年后,毛竹资源萎缩,采伐量减少。1960 年后,由于加强管理,竹子长势茂盛,竹林面积增大。

毛竹材质坚韧、富弹性,用途广。村民取竹为材,制成各种产品(竹器),为民所用。在建筑上用毛竹做竹棚、脚手架、竹地板等;村民用毛竹来做席子、脚箩、畚箕、竹杠、扁担等农具;用毛竹来做竹床、竹席、竹椅、竹桌、竹箱等家具;用毛竹制成竹篮、茶桶、竹灯笼、竹扫帚、畚斗、烟盅等生活用品;用毛竹来做成筷子、饭撬、刷帚、饭箩、筷筒等厨具。

村民们不仅用竹制成竹器自用,还把竹器拿到市场交易,经济效益显著。1985 年之前,因建造房屋需要毛竹搭脚手架,村里每年有成批毛竹出售,同时制成竹篓、竹箩、竹席、竹椅等竹制品对外销售。1990 年后,竹制品逐渐为塑料制品所取代,销势渐减。建房搭架多用钢管,毛竹销售量减少。

柴炭 柴炭可分柴和白炭,是村内传统出产的山林产品。柴是村民煮饭做菜的燃料,白炭则是村民在山上砍薪炭林筑窑烧制而成,少数自用、多数销售,经济效益较好。村民们做饭所用的燃料,一直都是砍山上的杂树、狼萁、茅草等充当,而且以砍杂树为主。由于山林面积较大,管理得当,杂树较多,村民们不但有柴烧,而且还有柴卖。村里贫困人家缺粮少衣时,常靠卖柴度日。值得一提的是,村民在山上砍柴、伐木之后在山地里留下的柴根、树根(树桩)等经挖掘出土晒干后,可作燃料。在生活困难,少衣、缺衣的年代里,一到寒冷的冬天,村民们便在火炉里放上柴株(宁海人把树根叫柴株),点燃后围着火炉取暖,以此御寒过冬,这种取暖方式也叫"煿火暖"。

中华人民共和国成立后,提倡薪中取材,炭窑逐渐停办。然而砖瓦厂增多,柴炭耗量颇大。20 世纪 50 年代初期,由于村民注重对薪柴的培植,不但有柴烧,还可上市交易。1958 年实行人民公社化,大办食堂、畜牧场,食堂、畜牧场均用好松树做燃料,山林被严重破坏。此后,柴资源败落,炊柴渐趋紧张。从 20 世纪 70 年代起,开始封山育林,重视植树造林。村组织专人看守山林,防止乱伐滥砍。1982 年,分自留山(近山)到户,调动了村民护林的积极性,不到几年时间,柴资源丰富起来。柴历来是村民烧饭和取暖的必需品,随着煤球、煤气、电能的广泛使用,村民生活中的用柴量逐渐减少。

竹笋 村域内笋类品种较多,春夏冬皆有。春季鼎盛,有毛笋、雷笋、鳗笋、金竹笋、绿壳笋,以毛笋为主。夏有黄干笋、黄壳笋、绿壳笋;冬有冬笋,冬笋味道鲜美,有"山上黄鱼"之美称。笋向来为村民喜爱之菜肴,亦是村民馈赠亲朋好友的佳品。民国时期,村里众家山产笋,可供村民自采自食。

中华人民共和国成立后,村民们重视对西山茨坪毛竹的栽培和管理,竹林面积不断扩大,特别是改革开放后,村民们在自留山、溪边、山脚等地种植毛竹、雷竹、鳗竹、黄竿竹等,竹林面积成倍扩大,笋的产量更是成倍增加,多数家庭鲜吃有余,还到市场销售。

茶叶 村域内属山区丘陵地带,多野生地边茶。茶园山赤岩茶,"嫩绿香郁,骨重耐泡",亦属珍品。民国时期,品种群体混杂,零星种植。中华人民共和国成立后,重视茶叶种植,1970 年在船山、溪坪两处种茶 30 亩,1976 年在黄狗盘、外龟两处第二次种茶 43 亩。1974 年在村后建起茶厂 5 间,进行制茶。因经济效益差,于 1981 年茶厂停办。

果树 村域内野生果树品种丰富多样,有桃、梨、梅、杨梅、山楂、山柿、猕猴桃等。1970 年后,岭南村开始在山坡上种植人工培植的上述各种果木。同时,农户在房前屋后零星土地上栽培杨梅、桃、李、梅、枣、枇杷等果树。

棕榈树 历来在田头地角、山边岸边、房前屋后种植,棕片用于制作棕蓑、棕刷、棕绳、棕索、棕垫、棕绷床等,棕叶用于捆扎粽子、串扎肉类等。2000 年后,棕蓑、棕绳等棕制品被塑料制品所代替,棕片用量大幅度减少。棕榈树也就作为绿化观赏树种。

箬竹 村域内山中有野生箬竹,竹竿可用于做擀面杖,箬叶也称青箬或粽箬,主要用于包粽子和制作箬帽。

木本油料 村域内木本油料有油茶、油桐、乌桕,油茶产茶籽,油桐产桐籽,乌桕产桕籽,茶籽、桐籽和桕籽,概括为"三籽",在村内已有近 800 年的种植历史。旧时,油茶、油桐与乌桕历来多在山麓、山坡地、田埂、路旁栽种,也有些是野生。中华人民共和国成立后,旱地改水田,改路改道时砍伐树木,使油茶、油桐、乌桕资源不断减少。到 2018 年,油桐树已灭绝。

野生淀粉 山中野生淀粉资源有橡子、茅栗、榛子、葛根、乌糯等。每到秋收时节,村民们上山采橡子,磨成粉制作橡籽豆腐食用或出售;采摘茅栗、榛子炒熟食用或出售;挖葛根以制作葛根粉食用或出售。遇到灾害之年,常到西山挖乌糯根,把成担的乌糯根担回家,洗净、敲碎,经过处理,成为细嫩雪白的乌糯粉,用乌糯粉烧制成乌糯熘食用。在那少粮或断粮的岁月里,村民常挖乌糯根充饥,度过灾荒之年。

野生动物 村域内野生动物种类较多。旧时,村里有捕猎者,他们使用木棍绳套、竹绳套、土铳、土炸弹、猎狗、铁夹、"三步倒"等工具和药毒猎捕野猪、野兔、黄麂、山羊、刺猬、花猫、山鸡、狐狸、豺狗、狼、豹头,甚至老虎等野生动物。中华人民共和国成立后,村民在冬闲时,利用传统工具和老办法猎捕一些野生动物。1950年至1979年,供销社在每年冬季收购小野兽毛皮和观赏鸟类。1980年后,为保护珍稀动物停止收购。只有少数村民利用铁夹、绳吊猎捕少量野猪、野兔等野生动物。20世纪90年代村民停止捕猎。进入21世纪后,村域山边夜间常有野猪、山毛兔、黄麂等野生动物出没。

野生药材 村域内野生药材资源丰富,约有200多种,其中常用中药材近100种,常见野生药材有前胡、半夏、山药、茯苓、乌药、黄芪、苦参等50余种,蕴藏量较大。

第四节　造林绿化

自清代起村民们就注重植树造林。清初,在门前山、缸窑山、峧刀头、里龟、外龟、船山、西山、龙潭坑等矮山种上成片的建房常用的松树、杉树;同时,还在山麓种上做家具用的木荷树、乌楮树、樟树、枫树、柏树等。平时还注意在矮山对砍来当柴的杂树的培育。清代中期,在村西的高山茨坪山坡上种上毛竹。到清末时,矮山杂树成片,山上松树、杉树成林,高山茨坪一带毛竹长势旺盛,竹林面积已近千亩。俗话说:"靠山吃山。"村民做饭可在山上砍柴烧,建造房屋就在山上砍树造梁,要做竹器可到竹山伐竹,冬、春季还可以在毛竹山中挖笋吃。

中华人民共和国成立后,土地改革时大部分山林分配给贫下中农,1956年冬山林全部入社,1958年转归生产大队所有。下半年,人民公社化时,在"大跃进"的口号下,大刮"共产风",大搞"一平二调"。全村办起了3个食堂,为解决食堂的烧火用柴,砍掉了山上大批森林(主要是松树)。同时,大队办起了畜牧场,选用上好松树烧火。由于大炼钢铁需要,进山伐木烧炭。同时,又兴卖树之风,进行乱砍滥伐。不到一年时间,矮山杂树被砍,好树被伐,所剩无几。山体光秃秃一片,山林破坏为历史所未有。就连村民们生活所用燃料也要到路途较远的高山上去砍。

1959年初,贯彻中共中央《关于人民公社若干问题的决议》,提出三级所有,队为基础,按劳分配,等价交换的工作思路,制止"一平二调"。翌年,大队食堂停办。纠正"共产风"。从20世纪70年代起,开始封山育林,重视造林绿化。村组织专人进行望山,防止乱伐滥砍,在山上植树,同时还种经济特产林,如果树、茶树等。1970年9月,在"学上旺,赶上旺"的口号下,大队派代表赴上旺参观,回村后,成立山林副业队,加大植树造林的力度。在近山建起桃、李、梨、柿等水果苗圃,在船山、溪坪两处各种茶树30亩。1971年3月,村副业队从平溪板昌林场购买松树苗20万株,栽于梁皇山(茶园山)峰。1973年3月,村副业队在岩门里、上岗、头巾孔等山栽松树、杉树150亩。1980年春,在里烟地、水牛塘、竹山、梅树坑开杉木基地 200 亩,种上杉树。同年,向县林业局购买各种苗木,在大岙、外龟、后园扩建苗木基地,栽上杉树、樟树、水杉树、梧桐树、楂树(红楂)、柏树、橘树等苗木。村集体和个人遍种此类树木。1981 年 2 月,在大岙种茶树 30 亩。1982 年,分自留山到户,村民在自留山上有的种松树,有的种杉树,有的种竹,有的种果树。为发展林业,认真落实山林权属,扩大自留山种植面积,完善林业生产责任制,开放林业市场,村民生产积极性得以提高,乱砍滥伐现象得到控制,森林覆盖率回升,林木蓄积量增加。此后以松、杉为主的用材林迅速发展,山体绿化加速发展。

经过十几年的封山育林,山林面貌大有改观。到了 20 世纪 90 年代,由于煤气灶、电饭煲等厨具进入农户,村民们用电饭煲煮饭,煤气灶做菜,绝大部分村民不再用柴作为做饭的燃料,建筑房屋也用钢筋混凝土、砖混结构,门窗用铝合金、塑铝、塑钢等材料,木材、柴草的使用量大为减少,所有这些都为保护山林资源、山体绿化、发展林业创造了良好的条件。

进入 21 世纪,整个山体树木成林,树下植被柴草茂盛,山野一片葱郁,其间茨坪毛竹成片,已成绿海,遍山一片苍翠。造林绿化,已见成效。

第五节　护林防火

一、护林

岭南村历来重视山林保护,并在村规民约中规定,把全村所有山林都纳入禁山范围。

1950 年,村里组建护林小组和确定护林员,订立爱国护林公约。

1984 年,村里设兼职护林员,订立护林村规民约。同年,村里多数农户改用省柴灶,减少了森林资源消耗。

1991 年,前童镇政府制定《前童镇林木采伐管理制度》,岭南村制定《岭南村护林公约》,以此加强对山林的护理。1992 年后,逐步推行液化气灶和电灶具。进入 21 世纪,村民基本不用柴草做饭,村民建造房屋也多用框架结构或半框架半砖混结构,木材用量减少,森林生态环境日趋良好。

附:1.《前童镇林木采伐管理制度》
　　2.《前童镇岭南村护林公约》

前童镇林木采伐管理制度

为了实现县委、县政府提出的"五年消灭宜林荒山,十年绿化宁海大地"的目标,必须控制木材生产,有计划地采伐木材,不使产生新的荒山;为使我镇木材采伐走上轨道,特订如下管理制度。

一、根据林木消耗量低于生长量的原则,集体所有的森林和林木及村民自留山林木实行限制采伐,严格控制县下达给我镇的年采伐计划,以可伐林木资源为依据,凡采伐胸径六厘米以上(含六厘米)的原立木,毛竹,无论主伐和抚育伐,均需纳入采伐额以内,任何单位和个人不得超额采伐。

二、采伐林木必须申请采伐许可证。除采伐自留地和房前屋后个人所有的零星林木,采伐林木均需要申请采伐许可证。并按许可证的规定进行采伐,以生产竹材为主要竹木采伐,必须同样申请采伐许可证,并按许可证由县林业主管部门委托镇人民政府核发采伐许可证。山林权有争议的,在调处完结前,任何一方不得申请和发放采伐许可证,两方并有责任维护其争执林带的现状。

三、采伐林木单位必须书面申请。择伐由镇政府审批并核发采伐证间伐林木,先由林业主管部门搞好设计书,镇政府签署意见,由区林特站审查,发证(50立方米以上的报县局林政股审批后,由区站发证);皆伐(手续同上)一律由局审批。

四、为做到科学管林,提高木材质量和便于采伐管理,规定每年9月1日至次年3月底止为年度采伐期。

五、必须严格按照采伐的地点、面积、树种、株数、期限进行采伐,并在采伐的当年完成更新造林任务,超额采伐或未经批准采伐和超期采伐的均按乱砍滥伐论处。

六、村经联社要确定专人负责,严格把关,坚决执行凭证采伐,对乱砍滥伐制止不力而使森林遭受破坏的村要追究责任。对执行计划工作成绩显著的村由镇政府给予表彰和奖励。

七、村集体林、毛竹,个人自留山林木、毛竹,承包山上林木、竹需采商品材,一律按县规定收缴育林资金、更改资金、林区建设费,上述款项由镇政府代收。对偷漏和抗缴者,镇人民政府林政管理小组有权查扣和加倍征收。

八、木材流通的运输管理:在实行山上管严、山下搞活的原则下,需外运的商品材需持采伐许可证,育林资金、更改资金的收据和镇政府的证明到县林特局办理运输手续后,方可出运(持有采伐许可证、经营许可证、运输证、检疫证四证)。

九、滥伐、盗伐森林和其他林、竹,情节严重的(盗伐木材0.5立方米以上的)由受损单位报告,镇政府证明,报县森林派出所处理。情节较轻的按村护林公约处罚。

以上林木管理制度,希各村遵照执行,本制度如与《中华人民共和国森林法》等法规不符的,以国家法规为准。

宁海县前童镇人民政府(盖章)

一九九一年一月一日

前童镇岭南村护林公约

为了实现县委、县政府提出的"五年消灭宜林荒山,十年绿化宁海大地"的目标,现针对我村山林存在的问题,特订如下护林公约。

一、凡是社员需在自留山上采伐树木、竹,一律预先向村报告,由村统一向镇政府办理采伐审批手续后凭村证明方可上山采伐。

二、凡是村集体统管山一律不准砍伐竹木、柴,违者除追回原物外,按所偷砍伐价值3—5倍罚款处理,夜里砍伐加倍罚款。严重者报上级有关部门处理。

三、凡到他人自留山上及他人自留地旁等四旁偷砍竹木的,追回原物外,按其价值3—5倍罚款处理。夜里加倍处理。严重的报上级有关部门处理。

四、护林员知之不报,被查获,按规定处罚偷伐者外,同等处罚护林员。

五、对举报者的经济奖励:一般群众举报他人偷伐树木的,按罚金数的50%给予奖励。干部及护林员按罚金数的30%给予奖励。

以上公约希广大干部群众互相监督共同遵守。如本公约与《中华人民共和国森林法》不符的,以《中华人民共和国森林法》为准。本公约从订立日起生效执行。

岭南村三委会(盖章)

一九九一年一月一日

二、防火

旧时,农民有田野烧灰、烧田坎、上坟烧纸钱的习惯,经常酿成森林火灾。

中华人民共和国成立后,对森林火灾的防范十分重视,合作化、公社化时期,一旦发生森林火灾,就由社队干部组织社员上山灭火。农村家庭联产承包责任制施行后,常发生森林火灾,大多由村干部及部分村民参加灭火。

从1991年起,村委会与镇政府签订森林防火责任书,落实防火措施。村制定护林防火制度,组织森林火灾义务扑救队伍,扑救队伍配有通信工具。1997年后,每年11月至次年4月为森林防火期,严禁在林区野外用火;春节、清明节、中元节、冬至等节日,都有村干部和护林员(俗称望山人)在村口、山脚值班,防范失火。

附:1.《宁海县人民政府森林防火禁火令》
    2.《前童镇岭南村有关森林防火制度》

宁海县人民政府森林防火禁火令

为切实抓好清明期间的森林防火工作,确保全县范围内森林资源的安全,根据《浙江省森林消防条例》第十五条之规定,县政府决定,特发布森林防火禁火令。

一、禁火期:每年3月10日至4月10日。

二、禁火区域:在全县林区范围内。

三、凡进入林区人员必须严格遵守以下规定:

(一)严禁吸烟,乱丢烟蒂和火柴梗等行为;

(二)严禁上坟祭祖时从事点烛、烧纸钱、燃放烟火爆竹等活动;

(三)严禁出殡队伍近山沿途燃放烟花爆竹;

(四)严禁野外烤火、玩火,放孔明灯;

(五)严禁进山狩猎;

(六)严禁炼山、烧地坎草、烧灰积肥及其他生产性用火。

四、对违反以上禁令者,依照有关法律、法规和相关规定追究其法律责任。

宁海县人民政府(盖章)

一九九一年一月一日

前童镇岭南村有关森林防火制度

为了保护我村的山林资源,保护生态环境,必须保护好我村的山林。特别对威胁山林最大的山林火灾更要认真对待。经村三委会研究讨论,现特订如下护林防火制度。

一、切实做好护林防火工作

按照气候的常规确定防火期和防火戒严期:自3月1日至4月25日止,在防火期内严禁在林间私自野外用火,烧田坎等。确需用火,必须经当地政府及上级有关部门批准,持有用火许可证方可用火,并组织好人员进行防范,防止意外失火。

二、家长要管教好未成年子女,不要玩火,学校老师向学生教玩火的危害性。

三、一旦发生山林火灾,村民都要自觉参加扑火。毗邻村山林失火,村民也要自觉参加扑火。

四、对参加扑灭山林火灾有成效者,村适当给予经济奖励。对发现火警,不管不闻者,除严肃批评,不得参加当年评比先进。

五、对肇事失火者的处罚。违反用火规定,造成山林火灾者,赔偿所毁山林面积的绿化造林费。担负扑火人员报酬外,根据认识态度及灾情情况,严重的报上级并追究刑事责任。

以上护林防火制度,希全村干部群众共同遵守。如本制度与上级有关法规不符的,以有关法规为准。

岭南村三委会(盖章)

一九九一年一月一日

第八章　商贸服务业

清代,村内交通不便,经济落后,商业发展缓慢。清末民初,经商风气渐盛,多小本经营,无纯批发商。民国时期,商贸以农副土产和日常生活用品购销为主。

中华人民共和国成立后,国营商业从无到有,迅速发展。供销合作社自成系统,遍布乡镇,网点不断下伸。私营商业大部分转为合作商店。社会主义统一市场逐步形成。1978年后,经济体制改革,商业放开经营,个体商业迅速发展。

第一节　商品交易

明清时代,商品贸易主要在集市交易中进行。岭南村就近集市主要在前童、岔路、桑洲、黄坛、宁海城关等地,有前童二、七市,岔路三、八市,桑洲五、十市,黄坛二、五、八市,城关三、六、九集市。凡开设市日的地方都有街道,街道两旁置有大小不等的各类商店。通过集市交易村民可以将自己拥有的产品在市场进行销售。诸如村民将所余的大米、早豆、玉米等食粮,猪、羊、鸡、鸭等家畜家禽,山里出产的柴、木材、毛竹、药材、兽皮、木炭、栗、竹笋等在集市贸易中进行出售。同样地,通过集市交易,村民也可以向市场或商店购买自己需要的货物,如衣服、鞋袜、猪肉、油、盐、酱、醋等。

民国前期,村里没有经销商行,村民的商品贸易主要在集市交易中进行。1932年,岙里人王有康到村内开起了小店。

村里常来流动的摊贩多贩卖服饰、鱼、点心、豆制花、糖果之类,这些小摊贩大多无固定营业场所,节庆、演戏时在祠堂门口或路廊内外临时设摊,平时肩挑货物到各村串巷叫卖。

1950年,岔路供销合作联合社成立,而后竹林、前童、梁皇、桑洲、白溪、王爱、麻岙、冠峰等供销分社相继成立,农村商业由新成立的供销合作联合社统一管理,村民皆予入股,参与分红,供销合作联社内部成立理事会和监事会,购销业务皆由供销社经营。商贸按计划经济模式进行,如油、布、烟、酒、糖等预先发票,按所发票据数额进行供应。1955年粮食实行统购统销,农村户口按人额定定量,按定量分粮,居民户口按人发放粮票,按粮票购粮。1961年4月贯彻中共中央《农村人民公社工作条例(草案)》,允许村民开展多种经营,商品贸易逐渐活跃起来。1961 年岭南村开办小店,店内有糖、烟、酒、油、盐、酱、醋等出售,村民购买日常用品十分方便。"大跃进"与"文化大革命"期间,集市贸易几度冷落。1979 年恢复原有集市,市场开始兴起。1981 年后,农副产品统购派购先后取消,市场经济活跃起来,集市交易兴旺起来。随着改革开放政策的逐步深入,民营商贸服务业蓬勃发展,农村市场十分活跃,群众购买商品十分方便,一般商品都可以在农村市场里买到。

第二节　民营商贸

1979 年后,随着改革开放的不断深入,岭南村民营商贸服务业迅速发展,村内就开有多家商店,村民购买日用商品十分方便。村内各商店的基本情况如表 8-1 所示。

表 8-1　1980—2019 年岭南村民营商贸服务业基本情况表

商店名称	业主姓名	主营及兼营	投入资金（万元）	营业执照编号	开业时间	员工人数（人）
宁海县前童镇陈彬芬烟酒店	陈彬芬	烟酒杂货	1	28YXEQ5L	2008 年	1
岭南村小小超市加盟店	卢春芬	烟酒食品	10	28YOLO7L	1980 年	2
麻爱珍副食品商店	麻爱珍	烟酒食品	5	28YAN746	2001 年	2
项丽丽食品店	项丽丽	烟酒食品	5	50101511	2008 年	2
东溪陈诚副食品店	陈小杰	烟酒食品	1	29274G5G	1997 年	1
东溪崇高副食品店	魏金三	烟酒食品	1.5	60109891	1980 年	1
响亭山烟酒食品店	卢土春	烟酒食品	0.5	05102630	2000 年	1
卢密芬超市	卢密芬	烟酒食品	4	60101891	2006 年	1

（本表数据截至 2019 年 12 月）

第九章 水 利

　　水利是农业的命脉。以农耕生活为主的岭南村民向来重视水利建设。长期以来,村民们在村内两条溪流的两岸驳坎筑坝,在溪流的河床上垒堰,在田野上挖掘渠道进行灌溉。中华人民共和国成立后,在村内山弯里拦溪流之水前后筑起 7 座水库(简称七星水库);同时对溪流进行改道,实行五水共治,在防洪、排涝、抗旱、治污、供水、农田灌溉等方面成绩显著,水利建设卓有成效。

第一节 驳坎填堤

　　在漫长的岁月里,村民们在穿过村域的九曲溪、门前溪的溪坑边多处用石块驳坎,碎石填堤,做成堤岸。堤岸高约 2 米,堤面宽约 1.5 米,共计长度约 2000 余米。堤岸的建成,固定了溪道,平整了溪床,有效地阻止溪水破坏堤内的农田。为了预防洪灾时大水冲毁田园,村民们前后在溪水湍急的溪道边筑起一道道防洪坝,诸如下碛坝、门前坝、七石坝、乌龟坝等。防洪坝多用大石块筑成,高 2 米左右,宽 1—3 米,累计长度约 300 米。防洪坝的筑成,防洪效果显著。

第二节 垒堰开碛

　　为解决农田用水问题,长期以来,村民们在两条溪流的溪床上垒起了多道堰,其中在九曲溪的溪床上垒有 5 道堰,在门前溪的溪床上垒有 6 道堰。堰的垒成提高了溪床上的水位,蓄溪流之水增加蓄水量,进行农田灌溉。与此同时,在田野上还开挖了无数条纵横交叉的水圳,水圳也叫水渠,使两条溪流之水"盖秋冬则泻之使去,春夏则蓄之使来"。这种人工开挖或用石块铺设的水渠村民们称为浚碛。浚碛是这里的先民对他们的水利设施一种独特的称谓。在多条水渠中,最长的要算沿山渠道,沿山渠道北起石枧水库大坝水道出口处,经响亭山村后山麓,沿着西山山脚到坟庵山脚,沿着山脚绕过后门山,穿过绞刀头山坡,顺着缸窑山,直到麻车岙水库,全长约 2100 米。在开挖水渠过程中,还新建过路涵洞 3 处,7 座水库出口处的水渠全都进行硬化,把横于九曲溪上枧头的木枧换成混凝土浇成的枧,题名"幸福枧"。纵横交叉的浚碛,形成完善的灌溉网络,便于农田灌水、排水、防旱涝。

第三节　拦溪筑库

中华人民共和国成立后,村民们不仅利用原有所垒之堰,还在两条溪流的河道上筑起一道道大小不等的拦水坝,筑成大小不等的水库 7 座(总称七星水库)。其中在 1957—1959 年筑成的有坟庵、船山头、八一、麻车岙、里岙、新路廊等 6 座山塘水库,总蓄水量约 3.6 万立方米。1975 年建成的有石枧水库,石枧水库是七星水库中最大的一座水库。石枧水库位于门前溪上游龙潭坑口,水库大坝于 1962 年冬开工,经过 14 年的冬季筑坝,投入十万余工,于 1975 年结顶。坝长 93 米,坝底宽 25 米,坝顶宽 5 米,坝高 25 米,水库集雨面积为 2.5 平方千米,总库容量为 24 万立方米。正常库容有 20 万立方米,有效灌溉面积达 560 亩。在 7 座水库中,石枧水库属小(二)型水库,其余 6 座水库蓄水量都在 1 万立方米以下,属山塘。水库建成后,防洪、排涝、抗旱效果显著,农田灌溉得到解决,村民饮用水得到保障。各山塘和石枧水库简况如表 9-1 所示。

表 9-1　岭南村兴建山塘、水库一览表

名称	坐落地	蓄水量(万立方米)	受益面积(亩)	建成年份
八一山塘	上坑	0.9	10	1958
船山头山塘	船山头	0.6	8	1957
坟庵山塘	坟庵	0.7	5	1958
麻车岙山塘	麻车岙	0.8	6	1957
里岙山塘	里岙	0.5	7	1957
新路廊山塘	新路廊	0.5	8	1959
石枧水库	龙潭坑	24	560	1975

1975 年筑成的蓄水量为 24 万立方米的石枧水库

第四节　溪流改道

　　门前溪原从七石坝起,向西流至村前青稀泥潭顶与九曲溪汇合,再向东流入岩头潭。由于此段溪流弯曲,遇暴雨、山洪,常溪水暴涨泛滥成灾。1978 年,村民们将此段溪流进行改道,改由从门前山脚直下岩头潭与九曲溪汇合。新开溪道长 300 余米,宽约 10 米,用地 9.5 石,于 1979 年底完工。溪床改道后,溪流畅通,消除了泛滥成灾的隐患。改道前的溪床经过填土平整,造地 10.9 亩。

第五节　"五水共治"

　　2014 年 2 月,开展治污水、防洪水、排涝水、保供水、抓节水活动,实施"五水共治"。

　　完善自来水设施　2013 年,全村自来水管道进行整修,部分自来水管道改道铺设,每户安装水表。安装水表时,每只水表由宁海县水务集团补助 700 元,用户自负 500 元。2015 年白溪水库的自来水管道引接到邻村,准备待用。

　　生活污水治理　2006 年 2 月,村生活污水治理工程开工。按照污水治理计划,对村民的粪坑进行整除,每户换上坐便器。村民开挖排污渠道,铺设排污管道。2007 年 10 月,排污管道铺设完成,厨余垃圾处理站建成,整个生活污水治理工程完工,污水得到妥善处理。

　　治河水　2014 年全镇推行"河长制",镇长任主干流河长,村主任任支流河长,按照"一河一长、条块结合、属地管理"之原则以及河道特征,确定村级河长及河长职责,并设立河长公示牌。村域内有 2 条河流流经,一条是门前溪,一条是九曲溪,均属白溪水系支流,担任门前溪河长的是镇联村干部、担任九曲溪河长的是村主任。河长的职责是:牵头组织开展河道水质和污染源现状调查,制订实施方案,推动治水工程建设,协调解决重点、难点问题,做好督促检查,按时保质完成水环境整治。按照河长职责,现河长正在牵头组织开展河道水质和污染源现状调查,并在制订实施方案,推动治水工程项目建设早日动工,保质完成水环境整治。2019 年 12 月 1 日,村里投入 8.5 万余元,在九曲溪上坑段(后门坑段上起大房桥头,下至下份桥顶)建设河道护岸工程,并在年内完工。

第十章 交 通

　　旧时，岭南村村民出入村的道路只有明州（宁波）至台州穿村而过的一条古驿道。民国三十年（1941）始修人力车道。中华人民共和国成立前夕，对外交通处于出行多靠步行、运输货物多用肩挑和人力拉车的状况。

　　中华人民共和国成立后，1955 年省道甬临线穿村而过，甬临线的通车为村民对外交通带来方便。此后，调整村内道路布局，做好镇村二级道路并硬化，交通十分便捷。

　　进入 21 世纪，随着电动自行车的普及，各种小轿车、货车的增多，电动自行车、小轿车成了村民的代步工具，货车运输代替了人力拉车。

第一节 古 道

　　自北宋建村，村内就有唐代所建的明州（宁波）通往台州的驿道（也叫官道）穿村而过，这条驿道在村内的那一段，村民们称为穿村大道。这条穿村大道北起岵岫岭顶，南至梁皇溪，长约 2200 米，宽 2.5 米左右，路面用卵石铺砌而成。此路向北翻过岵岫岭，经过黄坛镇可直达县城，向南可通宁海西乡各地，再向南可通三门、天台等县。此道是旧时村民对外的主要交通要道。

　　旧时，这段古道在村内的那一段上就建有 5 座路廊（岭顶路廊、半岭周路廊、东溪路廊、岭南门前街路廊、麦田肚路廊）、2 座凉亭（麦田肚二宜亭）。路廊、凉亭是路旁或跨于道路中间的廊屋建筑，内设固定木石条凳，供行人歇脚、消暑、避风雨。因此道来往行人较多，故夏秋时节，路廊内有为善者烧茶水无偿供应。因年久失修，2 座凉亭、3 座路廊均已自然倒塌，现只剩岵岫岭顶路廊、半岭周路廊了。路廊、凉亭为行人道上公益设施，建造与修缮资金多为当地村民捐助。

第二节 村 道

　　旧时，村庄道路主要是一条宁海通天台的驿道（也称大路）。这条大路是岭南村与各自然村相通的要道，也是通往南北各地的交通大道。村庄内的道路，也叫墙弄，宽度不到 2 米，有的用溪坑石子铺面，多数为黄泥路，高低不平，路人行走很不方便。田畈之间的道路大多是宽度在 0.5 米以内的田岸路,杂草丛生,高低不平,雨天泥泞,人畜同行。

中华人民共和国成立后,村两委会对村庄内道路进行规划,并逐步进行改建。1955年,省道宁高(宁海至高枧)公路建成通车,此路自北向南穿村而过,给村民对外交通带来便利,是村内村民对外交通的主要通道。

从 20 世纪 90 年代起,岭南村所辖岭南、东溪、响亭山 3 个自然村各自做出规划,对村庄内的道路进行改建。通过改建,3 个自然村道路面全部硬化,村道路面略有加宽,村道略有改观。随着村庄的扩大,大家在新建小区规划好道路。新建好的小区道路布局相对合理,路面平整,行走方便。各自然村村道简况如下。

(一)岭南自然村

1990 年,建造从乌株树脚向西至同三线东转向南经后门畈、后门坑、麦洋头至西路门口,再转向北到笆头与徐霞客古道连接的环村大道,环村大道宽 3.5 米,长约 1300 米,并进行了硬化。1998 年,门前街大路穿村段用水泥浇面,全道硬化。现村庄内主要道路情况如下。

老村区道路 老村区范围:东临甬临线,南濒九曲溪,西至后门山脚,北由原小学南,东起徐霞客古道向西到大倪操场后再向南到塘头大樟树脚。老村区内由东向西主要村道有 5 条:其一是东起穿村大道(董家桥北端),沿九曲溪旁向北通向堂下、转向西到西头、下份等地,宽约 2 米,长约 300 米。其二是东起大路井头,向西通向村内四方墙弄,宽度 2米,原由卵石铺砌路,向西通向村内,向南可通向堂下、西头,向北可通向下新屋,转向北可通往三串堂、大房等地。这条通村小道号称四房墙弄,旧时是村中的主道,村中办红白大事多走此道。其三是从大路旁的乌株树脚起,向西通往塘头,从塘头再向西可到达村西后堂,路宽约 2 米。其四是唐吴园至上堂屋,路宽 2 米左右,长约 200 米。其五是北由原小学南,东起徐霞客古道向西到大倪操场后,再向南通到塘头大樟树脚,路宽约 3 米,长约300 米。

笆头小区道路 笆头小区范围:东临甬临线,西起下份至麦洋头,宽约 2 米,长约 150米的南北道路,北濒九曲溪。笆头小区内东西走向的道路有 4 条,路宽约 4 米,总长约 200米,每条道路南北相距约 20 米。

麦洋头小区道路 麦洋头小区范围:东起下份至麦洋头,宽约 2 米,长约 150 米的南北道路,西邻田野,北濒九曲溪。麦洋头小区内东西走向的道路有 6 条,每条路宽约 2.5米,其中长度为 20 米的有 3 条,30 米、40 米、50 米的各 1 条,总长约 450 米,每道南北相距约 20 米。

大倪小区道路 大倪小区范围:东为穿村大道,穿村大道东是省道甬临线,南至老村区,西是同三线,北与东溪村相邻。小区内主要有东西走向道路 4 条,每条路宽约 3 米,长

30—50 米,每条道路南北相距约 80 米。

大地爿小区道路 大地爿小区位于岭南自然村村东北方向,西为甬临线,北与东溪村相邻,东为田园,小区内有南北方向道路 2 条,每条路宽 2—2.5 米,长约 50 米,有东西走向的道路 4 条,每条路宽 3—4 米,长约 80 米,每条道路南北之间相距约 20 米。

(二)东溪自然村

村道位于甬临线两侧,道路多是东西走向。位于甬临线东边的村道主要有 3 条:其一是公路口向东走转北经过冷水孔潭、枧头到甬临线,宽度 2—3 米,长约 200 米。其二是甬临线向东到村中央,宽约 2.5 米,长约 80 米。其三是公路口向东走到冷水孔潭,最后到自来水房,宽约 2 米,长约 150 米。

(三)响亭山自然村

村内主要道路有 3 条:其一是从甬临线起向西北到石枧水库大坝,宽约 5 米,长约 800 米。其二是从甬临线起由东向西穿村到西山脚,宽约 5 米,长约 200 米。其三是村内南北方向,宽约 4 米,长约 200 米。

新建的小区道路布局相对合理,路面宽度略比老村区道路宽。从整体上看,现时,村庄道路路面平整,全部硬化,改变了旧时村内道路路面高低不平,路边杂草丛生,人们行走不便的状况。而今村内道路行走方便,环村大路可供车辆通行,并与甬临线相连接,对外交通十分便捷。

第三节 公 路

经过村域的公路有 2 条,一条是省道甬临线,另一条是国道沈海高速公路。

省道甬临线北起宁波,南到临海,是省内主要的交通线。甬临线经过村域的那一段北起岵岫岭岭顶,南到梁皇溪,长约 2200 米,此道于 1957 年通车。由于此道与本村的穿村大道基本相平行,且相距很近,此道路面平整,路面又宽(10 米),交通和运输的功能比古驿道强得多,所以村内村民对外的交通和运输现在都不走古驿道而改走甬临线了。甬临线成为村民对外对内交通的主要道路,这条公路在村民心中不仅是省道,而且还是县道、镇道、村道。这条公路为村内交通带来方便,村民们把它称为致富道、幸福路。

国道沈海高速公路北起辽宁省沈阳市,南至海南省海口市,为双向四车道、全封闭、全立交的沿海国道主干线,是我国南北交通大动脉。沈海高速公路经过村域的那一段北起岵岫岭隧道,南至梁皇溪,长约 2200 米。此道于 2001 年 2 月 16 日通车,在岭南村村域内这一段全封闭。

第四节 其他道路

村内其他道路尚有田间道路、山间道路、机耕路等,各种路的简况介绍如下。

（一）田间道路

田畈之间的道路除有几条宽度在 2 米以上的机耕路,大多是宽度在 0.4 米以内的泥质田岸路,历来人畜同行,雨天泥泞,晴天路面干燥时,如遇大风,尘土飞扬。因村内属丘陵地带,各块田之间尚存高低,众多的田块组成的田岸路,形成田地间众多纵横交错的小路,真是阡陌纵横。一直以来,人们到田地间劳作,行的是阡陌交通。

（二）山间道路

村内山间道路多条,特别是村西山路最长、最多。有一条长约 4000 余米,宽 3 米左右,从村庄向西连着大地搭、龟山、双岩、外里流、乌茨坪、百步伸、独天岩顶、横路口、大拐头、大坑脚、溪坪等 10 余座山的山路。其中从外流到乌茨坪这一段路面硬化,从村庄到乌茨坪这一段山路小车、拖拉机可以通行,是村中向西的主要通山道路。连接这条主路的山路有多条,其一,从这条道路的溪坪出发可通向水牛塘,再通向风叉岩峧,此道路面宽约 0.5 米;其二,从这条道路的乌茨坪出发,经老鼠岩头、白滩、塔嘴到梁岩呑头,此道宽约 0.4 米;其三,从这条道路的龟山出发,经解树坪、乌岩山脚、乌岩峧头到满月岗,此道宽约 0.6 米。

其余各山,山路颇多,路面宽度多在 0.4 米左右,各条路长度不一,高低不平,上山道路多为 S 形,有顺着山谷通向山顶的,也有顺着山冈通到山顶的,多为羊肠小道,行走很不方便。

（三）机耕路

村内自 20 世纪 60 年代始有拖拉机用于农业,始修宽度为 3 米左右的泥质砂石机耕路,20 世纪 70 年代后,拖拉机介入运输;20 世纪 80 年代后期,收割机用于农业,机耕路增多。村内主要机耕路情况如表 10-1 所示。

表 10-1　2018 年底岭南村主要机耕路统计表

道路方向或名称	路线起讫地点	长度（米）	备注
南北方向	村庄—梁皇村	1000	甬临线
东北对西南	村庄—月边山脚	700	甬临线
南北方向	村庄—梁皇桥头	1000	石子路
东北对西南	村庄—岵岫岭脚	800	石子路
东南方向路	村庄—下沸洋	800	泥质砂石路
西南方向路	村庄—缸窑山	800	泥质砂石路
向西方向路	村庄—船山里	900	泥质砂石路
西北对东南	村庄—石枧大坝	600	水泥路

第五节　陆运工具

岭南村地处山区,运输全靠陆运。为了方便及提高陆运效率,人们常借助运输工具进行运输。运输工具可分为两类:一类是货物运输工具,一类是载人运输工具。

(一)货物运输工具

旧时,货运主要靠肩挑人扛,人扛有双人扛、四人扛、八人扛、十六人扛等。到了近代,虽有手拉车,但还是用人拉。现时,为了方便及提高陆运效率,人们常借助各种机动车辆进行运输。

村内常用的货物运输工具有扁担、柴担、手拉车、拖拉机、农用运输车等。

扁担　扁担是最原始的运输工具,用竹制成,长 1.5 米左右,运货时用肩挑在扁担中间,两端挂上所运货物,并配上有小叉的短柱。在运货时,将短柱小叉处顶住扁担,并将手绕过另一边肩膀握住扁担适当向下使力,使货物保持平衡;在需要休息时,可用短柱支撑住扁担。扁担可挑重量一般达 10—125 公斤。旧时,扁担是村内村民主要的货运工具。

柴担　用木制成,专用于运柴,长 1.6 米左右,中间扁平、两头削尖。挑柴时,用肩挑在柴担中间,两端拴在所捆好的柴把上,并配上带有小叉的短柱。在运柴时,将短柱小叉处抵住肩后柴担,并将手绕过另一边肩膀握住短柱适当向下使力,使柴保持平衡。在需要休息时,可用短柱支撑柴担中间,人可脱肩休息。柴担可挑重量一般达 30—150 公斤。旧时,柴担是村内村民主要的运柴工具。

手拉车　由下盘和车架组成。下盘有两轮,轮的轴、毂、辐、辋均为铁制,轮外套环形橡胶轮胎;车架主要由 2 条车杠和 7 条横档构成。村内在 20 世纪 50 年代末始有手拉车,手拉车有高轮、矮轮两种。矮轮又分大包胎、小包胎,矮轮载重量大,可达 1000 公斤。20世纪 60 年代起手拉车成为村民主要的货运工具;直到 20 世纪 90 年代,因拖拉机、小货车增多,它才退居二线,但至今还在发挥作用。

改革开放后,有四轮拖拉机、农用运输车、小货车、大货车等用于货物运输。

(二)载人运输工具

村内载人运输工具,旧时有拖梯、轿子,近代有人力双轮车、三轮车、自行车等,现代有大客车、中巴车、公交车、出租车等。家庭备有摩托车、机动三轮车、电动自行车、电动轿车、小轿车等。

拖梯　由竹制成,有两种:一种平底呈长方形,后有栅栏靠背;人坐其上,四角系绳,两人肩抬。一种无靠背,四周围有栅栏,中可放器物,四角系绳,两人肩抬。

轿子　多用木材制成,也有用竹制成的,人坐其中,两侧穿杠,轿夫肩抬,亦称肩舆。轿子分民轿、官轿。官轿专供官吏乘坐,按官职大小,分由二人、四人、八人抬之。民轿可分高轿、小轿、花轿。高轿又称毛蓝轿,竹制,上蒙毛蓝细布,前挂帘幕,两侧穿杠,前后轿夫两人肩抬,俗称便轿。小轿、花轿均为木制,正方亭形轿箱,木质墙栏。小轿制作简单,花轿镌龙雕凤,制作精细,为民间迎亲专用。小轿两人抬,花轿四人抬。

自行车 俗称脚踏车。民间在 20 世纪 40 年代出现,岭南村村民 20 世纪 70 年代开始使用,20 世纪 80 年代逐渐多起来,20 世纪 90 年代成为中青年人群的主要交通工具,到了 20 世纪末基本普及。

电动自行车 村内 20 世纪 90 年代末开始使用两轮电动自行车,21 世纪初开始使用三轮电动车。而后,电动自行车数量增多,取代了自行车,成了村民主要的代步工具。

小轿车 21 世纪初,少数村民有了小轿车。2010 年后,多数家庭有了小轿车,小轿车成了村民外出的主要交通工具。同时,由于各种车辆数量增多,车辆运输代替了人们手提肩挑,货车运输代替了人力拉车。

第十一章　村区建设

旧时,岭南村区住宅建设基本上反映农村封建社会的建筑特点,较高大的建筑物多为寺、庙、祠堂;少数富户院落用料上乘,建造多为四合院楼房;多数村民建矮小平房,住宅简陋;公共设施差。村内无供电、供水、供气等设施,环境乱、脏、差。

中华人民共和国成立后,村区建设迅速发展,特别是改革开放后,村区住宅范围成倍扩大,宜居宜室的二至三层半框架住宅成片建成。村庄内道路、照明、给排水、供气、邮电通信、村庄绿化、环境卫生等设施日臻完善,大多数村民住房条件得到改善,村区面貌有了很大改观。

第一节　住　宅

旧时,村民中少数贫困人家因没有住宅,常借别人家房屋或搭建茅草房居住,多数人住着木结构的简陋矮小平房,部分殷实人家居住楼屋或"二串堂""三串堂"的楼房,富裕人家住的则是四檐齐的院子。民国时期,战事频仍,经济落后,民生凋敝,村民的住宅大多破败不堪。

中华人民共和国成立之初,1950年进行土地改革,没有住宅的贫雇农分得房屋,多数村民住着破旧不堪的矮小旧屋。1964年起,由于水利条件改善,农业增收,村民收入增长,始新建住房。村民建房,习惯于量力而行,一般都是拆除破旧不堪的旧房,新建木结构的平房,只有少数村民新建木结构的楼房。

进入20世纪80年代,村里做出建房规划,村民们按规划建房。所建之楼房,形式多样,要求越来越高,质量越来越好。20世纪80年代,村民多建砖混结构的楼房,并细石子粉饰外墙面。20世纪90年代,村民多建钢筋混凝土楼房,多用马赛克贴外墙面。进入21世纪,村民多建半框架结构的楼房,多用钢砖贴外墙面。21世纪初,村民始建框架结构的楼房,多用涂料涂刷外墙面。现在村里80%的村民,三口之家普遍拥有1—2间两层或三层的新楼房,多的3—4间,少部分家庭还建造了别墅。村域内住宅小区成片,楼房林立,岭南自然村就新增了芭头、麦洋头、大倪、大地爿4个住宅小区。东溪自然村在甬临线两侧建成住宅区。响亭山自然村在同三线两侧建成住宅区。

第二节　供　水

旧时,村民用水主要来源于水井。为了满足村民用水,村内打有多口水井,水井以石块砌垒构筑,其形状多为圆形,深浅、大小不一,村内水井水源不绝,久旱不竭,水质尚佳。其中挖建得最早的要数塘头水井,塘头水井位于岭南自然村老村区塘头处,开挖砌建于北宋天禧五年,该井井身为圆形,直径约1.2米,地面到井的底部深度为4米,平时水深2.5米左右,井栏间为边长1.2米的4块石板用水泥嵌缝围成的方形栏圈。该井水源充沛,终年不竭,水质良好,可供多户村民饮用。

岭南村民吃水一向饮井水,家家户户勾担、水桶是必备的挑水工具。生活用水则多用溪水。

表 11-1　岭南村水井简况统计表

水井名称	所在位置	形状	开建年份	蓄水量(立方米)	备注
塘头水井	塘头	圆形	1021	2.8	岭南
大路边水井	门前店	圆形	1957	1.5	岭南
董家桥水井	董家桥边	方形	1365	1.3	岭南
大房水井	后门坑边	方形	1420	1.5	已填
下份水井	下份桥头	圆形	1947	2.5	岭南
塘吴圆水井	塘吴圆	圆形	1978	3.1	岭南
后塘水井	后塘坑边	方形	1585	2.1	已填
下圆水井	后门坑边	圆形	1952	1.5	岭南
塘下水井	塘下墙弄边	圆形	1960	3.1	岭南
中塘水井	中塘	圆形	1796	1.5	东溪
前塘水井	前塘	圆形	1750	1.5	东溪
柏树脚水井	柏树脚	圆形	1980	2.1	东溪
岔门头水井	岔门头	圆形	1641	1.5	已填
冷水孔水井	冷水孔	圆形	1999	5.2	东溪
水井潭水井	水井潭边	圆形	1970	1.3	已填
响亭山水井	厂横头	圆形	1971	1.6	已填

中华人民共和国成立后,由于对水利建设的重视,1975年筑成石枧水库,蓄水量达24万立方米。翌年,村出资金,接通自来水到户,村民们始饮用上自来水。1990年,为扩充

自来水的来源,增加自来水的水量,建自来水前池于大岙,再建石枧潭水池,同时铺设自来水管道2000余米至外龟与原水管相连。2009年,为增加自来水的水量,铺设从暗岩里到船山里的自来水管道1200余米,以供村民们饮用自来水之需求。2013年,将白溪水库之水引接到邻村;同年,全村自来水管道整修,每户自来水安装水表,每只水表由村民负担500元,宁海县水务集团补助700元。此次安装水表的目的是为饮用白溪水库的自来水做好准备。

第三节　供　电

清代及清代以前,以梓油、菜油照明为主,辅以蜡烛,再以"松明"(松树含松脂较多的枝条)、"火篾片"(毛竹剖成薄片晒燥,浸水一段时间再晒燥)添之。民国时期始用煤油照明,煤油又称"洋油",殷实人家将火油灯具加玻璃罩,称"美孚灯"。操办红白大事、喜庆娱乐时,夜间照明使用以煤油为燃料的汽灯。

中华人民共和国成立后,岭南村由于重视水利建设,1962年开始,花了14个年头冬季拦溪筑坝,于1975年筑成蓄水量为24万立方米的石枧水库。引水库之水,1975年在后门山脚下建成小型水力发电站,装机容量为10千瓦时。同年12月14日晚,村民首次亮上电灯。同年年底,把办在董家桥的轧米厂移至水电站,由电动机代替柴油机带动轧米机轧米。1977年大电网通村,改变了村内水电站供电严重不足的状况。1983年大电网进行全面整修,全村通电率达100%。

第四节　供　气

旧时,村民炊事燃料多用柴草,辅以三秆(麦秆、豆秆、玉米秆)。中华人民共和国成立后至20世纪80年代初,家家仍用柴灶,村民以砍山上之柴为主作燃料,来烧茶、做菜、煮饭。20世纪80年代中期,液化气灶(俗称煤气灶)在市场出现,1987年,村里少数农户用上煤气灶,多数农户仍用柴灶做饭,用柴草作燃料。进入20世纪90年代,因煤气灶占地面积小,做菜省时,使用方便,使用的农户越来越多。1995年,宁海县岔路高坛液化气站(俗称煤气站)建成,并投入供灌。2001年,村民陈建定提出申请并经过考核获宁波市瓶装燃气配送工作证。此后,村内各户需用煤气就由他专人灌送,把灌好煤气的钢瓶及时送到用户家里,为村民使用煤气提供便利。至2018年底,全村多数家庭使用煤气灶,用煤气作为生活燃料,但也有少数人家柴灶与煤气灶兼用。

第五节　排　污

2006年2月,岭南村排污工程开工。按照排污计划,对村民的粪坑进行整除,每户换上坐便器。同时发动村民开挖排污渠道,而后铺设排污管道。管道一端连接着位置较高的坐便器、厨余管道,另一端通向污水处理终端处于位置最低处的厨余垃圾处理站。污水终端采用太阳能微动力人工湿地处理工艺,太阳能微动力污水处理是以太阳能发电为基础,利用太阳能光电转换技术,为村民生活污水处理中的设备运行提供动力,实现污水可靠处理。2007年10月,整个排污工程完工,生活环境得到改善,整个村庄环境卫生水平得以提升。

第六节　森林村庄

随着改革开放的不断深入,按照新农村建设规划,村党支部、村委会高度重视生态建设,把创建森林村庄作为改善人居生活、实现村级经济和谐发展的战略举措。

岭南村地处山区,村庄东、西、北三面群山环抱,从20世纪70年代后期起,村党支部、村委会组织发动村民在山上种木栽竹,植树造林,经过近20年的不懈努力,群山一片苍翠。荒山绿化率达95%以上,村内宜林地绿化率为100%。

20世纪90年代,村党支部、村委会进一步发动村民着手创建森林村庄。在森林生态建设方面,路边绿化,植树造林,房前屋边多种经济林、风景树,村内林木覆盖率达25%以上。村内种有护村林、风景林、休闲林,面积都在1500平方米以上。村内种有各种乔木,品种有20多种,人均有16株以上。村内建有公园多处,人均面积达10平方米左右。村内公路两边绿化率达95%以上。

2013年12月,经宁波市森林组织委员会评定,岭南村被评为宁波市森林村庄。

第十二章　教　育

村内教育,设学始于宋。宋时,办学形式主要是学塾(私塾、义塾)。在封建社会,学塾教育称"蒙养教育",是"人圣之基"。

元、明时期沿袭宋时办学形式。村内学塾继续开设,其中私塾设闭无常。

清代,学塾继续开设,清同治十一年(1872)始开办拱台书院,清末改学塾、书院为学堂,实行新学,村办起小学堂。

民国元年(1912),学堂改称学校,村在祠堂开办了小学。

中华人民共和国成立后,人民政府接管教育,村内教育迅速发展,先是在祠堂里续办初级小学,而后办成多班级的完全小学。1950年始对成人进行扫盲,1958年始办幼儿园,而后随着全县性教育的发展,村内1985年普及初等教育,1992年普及初中教育。进入21世纪,由于实行集中优质教育资源,提高规模办学效益,村内的幼儿教育、小学教育、初中教育、成人教育都分别由镇中心幼儿园、镇中心小学、镇初级中学、镇成人学校来实施,高中教育则由办在县城区的几所高中来实施。

第一节　旧时教育

宋时,村中始办私塾、村塾和义塾。私塾系家境富裕者延聘教师在家教读子弟。村塾则是贫寒人家联合所设。私塾和村塾规模较小,无专门塾舍,多以启蒙识字为主,为数众多,设闭无常。义塾由村、宗族设立,规模较大。私塾和义塾总称学塾。塾师资历不一,学童人数亦有多寡,无一定修学年限。教材一般有"三字经""千字文""百家姓""神童诗""幼学琼林"和四书五经等。教育方法:重读、认、写,所读之书都须背诵,习字从描红、影格到临帖,要求其严。学童入塾先拜孔子牌位,再拜先生,整日端坐诵读,严守塾规。塾师常用打手心、罚跪和关堂等来体罚学童。

元、明时期,沿袭宋时办学形式。至清代,村内设有学塾,但设闭无常,按照学生的课业程度,学塾教育可分为启蒙和举业两个阶段。在启蒙阶段,主要是识字、写字教学。一般农家子弟能识一两千个"门头字"就辍学种田了。举业阶段则为作文、诗词教学。学生基本能写"八股文"后就可离私塾投考书院继续学习。书院和科举相辅而行,是中国封建社会后期一种重要的教育组织形式。学童在经过几年的书院学习后,便可参加科举考试求取功名。功名从小到大依次有秀才、举人、进士、翰林、三等甲等。若能考取举人,就可任职县官,若能考取举人以上功名,则所任之职官品更高。读书的人如果有了功名成就,哪怕是小小的秀才,也会有一定的特权。秀才身穿官府规定的"蓝衫雀顶"的"制服",也就是蓝色的袍子上锈上孔雀的图案,帽顶上是一只铜制的小孔雀,这象征他的"功名"。秀才还有一个特权,他和人打官司时,在公堂上可以不用下跪,而对方哪怕是百万富翁,在大堂上仍要跪着说话。据族谱与史料记载,村中自宋代至清朝考中秀才者有 3 人。清同治十一年(1872),知县王耀斌将位于村域西南的梁皇寺改设为拱台书院,院舍有大堂 3 楹,后楼 7 楹。并置学田 310 亩,地 93 亩,山 805 亩,充书院经费。拱台书院办得有声有色,出了童伯吹、陈士浩等一大批民主革命志士。

清末,在维新思想的推动下,改学塾、书院为学堂,实行新学。光绪二十八年(1902),清政府颁布《钦定学堂章程》,城乡始兴办小学堂(小学)。民国十五年(1926),撤拱台书院,始办小学(初小),校舍设在岭南祠堂(陈氏宗祠),称十二保国民学校。学校有学生 30余人,教员 1 人。其设修身、经训、国文、算术、历史、地理、体操七门课程,学制为五年,采用传统的"先生讲,学生听"的注入式教学方法,重诵读与强记。

第二节 幼儿教育

幼儿教育亦称学前教育。清末,幼儿教育机关称蒙养院。

民国元年(1912),改"蒙养院"为"蒙养园",1922 年又改为"幼稚园",中华人民共和国成立后始称"幼儿园"。

1958 年,搞人民公社化运动,为解放妇女劳动力,提出实现"幼托化",村里办起了幼儿园(托儿所)。园舍借用民房,极为简陋,教养员就地聘用,文化水平低,且无教学设备,故一年后停办。"文化大革命"期间,幼儿教育处于停滞状态。1988 年,县教育局在幼儿教育工作要点中指出:各镇乡所在地和有条件的自然村,都要积极办一年制的学前教育。全村小学招收一班学前班,有幼儿 40 余人,教师从小学教师中抽调,属学校管理,对幼儿开展教育,平时虽以游戏为基本活动形式,注重培养幼儿良好的品德,但教学活动仍是小学化倾向。20 世纪 90 年代,幼儿教育进一步发展,办园条件不断改善,办园规模逐渐增大,办园层次不断提高,幼儿入园率迅速增长,并逐步走向普及。

2001 年,岭南村村民潘启真、娄春莲夫妇俩在镇所在地联合村滨溪小区投资 230 万元,建成民办的前童镇中心幼儿园,娄春莲任园长。该园占地面积 9.6 亩,建筑面积 2700平方米,有教室 9 个,可招收 300 多名幼儿入园。镇中心幼儿园的建成,提高了规模办园的效益,可在全镇范围内招收幼儿入园,从 2002 年起,岭南村的幼儿班并入镇中心幼儿园,幼儿进入镇中心幼儿园就读。2014 年,民办性质的幼儿园被教育局接收,成为公办的前童镇中心幼儿园。

此后,岭南村的幼儿都进入镇中心幼儿园学习,幼儿由专车或家长进行接送。至此,幼儿教育不仅得到普及,而且保教质量得到提高。

第三节　小学教育

清光绪二十八年(1902),清政府颁布《钦定学堂章程》,城乡始办小学堂。

民国元年,学堂改称学校。民国十五年(1926),村内撤拱台书院,在村祠堂(陈氏宗祠)设立梁麓小学。其有教员1人,学生30余人。小学修业年限为初小四年、高小二年。各年级设团体训练、国语、算术、劳作、图画、音乐、体育等课程。该校曾推行"设计教学法""实验教学法"等,但基本上仍用注入式教学法。

1949年7月,宁海解放后,人民政府接管教育。学校更名为岭南小学。其有教师1人,学生30余人。1951年,土地改革完成,"学校向工农开放",群众入学积极性高涨,超龄学童涌进学校,有学生50余人,教师1人。1952年下半年起,小学转为公立,教师列入国家工作人员序列,从此消除了教师担心失业的顾虑。是年,学制与课程略有变动。1950年学制沿用"四、二"分段六年制。一、二年级设国语、算术、美术、唱游等课程;三、四年级设国语、算术、常识、体育、音乐、美术等课程;五、六年级设国语、算术、历史、地理、自然、体育、音乐、美术八门课程。教师开始学习《教育学》理论,推行五级分记分法,运用五大教学原则和课堂五个环节进行教学。这几年,教学秩序正常,教学质量稳中有升。1953年,学校贯彻中央"整顿巩固、重点发展、提高质量、稳步前进"的方针。1957年,毛泽东主席提出:"我们的教育方针,应该使受教育者在德育、智育、体育几方面都得到发展,成为有社会主义觉悟的有文化的劳动者。"学校从而明确了教育方向,教学质量不断提高。是年上半年,因祠堂大队要设会计室,生产队要做仓库,村集资在新庵南面建成"三教一办",又有厨房、厕所的校舍。同年秋,学校由祠堂移至新庵新校舍。学生增至90余人,教师4人,设有3个班级,第一次办成3班4员的完全小学。

1958年,全面展开"大跃进"运动,学校贯彻"教育必须为无产阶级政治服务,教育与生产劳动相结合"的方针,学校办起了小农场,由于片面理解教育与生产劳动相结合,从而出现了生产劳动与社会活动过多的现象,打乱了正常的教学秩序,严重影响了教学质量。

1966年下半年,"文化大革命"开始,学校常因停课闹革命,教育工作处于半瘫痪状态。

1968年由贫下中农管理学校,批判"智育第一",把"阶级斗争"作为主课,教育质量严重下降。

1969年春,为解决校舍紧张问题,村干部发动群众筹集资金,在大倪处,利用大倪四队仓库作教学用房,新建教室5个。是年秋,学校由新庵迁至大倪新校舍。此时,学校有学生 130 余人,教师 7 人,学区内有 125 名学龄儿童入学。

1976 年 9 月,为缓解小学生升初中难的状况,学校附设了一个初中班,翌年,又附设了一个班,全校有 7 个班(小学 5 个班,初中 2 个班),学生 300 多人,教师 9 人。1978 年初中班并入前童镇初级中学。

1980 年,为贯彻《中共中央、国务院关于普及小学教育若干问题的决定》,狠抓普及初等教育。做好学龄儿童入学,严格控制流生,学龄儿童入学率达 100%。为了办好学校,教师在教学方法和提高教学质量方面做了大量工作。1982 年施行《国家体育锻炼标准》。1983 年开展"振兴中华"读书活动。1984 年开展教学领域改革,提出"教师为主导、学生为主体"的教育思想和"教师引路、学生探索"的教学方法,重视对学生智能开发。1985 年通过省、市工作组对岭南学区初等教育进行评估验收,各项指标均达标。该学区已完成了初等教育。

进入 20 世纪 90 年代,教育工作注重在实践中更新观念,传统的教育思想逐步向现代的教育思想转变。既重视课堂教学,又开辟第二课堂活动;既授给学生知识,又注意发展学生的学习能力;既发挥教师的主导作用,又发挥学生的主体作用;既面向全体学生,又注重学生的个性特长。1993 年,在编的民办教师均转为公办教师,从此学校教师的工资均由国家负担。同年,非师范类院校毕业的小学教师参加专业合格证书考核,校长持证上岗制度全面实施。一支肩负现代化教育任务的教师队伍已初步形成。同年,九年(小学六年、初中三年)义务教育全面实施。1995 年学校贯彻《爱国主义教育实施纲要》和《中共中央关于进一步加强和改进学校德育工作的若干意见》精神,积极开展自理、自律、自护、自学、自强的"五自"活动,收到较好的效果。

由于计划生育工作显出成效和农村人口不断流向城镇的动态,村内学生数量逐年下降。1999 年春,学区内学龄儿童入学率虽达 100%,但仅 6 个班,180 名学生。按照镇人民政府关于努力办好镇中心小学,扩大镇小办学规模,提高办学层次,集中优质教学资源的办学思路,该校于 1999 年秋并入前童镇中心小学。从此,该村小学学龄儿童都送到镇中心小学就读,六年的初等教育任务就由镇中心小学承担。按照一镇办好一所初中的办学思路,村内的初中教育也由镇初中来承担,初中三年的普及任务就由前童镇初级中学来完成。按照高中集中办在县城区的要求,在县城办有 4 所完中,2 所职高,岭南村的初中毕业生都送入办在县城的高中就读,高中教育由完中或职高来承担。

第四节　成人教育

民国十八年(1929),县成立识字运动宣传委员会,开始筹办民众教育,由于那时经济落后、战事频仍,民生凋敝,未能落实。村里虽办有小学,学龄儿童入学率未达到 30%,辍学人数又多。至中华人民共和国成立时,文盲充塞乡村,其中青壮年文盲、半文盲率达 85% 以上。

中华人民共和国成立后,人民政府接管教育,民众教育开始得到迅速发展。1950年,村里始办季节性的民校(俗称冬学),组织青壮年进行识字教学活动。1951年,村里办起了夜校,并开始使用教育部组织编写的《农民识字课本》和省教育厅编的《冬学课本》。民师按照"以民教民"的原则,就地推选,经过短期培训后进行任教。村里的小学教师负责业务辅导。

1952年推广速成识字法,岭南村办起了冬学,在冬季时节进行识字教学。1954年,冬学转为民校,采取"小忙大学,不忙全学,大忙不学,忙后复学"的原则,坚持常年办学,对农民进行业余教育。1956年,农民业余教育转向分村联办,在小学设立夜校,由小学教师兼教。经过近七年的努力,成人教育初见成效。1957年,按脱盲标准(能识1000字以上,并具有初步的读、写、算能力)进行考核,全村有30%的青壮年摘除了文盲的帽子。

1958年,扫盲工作出现了以环境识字、包教包学、送字上门等多种扫盲形式,同时也存在着片面追求高标准、高速度,搞"突击识字""突击扫盲"的浮夸风和形式主义现象。三年困难时期,成人教育处于停滞状态。1966年,村恢复办民校,读夜校的青壮年有20余人。

1967—1977年,除一度办政治夜校,业余教育基本停滞,文盲比例有所回升。

1978年,成人教育机构恢复,出现县、乡、村三级抓业余教育的新局面,并开展多种形式、多种层次办学,扫除少青壮年文盲收到较好的成效。1979年,村加大扫盲力度,开始做"一堵、二扫、三提高"工作。"一堵"是指堵住新文盲的产生,重在抓好小学五年教育;"二扫"是根据该村特点,采取多种办法把少青壮年中的文盲基本扫除;"三提高"是组织已脱盲人员继续学习,不断提高他们的文化水平。经过三年的不懈努力,1981年底,按照宁波地区《扫盲验收试行办法》进行评估验收,全村12—40周岁的少青壮年的非文盲率已达90%。

1982年起,为了巩固已取得的扫盲成果,除继续办好扫盲班外,还增办高小班和农技班。至1988年,按脱盲标准(能识1500字以上,并具有初步的读、写、算能力)进行考核,全村青壮年的非文盲率已达91.2%。

1990年是国际扫盲年。为迎接国际扫盲年,1988年,县人民政府发出"全面动员,突击一年,扫除剩余文盲"和"高标准做好扫盲工作"的号召;此后,每年县长和镇(乡)长签订教育责任书,均把扫盲任务纳入政府重要工作内容之一。镇(乡)长把这一任务落实到村后,村内按照县政府的指示,遵照《扫盲工作条例》的要求,把扫盲对象逐个摸底排查,进行包教包学,经过两年的不懈努力,全村青壮年的非文盲率达到98.5%,较好地完成了扫盲任务。1992年,县政府对镇(乡)"基本扫除文盲,基本普及九年义务教育"进行评估验收,岭南村各项指标均达标,已完成扫盲任务。

1993年后,前童镇成教中心改为前童镇成人中等文化技术学校(简称成校),成校积极对农民素质进行培训,开展"农民素质培训工程"教育。村里的成人先后参加了成校举办的大棚蔬菜、瓜果类植物栽培培训活动。近几年,全村农民积极参加成校举行的各类培训。2015年参加家政培训的有2人,淘宝培训的有8人,"三十六条"培训的有3人,现代农业职业经理人培训的有5人。2016年参加母婴护理培训的有4人。2018年参加垃圾分类培训的有52人。通过学习培训,该村成人的劳动素质与劳动技能得到提高。

关于成人的高等教育。民国前,由于试行科举制度,以考取秀才、举人、进士、榜眼、探花、状元等为功名。历代以来,村内仅有3名村民考取秀才。

民国时期,村民中能上大学的人数极少。三十八年中,村里仅有大学毕业生3人。

中华人民共和国成立后,由于党和政府重视教育,随着九年义务教育(小学六年,初中三年)的实施,1992年,通过评估验收,全村已普及初中教育。进入21世纪,高中教育也基本普及。在20世纪70年代前,村里也只有大学毕业生3人,人们把大学生看成凤毛麟角。20世纪90年代,由于高等教育迅速发展,90%以上的高中毕业生能升入大学就读,到了21世纪,全村大学毕业生人数剧增。据统计,中华人民共和国成立后至2019年,全村共有大学毕业生218人,约占全村总人口的15.5%。

附:岭南村村民从事教育工作者名录

表12-1 岭南村村民从事教育工作者名录

姓 名	性别	出生年份	学历	职 业	备 注
陈德秀	男	1902	县立高小	小学教师	1965年病故
吴文钦	男	1904	高中	中学教师	1994年病故
陈士生	男	1929	速师	小学教师	1997年病故
吴良明	男	1930	大专	中学教师	1990年离休
吴 越	男	1933	本科	大学教授	1992年退休
陈光大	男	1933	本科	小学教师	1994年退休
陈明先	男	1938	大专	中学教师	1998年退休
陈银校	男	1939	师范	小学教师	1999年退休
陈士伟	男	1943	大专	中学教师	2003年退休
卢远标	男	1941	师范	小学教师	2001年退休
柴爱青	女	1945	初中	小学教师	2000年退休
童仁妹	女	1945	初中	小学教师	2000年退休
陈贤根	男	1946	师范	小学教师	2006年退休

续　表

姓　名	性别	出生年份	学历	职　业	备　注
陈建江	男	1953	初中	小学教师	2013 年退休
魏文辉	男	1948	大专	中学教师	2008 年退休
陈泽和	男	1958	中专	小学教师	2018 年退休
陈月光	男	1958	大专	中学教师	2018 年退休
陈惠芳	女	1972	本科	小学教师	现任教于桃源小学
任翠斐	女	1970	本科	中学教师	现任教于跃龙中学
陈向阳	男	1970	本科	中学教师	现任教于正学中学
童彬峰	男	1982	大专	中学教师	现任教于风华书院
陈军贤	男	1973	大专	小学教师	现任教于前童镇小
李向玲	女	1981	本科	中学教师	现任教跃龙中学
童玲玲	女	1956	中专	小学教师	2012 年退休
陈　怡	女	1991	本科	小学教师	现任教于力洋镇小
陈　英	女	1963	大专	小学教师	现任教于前童镇小
徐丛璐	女	1983	硕士	大学教师	现任教于宁波纺织学院

注：表中所列的从事教育者是指中华人民共和国成立后任过公办教师（含退休或退职）的人员。

表 12-2　民国时期大学毕业生名录

姓　名	性别	出生年份	毕业年份	毕业院校	学历	职　务
陈士浩	男	1895	1928	浙江之江大学	本科	北伐军团长
陈　星	男	1906	1929	上海江湾劳动大学	本科	宁海县副县长
吴文伟	男	1906	1934	东南医科大学	本科	少将军、主任医师

表 12-3　中华人民共和国成立后岭南村大学毕业生名录

（1949 年 10 月—2019 年）

姓　名	性别	出生年月	毕业年份	毕业院校	学历	职业或单位
陈光大	男	1933 年 4 月	1954	大连外国语学院	本科	成人教育
吴　越	男	1933 年 11 月	1954	上海财政学院（现上海财经大学）	本科	河南政法大学
陈明先	男	1938 年 10 月	1965	浙江师范学院	大专	第五中学
陈士伟	男	1943 年 9 月	1979	宁波教育学院	大专	长街镇中学

姓　名	性别	出生年月	毕业年份	毕业院校	学历	职业或单位
娄新科	男	1962 年 12 月	1983	宁波师范专科学校	大专	宁海县文广局
魏文辉	男	1948 年 8 月	1996	浙江教育学院	大专	岔路镇中学
童其田	男	1962 年 3 月	1982	浙江医科大学	本科	宁海县第一医院
卢其元	男	1963 年 1 月	1982	浙江农业大学	本科	—
娄宣科	男	1965 年 10 月	1983	北京师范大学	本科	杭州嘉木茶色素公司
陈林飞	男	1964 年 1 月	1984	浙江大学	硕士	昆明中科院
陈元鹏	男	1965 年 6 月	1985	北京化工大学	硕士	中国石油规划总院
陈月光	男	1958 年 12 月	2001	宁波教育学院	大专	初中教师
胡为君	女	1962 年 7 月	2002	浙江教育学院	大专	初中教师
童丽娟	女	1969 年 11 月	1992	宁波师范学院	本科	宁波大学
陈铭锋	男	1966 年 11 月	1989	武汉海军工程大学	本科	宁波市烟草局
刘　静	女	1970 年 5 月	1993	北京医科大学	硕士	北京安贞医院
陈林武	男	1970 年 10 月	1999	宁波教育学院	本科	跃龙街道
陈惠芳	女	1973 年 8 月	1999	陕西大学	本科	小学教师
陈建武	男	1972 年 3 月	1994	浙江大学	硕士	工商银行宁波分行
陈　勇	男	1970 年 12 月	1991	浙江警察学院	大专	省第四监狱
陈军艳	男	1973 年 1 月	1995	宁波教育学院	大专	小学教师
吴　琳	女	1973 年 7 月	2001	宁波广播电视大学	本科	宁波市信用社
陈建县	男	1975 年 6 月	1998	华北电力大学	硕士	北仑电厂
陈晓明	男	1975 年 10 月	1997	温州大学	本科	宁波钢铁厂
潘良进	男	1976 年 9 月	1996	宁波商业学校	本科	宁波思创公司
陈尚忠	男	1972 年 8 月	2012	西南科技大学	大专	宁海保安服务公司
陈贤品	男	1977 年 12 月	2000	河海大学	本科	宁波军分区
陈海峰	男	1970 年 1 月	1994	电子科技大学	本科	—
陈丽丽	女	1972 年 5 月	1994	浙江科技学院	大专	宁海电滤有限公司
鲁国飞	女	1977 年 2 月	2000	宁波大学	本科	—
张　颖	女	1971 年 1 月	1994	湖南大学	本科	东方通信
陈永斌	男	1974 年 8 月	1997	厦门大学	本科	宁波江北中学

姓 名	性别	出生年月	毕业年份	毕业院校	学历	职业或单位
陈树春	男	1973 年 5 月	1993	南京经济学院	本科	宁海建信银行
蒋佩芳	女	1977 年 9 月	1995	浙江大学	本科	宁海县政法委
童寅生	男	1978 年	2001	华东政法大学	硕士	上海豫园集团
陈贤龙	男	1979 年 6 月	2001	浙江大学	大专	杭州某建筑公司
陈贤虎	男	1981 年 5 月	2001	宁波大学	硕士	镇海区委组织部
陈 涛	男	1986 年 12 月	2010	河海大学	硕士	杭州阿里巴巴公司
娄文涌	男	1986 年 12 月	2009	浙江传媒学院	本科	县广播电视台
陈端华	女	1984 年 11 月	2008	华东理工大学	本科	—
陈秋莎	女	1987 年 9 月	2000	浙江万里学院	本科	—
陈旭文	男	1987 年 7 月	2008	浙江工业大学	专科	传程有限公司
卢其元	男	1963 年 1 月	1982	浙江农业大学	本科	宁海县农机局
陈敏丹	女	1982 年	2005	浙江万里学院	本科	宁波彩虹社区
陈柄甫	男	1986 年 9 月	2007	南昌交通学院	大专	宁海城关
张莹莹	女	1987 年 10 月	2008	义乌工商技术学院	大专	宁海公路运输
陈晨辉	男	1980 年 11 月	2003	清华大学	硕士	杭州阿里巴巴公司
严雯雯	女	1983 年 2 月	2007	浙江工业大学	本科	
胡海亚	女	1981 年 8 月	2005	浙江工业大学	本科	
陈祥祥	女	1984 年 9 月	2009	华中科技大学	本科	宁波车务公司
孙晓英	女	1986 年 10 月	2017	宁波广播电视大学	本科	宁波保险公司
陈莎眯	女	1988 年 10 月	2012	浙江财经大学	本科	杭州十六铺金融
刘 会	女	1980 年 12 月	2011	湖州师范学院	本科	宁波捷生公司
陈欢龙	男	1986 年 12 月	2008	江西大宇学院	本科	应家山某厂
童彬锋	男	1980 年 7 月	2001	宁波高等专科学校	大专	中学教师
李向玲	女	1981 年 4 月	2004	陕西理工学院	本科	中学教师
童登辉	男	1989 年 2 月	2010	浙江纺织服装职业技术学院	大专	浙江生态公司
李杨钧	女	1981 年 7 月	2004	浙江大学	硕士	宁波市第二医院
张玲玲	女	1987 年	2010	温州医科大学	本科	宁波银亿集团

姓　名	性别	出生年月	毕业年份	毕业院校	学历	职业或单位
卢余峰	男	1989 年 10 月	2010	浙江国际海运职业技术学院	大专	岔路饭店
卢　静	女	1984 年 10 月	2007	宁波大学	本科	宁海县交通局
卢德亮	男	1986 年	2007	浙江国际海运职业技术学院	大专	黄坛饭店
陈阿强	男	1983 年 11 月	2004	浙江工商职业技术学院	大专	宁波天灵信息公司
陈　艳	女	1984 年 12 月	2005	浙江工商职业技术学院	大专	宁波外运公司
陈海琴	女	1984 年 12 月	2006	嘉兴学院	本科	浙江省商学院
陈晓永	男	1985 年 1 月	2008	金华职业技术学院	大专	兆岸村养鱼
陈益飚	男	1980 年 10 月	2001	苏州大学	本科	南京某科技公司
陈欢武	男	1987 年 7 月	2008	天津国土学院	大专	—
陈　曼	女	1988 年 8 月	2013	中央电视学院	大专	—
陈斌锋	男	1985 年 1 月	2007	华北大学	本科	
陈坚剑	男	1987 年 6 月	2009	东华大学	本科	上海福光公司
卢海永	男	1980 年	2003	成都理工学院（现成都理工大学）	本科	宁海得力房产
吴军科	男	1988 年 4 月	2011	绍兴文理学院	本科	—
陈福峰	男	1983 年 2 月	2004	宁波工程学院	专科	
万春苗	女	1982 年 11 月	2016	中国石油大学	本科	
应盼盼	女	1989 年 12 月	2012	浙江长征职业技术学院	专科	
陈　英	女	1963 年 2 月	2008	华东师范大学	专科	前童镇中心小学
陈凯杰	男	1983 年 9 月	2006	九江学院	本科	宁波江东房管处
徐丛璐	女	1983 年 6 月	2008	浙江工业大学	硕士	宁波纺织学院
张芝芝	女	1981 年 10 月	2006	杭州大学（现浙江大学）	本科	—
陈俊杰	男	1980 年 11 月	2006	杭州师范大学	本科	宁海私立银行
陈凯波	男	1986 年 10 月	2009	浙江理工大学	本科	茶院乡政府
张赛赛	女	1986 年 10 月	2009	杭州师范大学	本科	宁海商业银行
潘良辉	男	1982 年	2003	南昌某专科学校	专科	—

姓　名	性别	出生年月	毕业年份	毕业院校	学历	职业或单位
童健敏	男	1981 年	2004	华东交通大学	本科	浙江华展工程研究设计院
刘　婷	女	1982 年	2004	华东交通大学	本科	宁波某外贸公司
陈锦涛	男	1990 年 2 月	2012	宁波大学	本科	工商银行宁海县支行
陈燕静	女	1993 年 8 月	2014	宁波卫生职业技术学院	专科	宁海县第一医院
陈静波	男	1990 年 9 月	2012	义乌国际商贸学校	大专	义乌某商务公司
陈　慧	女	1991 年 1 月	2013	湖州师范学院	本科	宁波盘石公司
陈　斌	男	1990 年 8 月	2013	浙江树人大学	本科	—
娄文雀	女	1993 年 7 月	2015	台州职业技术学院	大专	宁波恒博公司
童凯峰	男	1991 年 7 月	2014	宁波大学科学技术院	本科	宁波宏孚公司
陈媛媛	女	1995 年 10 月	2015	金华师范学院	大专	新疆饭店
陈宇翔	男	1990 年 11 月	2015	浙江树人大学	本科	新华保险公司
陈咪娜	女	1993 年 8 月	2014	绍兴越秀外国语学院	大专	跟单
陈玲琳	女	1994 年 9 月	2015	浙江理工大学	大专	—
陈圣钏	男	1995 年 7 月	2015	宁波宁州学院	大专	宁波南车新源
陈本其	男	1995 年 9 月	2016	丽水职业技术学院	大专	桃源小学
邓丽丽	女	1990 年	2015	东南大学	硕士	上海浦东某事业单位
卢　松	男	1991 年	2013	浙江大学	本科	
陈威俊	男	1994 年	2018	浙江师范大学	本科	
陈俊贤	男	1994 年	2018	杭州师范大学	本科	
胡宇斌	男	1992 年 5 月	2014	浙江工业大学	本科	梅林韩文电器
陈旭盼	女	1990 年 6 月	2015	温州大学	本科	
陈宇泽	男	1993 年 2 月	2017	宁波城市职业技术学院	本科	
陈贤强	男	1995 年 12 月	2016	浙江交通职业技术学校	专科	宁海人保公司
陈森洋	男	1996 年 4 月	2017	杭州东南外语学院	专科	—
陈惠姣	女	1997 年 5 月	2018	重庆工商大学	本科	—
泮志磊	男	1995 年 7 月	2018	黑龙江东方学院	本科	在校就读

姓　名	性别	出生年月	毕业年份	毕业院校	学历	职业或单位
陈帅彬	男	1990 年 6 月	2012	浙江广厦建设职业技术学院	专科	宁海汽车站
陈凯泽	男	1991 年 6 月	2012	宁波职业技术学院	专科	—
陈元亮	男	1991 年 6 月	2017	浙江大学	硕士	—
陈王杰	男	1994 年	2017	丽水职业技术学院	专科	在家务农
陈超良	男	1999 年 12 月		浙江旅游职业学院	专科	在校就读
陈超翔	男	1999 年 5 月		浙江交通职业学院	专科	在校就读
童　彤	女	1997 年 9 月		台州职业技术学院	大专	在校就读
胡晨烨	女	1999 年 8 月		浙江金融职业学院	大专	在校就读
陈欣怡	女	1999 年 11 月		义乌金融职业学院	专科	在校就读
陈钱卿	女	1998 年 4 月	2019	浙江金融职业学院	大专	宁波市公安局
陈智伟	男	1999 年 10 月		杭州电子科技大学	大专	在校就读
陈小兰	女	2001 年 2 月		中国计量大学	本科	在校就读
陶春莹	女	1990 年 5 月	2013	宁波诺丁汉大学	硕士	诺丁汉大学
陈亨达	男	1997 年 3 月	2018	浙江广厦建设职业技术学院	大专	—
陈婷婷	女	1999 年 1 月		绍兴文理学院	本科	在校就读
陈宇锴	男	1997 年 9 月	2018	杭州外国语学校	大专	—
陈欢荣	男	2000 年 2 月		杭州技术职业学院	大专	在校就读
陈斌波	男	2000 年 4 月		丽水职业技术学院	本科	在校就读
陈　越	男	1999 年 10 月		浙江大学	本科	在校就读
陈丽娜	女	1999 年 10 月		浙江工贸职业技术学院	大专	在校就读
陈正益	男	1998 年 1 月		宁波职业技术学院	大专	在校就读
陈　浩	男	2000 年 8 月		浙江横店影视职业学院	本科	在校就读
陈　怡	女	1991 年	2014	西安音乐学院	本科	力洋小学
陈　宇	男	1998 年 2 月		宁波大学科学技术学院	本科	在校就读
陈佩益	女	1997 年 10 月		湖州职业技术学院	专科	在校就读
陈俏宇	女	1997 年 9 月		绍兴文理学院	本科	在校就读

姓 名	性别	出生年月	毕业年份	毕业院校	学历	职业或单位
陈海良	男	1998 年 9 月		金华职业技术学院	大专	在校就读
陈思源	男	1989 年 9 月	2015	四川农业大学	本科	—
陈俊南	男	1999 年 3 月		浙江工业大学	本科	在校就读
陈奎宇	男	2000 年 4 月		宁波工程学院	本科	在校就读
陈梁燕	女	1992 年 5 月	2015	杭州师范大学	本科	竹口小学
陈文凯	男	1997 年 2 月	2018	江西工程学院	大专	—
陈蒙蒙	女	1997 年 11 月		宁波大学	本科	在校就读
陈沙沙	女	1997 年 4 月	2018	金华职业技术学院	大专	—
陈圣超	男	1996 年 12 月		浙江海洋大学东海科学技术学院	本科	在校就读
陈灶平	男	1964 年 12 月	1986	郑州大学远程教育学院	大专	宁海县某建筑公司
陈圣慧	女	2000 年 4 月	2019	湘南学院	本科	从事外贸工作
陈圣健	男	2000 年 4 月	2019	杭州师范大学	本科	—
陈钇廷	女	1997 年 6 月	2018	宁波职业技术学院	大专	宁波优和办公公司
陈茜佳	女	2002 年 11 月		浙江纺织服装职业技术学院	本科	—
陈洋洋	女	1999 年 10 月	2019	浙江商业技师学院	本科	—
陈悦颖	女	1998 年 3 月	2018	江西师范大学	本科	—
孙维娜	女	1997 年 2 月	2019	浙江电子商务学院	本科	—
陈东成	男	1996 年 2 月	2018	浙江水产学院	本科	—
陈 涛	男	1990 年 5 月	2013	新西兰大学	本科	—
陈 斌	男	1981 年	2007	中国科学院	硕士	—
张圆媛	女	1983 年 5 月	2006	第三军医大学	学士	—
陈广华	男	1967 年 8 月	1997	华中科技大学	硕士	—
王京予	女	1964 年 12 月	1985	鹤壁职业技术学院	大专	—
陈 曦	女	1993 年 4 月	2016	哥伦比亚大学	硕士	—
卢 捷	男	1993 年 6 月	2019	厦门大学	硕士	在校就读博士
魏 敏	男	1986 年 3 月	2010	浙江工业大学	本科	—

姓名	性别	出生年月	毕业年份	毕业院校	学历	职业或单位
张美	女	1986 年 3 月	2010	浙江工业大学	本科	—
卢锦雄	男	1993 年 1 月	2017	温州大学	本科	
魏峰峰	男	1992 年 8 月	2017	浙江医科大学	本科	
吴云斌	男	1981 年 9 月	2004	浙江师范大学	学士	
吴怀阳	男	1982 年 10 月	2004	中国科技大学	学士	成都大学讲师
胡兴三	男	1966 年	1986	华东政法学院（现华东政法大学）	学士	—
吴健涛	男	1991 年 9 月	2015	浙江树人大学	本科	杭州建工集团
胡文欢	男	1986 年 10 月	2015	浙江大学	硕士	解放军理工大
陈云伟	男	1990 年 2 月	2019	清华大学	硕士	宁波阿里巴巴网
章丽丽	女	1990 年 10 月	2019	杭州师范大学	大专	
陈雪琴	女	1994 年 10 月	2017	云南旅游职业学院	学士	
童茂	女	1991 年 8 月	2015	湖南农业大学	学士	长沙工商银行
吴珍珍	女	1992 年 12 月	2014	（日本）千叶大学	硕士	
吴珠珠	女	1995 年 11 月	2019	嘉兴学院	本科	—
吴叶琳	女	1993 年 2 月	2015	浙江大学	学士	杭州建工集团
陈晨	男	1996 年 10 月	2016	浙江纺织服装职业技术学院	本科	浙江纺织学院
胡开云	女	1999 年 1 月	2017	浙江工业大学	本科	—
陈嘉俊	男	1995 年 9 月	2016	浙江理工大学	本科	温州地铁
吴伟骞	男	1998 年 7 月	2016	浙江工业大学	本科	浙江工业大学
童欢岳	男	1984 年	2003	华东政法大学	硕士	上海外滩集团
魏云焕	男	1998 年 3 月	2018	义乌工商职业技术学院	大专	—
陈银儿	女	2000 年 10 月		丽水职业技术学院	大专	在校就读
卢来轩	男	2000 年 8 月		浙江大学	本科	在校就读
陈楠	男	2000 年 5 月		宁波城市职业技术学院	本科	在校就读
陈泉文	男	2000 年 9 月		宁波诺丁汉大学	本科	在校就读
陈圣飞	女	2000 年 1 月		宁海卫生进修学校	大专	在校就读

姓　名	性别	出生年月	毕业年份	毕业院校	学历	职业或单位
娄文蔚	女	2000 年 11 月		浙江金融职业学院	大专	在校就读
陈宇霞	女	2000 年 9 月		浙江工业职业技术学院	大专	在校就读
魏家炫	男	2001 年 7 月		浙江农业商贸职业学院	本科	在校就读
陈嘉骏	男	2000 年 9 月		浙江理工大学	本科	在校就读
卢媛媛	女	1999 年 2 月		浙江万里学院	本科	在校就读
魏崇崇	男	2000 年 2 月		湖州师范学院	本科	在校就读
魏程岚	女	1999 年 10 月		嘉兴师范学院	本科	在校就读
魏雨欣	女	2000 年 3 月		台州科技职业学院	本科	在校就读
魏霖彬	男	2000 年 4 月		浙江同济科技职业学院	本科	在校就读
卢胜辉	男	1996 年	2019	北京工商大学	硕士	旅游质量管理处
陈其祥	男	1993 年 11 月	2016	武汉邮电工程学院	本科	
陈慧慧	女	1983 年 11 月	2004	宁波服装学院（现宁波服装职业技术学院）	大专	—
蒋玲芝	女	1990 年	2012	宁波教育学院	大专	哈佛幼儿园
陈贤杰	男	1979 年 12 月	2003	（法国）萨瓦大学	硕士	上海晨竹电器
陈晓东	男	1983 年 11 月	2007	浙江大学	本科	—
黄朝梅	女	1989 年 4 月	2013	安康学院	本科	—
陈静波	男	1998 年 9 月		金华职业技术学院	大专	在校就读
陈一睿	女	1990 年 6 月	2013	浙江师范大学	本科	浙江师范大学
陈旭杰	男	1985 年 10 月	2009	长春理工大学	本科	—
魏光男	男	1985 年 7 月	2005	上海华东理工大学	本科	宁波金洋公司
魏栋楠	男	1993 年 7 月	2014	浙江同济科技职业学院	大专	—
魏云盛	男	1992 年 10 月	2013	浙江机电职业技术学院	大专	宁海得力集团
卢其杰	男	1968 年 10 月	1991	中共浙江省委党校	本科	宁海党校
卢世祥	男	1991 年 9 月	2012	浙江育英职业技术学院	大专	—
卢　毅	男	1991 年 12 月	2017	嘉兴学院医学院	本科	鄞州区下应医院
卢宇露	女	1999 年 12 月		温州职业技术学院	大专	在校就读
卢帅帅	女	1991 年 8 月	2014	杭州电子科技大学	本科	宁海辛岭小学

姓　名	性别	出生年月	毕业年份	毕业院校	学历	职业或单位
魏宇萍	女	1994 年 7 月	2016	浙江理工大学	本科	宁海农业银行
魏宇虹	女	2000 年 12 月		长春师范大学	本科	在校就读
童欢鹏	男	1981 年 12 月	2005	河北科技学院	本科	宁海商业银行
吴鹏威	男	1992 年 8 月	2015	景德镇陶瓷大学陶瓷美术学院	本科	河南家具厂
吴彤倩	女	1999 年 9 月		浙江树人大学	本科	在校就读
吴　颖	女	1989 年 1 月	2018	杭州旅游职业学校	大专	民航航空服务员
陈宇凡	男	1990 年 2 月	2012	宁波大学	本科	宁波银三公司
陈晓国	男	1969 年 10 月	1991	武汉经济技术开发区职业技术学院	大专	上海三军大医院
陈　诚	男	1982 年 10 月	2005	上海交通大学	本科	上海机动车中心
李静浥	女	1987 年 6 月	2010	上海同济大学	本科	上海大众汽车公司
陈则名	男	2000 年 2 月		澳大利亚大学	本科	在校就读

第十三章　卫　生

清代,村内无医院与药铺,仅有 1 名略懂点草药的土医生。

民国时期,村里仍无医院、药铺,妇幼保健被忽视,环境卫生失于管理,屡有天花、霍乱、麻疹、疟疾、伤寒等传染病发生。

中华人民共和国成立后,卫生事业迅速发展。区、乡医院相继成立,村内办起合作医疗,传染病防治措施有效,妇幼保健有了保障,环境卫生得到改善。

第一节　合作医疗

清末,村内无医院与药铺,无中医中药,亦无西医西药,仅有 1 名略懂点草药的土医生,只能医治一些小伤小病。大部分村民因家贫看不起病,买不起药,有病时只得去拔一些中草药服用或请人"挑痧""扭痧",用这些土办法进行治疗。当病情不见好转时,大部分村民就开始求神拜佛,讨"香丹"(香灰)服用;如果还不见好转,就用"端米筛""送茅船"等迷信那一套。其实是任由病情发展,碰到各种严重疾病只好听天由命。对于那些经济条件较好的村民,遇有疾病时,则到有中医坐堂的店堂求医。那时,医师多在药店坐堂或居家行医,病者看后拿药方到药铺取药,煎药汤服用。

民国期间,村内仍无医院、药铺,无中医中药,病者只能到开有中医店堂的岔路、上葛头、前童等地看病。民国后期,本村出了一位较有名的西医,名叫吴文伟。吴文伟于 1930 年夏从东南医科大学毕业,任过军医,曾在宁海县城市门头开办过仁慈医院。1941 年,吴文伟接受民国县长方引之聘请,负责创办宁海县公办卫生院(现第一人民医院前身),并任院长。村内村民有病,若看西医,都到县卫生院看病,如遇急病,村民们常把吴医师请到岭南村看病。民国时期,妇幼保健被忽视,环境卫生失于管理,村内屡有天花、霍乱、麻疹、疟疾、伤寒等传染病流行,梅毒等性病亦有发生。

中华人民共和国成立后,1956 年成立前童联合诊所,1959 年改为前童卫生所。卫生所经常组织医务人员下村巡回医疗,并有医务人员进行联村服务;同时还为每个村培训卫生员。

1968 年,岭南村成立合作医疗站,由陈兴旺任"赤脚医生"。"赤脚医生"的主要职责是进行常规治疗,如外敷、针灸、运用中草药治病等,也打青霉素之类针剂,并协助打防疫针。如遇重病急病病人,需送往上一级医院。村合作医疗站办了近 13 年,于 1980 年停办。

2016 年,建成岭南社区卫生服务室。卫生服务室有用房 2 间,面积约 60 平方米,卫生服务室医务人员由卫生部门调派。

第二节　妇幼保健

旧时,妇女分娩大多由产婆接生或自生自接,婴儿死于破伤风感染者甚众,产妇因大出血死亡的事例时有发生。

中华人民共和国成立后,1952 年岔路卫生所成立,设妇产科,配助产士 1 名,负责接生与医护,村里有少部分产妇去医院生产。1956 年成立前童联合诊所,开始推广新法接生。是年起,推行妇女经期、孕期、产期、哺乳期四期保健,实行"三调三不调"制度,开展妇女"三病"普查。1959 年设立前童卫生所,1982 年改为前童卫生院。1962 年岔路卫生所改为区卫生院,1984 年改称区中心卫生院。1985 年起,实行孕产妇系统管理,建立档案,做到产前检查,有病早治。1956 年后,村设有保育员,"文化大革命"期间废除,1976 年后恢复。1979 年起,定期开展儿童健康检查,实行计划免疫,推行乙肝疫苗接种,保护儿童健康。建立儿童健康档案,填写儿童健康卡,独生子女有专册。2017 年,7 岁以下儿童系统管理率达 100%。此后,孕产妇系统管理率达 95% 以上,住院分娩率达 100%。1985 年至 2018 年底,村内无孕妇分娩死亡现象发生。

第三节　传染病防治

民国时期,村内卫生乱、脏、差,传染病时有发生,有"每年小乱,三年大乱"之说。有急性传染病 10 余种,其中霍乱、天花、流脑、乙脑、痢疾、伤寒、疟疾等流行较广。每当晚秋季节,患疟疾(俗称卖柴病)钻稻草窝者人数不少。

中华人民共和国成立后,实行"以防为主,治疗为辅"的方针,开展防疫工作。

1955 年,区卫生所首次为村内居民免费接种牛痘、霍乱和伤寒菌苗。20 世纪 50 年代后期,霍乱、天花得到有效控制。

1961 年,村内村民普遍接种牛痘、白喉、伤寒、副伤寒、卡介苗、百日咳、乙脑、霍乱这 8 种疫苗。同时开展以除"四害"(苍蝇、蚊子、老鼠、麻雀)为中心的爱国卫生运动。

1962 年,村开始重视粪便管理,并开展对流行性肝炎的防治。1976 年,岔路中心卫生院增设卫生防疫专业人员,建立与健全了防疫网。1978 年起,施行"计划免疫",建立了户口总册与儿童、成人预防接种清册,提高了村内村民的接种率。

1980 年后,进一步全面开展传染病普查,并进行积极防治,取得一定成效。

1983 年,由于卡介苗、麻疹疫苗、百日咳三联疫苗、脊灰糖丸等主要生物制品供应稳定,实行计划免疫接种。四苗接种后,六病(麻疹、百日咳、白喉、破伤风、结核病、小儿麻痹症)发生率显著下降。至 2018 年村内 7 岁以下儿童四苗覆盖率达 100%。

2003 年,非典型性肺炎(简称"非典")时期,村子里配合医疗部门全面开展防控"非典"行动;紧急采购应急设备、消杀物资、防护用品,及时对疫区返村人员送医院进行一般性医学检查等,以此来完成防控"非典"任务。1985 年后,甲类传染病已经绝灭;麻风、疟疾基本消灭;其他急性传染病发病率和致死率也大幅度下降。

第四节　消灭血吸虫

血吸虫病,又名血蛭病,俗称"鼓胀病"。旧时,村内血吸虫危害严重,村民中患有血吸虫病者时有出现,在那时被认为是不治之症,有"天怕黄亮、人怕鼓胀"和"神仙难治鼓胀病"之说法。患者得此病只能坐以待毙。

中华人民共和国成立后,对由蛔虫、钩虫、血吸虫等引起的疾病进行预防和医治,特别是对血吸虫病的控制和治疗更为重视。血吸虫是一种肉眼看不见的小虫子,幼虫寄生在钉螺身上,当人在有钉螺的水里(称血吸虫疫水)劳动,很容易被感染;当幼虫钻入体内后,大量繁殖,严重损害人的健康,不及时治疗,就会死亡。1956 年党中央建立专门领导部门积极对之进行防治。村内组织村民积极行动,1957 年秋,在村水沟里发现钉螺。次年春,对村民进行取便检查,查出了 3 起血吸虫病例。于是在 1958 年夏天,发动村民对有钉螺繁殖的水域开展清理溪道,填埋水氹、水塘,开挖新渠行动以消灭钉螺。此外,还喷洒药物灭杀钉螺。同时,对几例血吸虫病患者进行精心治疗,使其身体得到康复。至 1959 年秋,经验查,岭南村整个水域已成为无钉螺区,已消灭了血吸虫。从此,血吸虫病得到控制。1960 年后,村内再无村民患上血吸虫病。

第五节　环境卫生

旧时,村内环境卫生失于管理,乱、脏、差现象普遍存在。农户的鸡、鸭、鹅不圈养,屋前屋后、院内院外随处放养,屎粪遍地,落地见脏。猪、羊多数圈养,也有少数放养的,猪粪随处可见。路边、地边、屋前屋后还有露天粪坑,俗称"茅坑",夏天虫蛆满缸,臭气冲天。农户厕所用的是便桶,夜间大小便使用夜壶、马桶,早晨起来倒在便桶或粪坑里,便桶满了再倒进粪坑,因为在没有化学肥料的那个年代,此为重要的肥料来源,村民甚为爱惜,但对环境卫生带来严重影响。

中华人民共和国成立后,加强对环境卫生的管理,并逐步进行环境整治。中华人民共和国成立初期,开展以反对细菌战为中心的爱国卫生运动。逢五一、国庆、元旦、春节等节日,发动群众掸尘清扫,村里经常进行大扫除,把搞环境卫生与积肥相结合。

1957年，组织村民除"四害"，突击消灭老鼠，捕捉麻雀，疏通阴沟，清除蚊蝇孳生地。

1963年，开展以管水、管粪和改良水井、厕所、阴沟、畜圈、炉灶（即"二管五改"）为中心的爱国卫生运动，村内卫生面貌有所改观。"文化大革命"期间一度停顿。

1977年后，常以除"四害"为主要内容，同时经常组织村民疏通阴沟，清理垃圾。

1984年，开展爱国卫生运动，以治理乱、脏、差为重点，以改善公共卫生环境为抓手，改建、新建一批公共卫生设施，如铺设下水管道、给新建的房子配备良好的卫生设备等。同时加强卫生监督，并定期进行卫生检查。

1985—2000年，重点清理垃圾。其间，建立卫生检查制度，多次进行卫生检查，建立垃圾处理制度，全村放有垃圾桶12个，挖垃圾坑3个，配有清洁工3人。

2002年4月开展爱国卫生月活动，挨家挨户发放蟑螂药，突击灭杀蟑螂。同时，继续开展除"四害"运动。

2005年后，要求养有狗、鸡、鸭的农户必须进行圈养。清理垃圾制度进一步完善，垃圾分类进箱。村内卫生设施得到改善。

2012—2013年，村里新建公共厕所3个。2013年，村内粪坑得到整除，各户都安装了坐便器，建成卫生厕所。

2015年污水管道接通，厨余垃圾处理站建成并投入使用，污水得到妥善处理。

2016年后，在创建全国卫生县强劲东风的推动下，经过几年的努力，村内环境卫生已得到改善，并向着良好的方向发展。

第十四章　体　育

　　村内体育活动由来已久,宋元即有下棋、踢毽、垂钓,明清有射箭、高跷、舞狮、武术之类,清代后期办起的拱台书院就设有体育课,男女学生都要参加体育活动。民国年间,村里每年正月盛行传统的玩龙灯、舞狮子等活动。学校体育始发展球类与田径。

　　中华人民共和国成立后,体育运动逐步发展。体育活动场地增大,群众体育活动项目增多,群众体育活动多方面开展,学校体育迅速发展。

第一节　体育场所

　　宋元时期,村内体育活动主要是下棋、踢毽、垂钓等。其中下棋、踢毽的活动场所主要在村祠堂、村民家中等,垂钓的活动地点是在村中的水潭与池塘边。明清时代,村内体育活动主要是下象棋、打拳、耍棍、踢毽、举重等。活动场所主要在村祠堂、村民家中等。清代后期,村内拱台书院开有体育项目,设有射箭课程,其射箭场地开设在书院后的北面山脚。

　　旧时春节、元宵节有玩龙灯、舞狮子等活动。活动场所主要是在穿村大道、村中比较大的几条巷子、四合院的空地、村里祠堂等处。

　　民国时期,开办小学,由于集会与上体育课需要,学校设有面积为1500平方米左右的体育活动场地。学校开设体育课,发展球类与田径,在操场上建有沙坑、置有跑道,在室内设有乒乓球室等活动场所。

　　中华人民共和国成立后,村内体育活动场所增多,体育设施逐步添置。1951年岭南自然村建起篮球场。到了21世纪,东溪、响亭山两个自然村也相继建成篮球场,现全村有基本合格的硬化篮球场3个。

　　1993年,岭南自然村老年协会成立,把陈氏宗祠(俗称祠堂)作为老年人活动场所。场所内置有乒乓球室、棋牌室、歌舞厅。进入21世纪,东溪、响亭山两个自然村老年协会也相继成立,分别建起老年活动场所,场所内置有乒乓球室、棋牌室等。

　　2010年,岭南、东溪、响亭山3个自然村都在村民相对集中处安装了健身路径,其中岭南自然村安装了3条健身路径,东溪、响亭山自然村各安装了1条健身路径。

2015年,建起可供村民健身所用的国家登山健身步道1条。

2017年,岭南自然村在文化礼堂前,东溪自然村、响亭山自然村各自在老年协会旁建有可供村民活动的广场。

第二节　群众体育

村内从宋代开始就有垂钓、弈棋、游泳、潜水、狩猎等民间体育活动。明清时代,村内体育活动主要有下象棋、打拳、耍棍、踢毽、高跷、拔河、举重、练武术等。民国年间,村内每年正月盛行传统的玩龙灯、舞狮子等活动。舞狮子活动中还伴有打拳、耍棒、滚钺、跳桌等武术表演。村里百姓还有举石担、打石锁、搬石礅等体育锻炼。儿童有传统的跳绳、踢毽、捉迷藏、打陀螺、放风筝等游戏活动。

中华人民共和国成立后,群众体育活动普遍开展。

中华人民共和国成立初期,秧歌舞遍及乡村,从儿童到白发老人都会自觉参加此项活动。

1955年,岭南村建起篮球场,村组织篮球队进行篮球训练,并常与邻村篮球队开展篮球友谊赛。同年,在祠堂置有多个乒乓球室,从此打乒乓球成为群众性体育活动。与此同时,村民正常开展的传统体育活动项目尚有下象棋、拔河、摔跤、跳绳、踩高跷、打腰鼓、跳舞、练武术等。

1999年在中华人民共和国成立50周年大庆之际,前童镇举办了较大规模的系列迎国庆群众体育活动,比赛项目有篮球、拔河、乒乓球、中国象棋等,岭南村积极组队,各个项目都有运动员参赛,参赛运动员有30余人,较大地丰富了村民的体育活动。

2010年后,村内舞蹈活动有所发展,勤练武术者也不少。村内有青壮年妇女40余人组成岭南村舞蹈队、腰鼓队,常在午后或傍晚进行舞蹈排练与打腰鼓活动,经过几年的不懈努力,舞蹈队舞跳得不错,腰鼓队腰鼓也打得十分出色。岭南舞蹈队、腰鼓队常应邀参加县里举行的舞蹈、打腰鼓活动,曾多次参加县里举办的广场舞、打腰鼓大赛,并获得较好的成绩。亦有青壮年小伙勤练武术(剑术),功夫不凡,县进行武术活动时,常应邀出席表演,在县举行的武术比赛中多次获奖。2019年岭南村女子舞龙队成立,常在村里进行舞龙活动,更加丰富了村民的文体活动。

第三节　学校体育

旧时,学生常参与传统的跳绳、踢毽、捉迷藏、打陀螺、放风筝等体育游戏活动。清同治十一年(1872),改置梁皇寺为拱台书院,书院设有体育课,科目有体操、跑步、跳高、跳远、射箭等。按照开设的课程,组织学生进行体育活动。民国十五年(1926)撤拱台书院,在岭南祠堂办起小学(称梁麓小学),学校仍开设体育课,活动内容不仅有跳绳、踢毽、体操、跑步、跳高、跳远,而且还增加了投掷、球类等活动。民国二十三年(1934),学校在开设体育课的基础上,还增设早操和课外活动课。

中华人民共和国成立后,人民政府接管教育,学校的体育事业迅速发展。

一、课堂体育

1950 年 8 月和 1952 年 3 月,教育部先后颁发《小学各科课程暂行标准(草案)》《中学暂行教学计划(草案)》《小学暂行规程(草案)》《中学暂行规程(草案)》,将体育课列为各年级学生的必修课,每周 2 课时。

1954 年,小学普遍推行少年儿童广播操。学校还把早操课和课间操列入作息时间表,作为常规进行教学。

1955 年,教育部颁发《关于小学课外活动的规定》。学校把课外活动列入体育教学的重要组成部分,并有教师组织、指导学生进行课外活动,并明确规定学生每周必须参加 2 课时以上的课外活动。

1956 年,教育部颁发《中小学体育教学大纲(草案)》,规定体育教学的基本任务是:使学生掌握田径、球类、体操、游戏等项目的基本知识和技巧,并向学生进行思想品德教育,树立良好的体育道德风尚。按照体育大纲之规定,学校组织学生进行体育活动。

1958 年,开展勤工俭学活动,有用劳动代替体育的倾向。“文化大革命”时期,学校体育处于混乱状态。1976 年,经过拨乱反正,学校体育恢复正常。1978 年以后,完全小学配有专职体育教师。

1983 年县中小学体育协会成立。此后,学校体育“两课(每周 2 节体育课)两操(课间操和眼保健操)两活动(每周 2 节课外活动)”正常,体育教学质量不断提高,多项体育活动正常开展。直到 1999 年,村内小学撤并到前童镇中心小学;此后,小学的体育活动就由镇中心小学进行安排组织了。

二、“达标”活动

1954 年,学校推行准备劳动与卫国体育制度(简称“劳卫制”)。

1958 年,村内小学建立劳卫制少年级锻炼。此后,每年约有 65% 的学生分别达一、二标准。

1979 年,贯彻国家体委、教育部联合颁发的《中小学体育工作暂行规定(试行草案)》,村内学校积极推行国家体育锻炼标准。

1982 年推行国家体委发布的新《国家体育锻炼标准》,村内小学积极开展“达标”活动,学生中有多人达标,其中达到优秀级别的人数也不少。

第十五章　文　化

　　岭南村历史悠长,文化底蕴深厚,诗词、对联、故事等历代都在传咏,童谣在村民中流传,毛竹文化在生产劳动中形成。随着岁月迁移,村民文化活动也逐渐兴起,且形式多样。其主要形式有戏曲、吹唱、歌曲、广播、电视等。2017年春,村建成集学教、礼仪、娱乐于一体的农村文化礼堂。从此,岭南村有了文化地标,村民有了精神家园。

第一节　诗词　对联　童谣　故事

　　岭南村历史悠长,文化底蕴深厚,有诗词、对联、故事、童谣等在村民中传咏,现选取部分如下。

一、诗词

岭南八景　五律

［清］　陈成环

(一)　岵岫栖霞

岵岫标奇秀,余霞点缀妍。

岩头明夕照,谷口和朝烟。

宛似桃花发,还宜紫气连。

天台疑在是,好对赤城仙。

(二)　双溪鸣泉

是何声迭至,屯外响鸣流。

激石皆成韵,翻涛共作秋。

飞音迷左右,鼓浪鲜沉浮。

即此安澜庆,名川岂遍东。

(三)　梁岩隐迹

不道乘干贵,移情亦在岩。

云根归圣迹,凤阙谢朝衫。

虎豹潜踪远,烟霞结伴严。
回恩端冕日,定自判仙凡。

（四）　遥岭吐月

待月黄昏候,遥岭隔万重。
蟾光腾碧汉,尘尾露层峰。
似镜当头望,如屏对面逢。
高寒疑咫尺,晚卧乐携筇。

（五）　晓寺闻钟

晓起屯边住,钟声远远闻。
深山传缥缈,古寺送纷纭。
学士披编早,良农荷锄勤。
发蒙兼暮鼓,佛力自超群。

（六）　龟山胜迹

古有龟蒙胜,胡今亦号山。
依稀屯北峙,突兀岭南弯。
湿翠呈形变,灵岩作甲环。
天成并地设,异迹豁尘颜。

（七）　松涛叠韵

百尺松林茂,翻风韵似涛。
砰铿盈宅舍,络绎绕山坳。
澜汶金波壮,声飞玉宇高。
盘桓添逸兴,抚景凡思陶。

（八）　樵歌晚唱

缥缈斜阳时,樵夫担荷过。
争夸尘世乐,忽听晚来歌。
曲未伶工制,声偏唱和多。
息荷高枕卧,梦只绕青螺。

题岭南四景　七绝

（一）　十里竹海

岭南十里竹林山,似海茫茫景色妍。
翠浪青波云欲驻,鸟喧雨后笋参天。

（二） 五里松涛

涛声隐隐过晴峰,原是西山五里松。

苍郁不随风落叶,雪中挺拔色尤浓。

（三） 双溪绕村

潺湲激滟荡烟尘,左右清流绕古村。

形如双龙护珠翠,人安祥地乐晨昏。

（四） 七星水库

蓄得清流山脉灵,七弯水库七颗星。

岚飞霞浸碧波静,挽月留云古画屏。

陈士伟

2016 年 5 月于岭南

二、对 联

响亭山凉亭后柱联:

亭前霞客曾驻足,

村后响藤永留名。

响亭山凉亭前柱联:

苍山汇翠岵岫秀峰呈瑞气,

曲水成流石枧碧镜映祥云。

三、童 谣

三十六条是面镜,是非对错分得清;

三十六条是块宝,干部群众都说好。

三十六条是个笼,村级权力关其中;

三十六条是本法,违规违纪要受罚。

三十六条是春风,群众心里暖烘烘;

三十六条是基石,公共政策好落实。

三十六条是阳光,说话办事亮堂堂;

三十六条是红绳,党群干部不分离。

注:2014 年 2 月,宁海县委着眼于规范村级权力运行,出台《宁海县村级权力清单三十六条》(简称"三十六条"),在全县范围内予以推广实践。

四、故事

（一）陈才元独建独樟祠

独樟祠，一听到这个名词，人们一定会联想到祠堂肯定是用樟树建成的，恐怕还是用一棵樟树建成的。这个联想确实离事实不远了，但其中的曲折与奥妙却远非这么一目了然，说起来，还真有点使人难以置信。

独樟祠是岭南陈氏的宗祠。

岭南陈氏自他们的始祖陈庚乙在南宋从仙居蟠滩迁至岭南居住后，就在该地勤于生计，繁衍生息。但开始的 200 多年里，人丁并不兴旺，经济条件也不宽裕，别的不说，连祠堂都没有。那么，先人的灵位放在哪里呢？一般情况下，没有祠堂，就在村边用石头砌一个小佛龛当成祠堂。但村边也未砌佛龛，陈氏便把祖宗的牌位放在各自家中的中堂里，把中堂当成祠堂。

随着时间的流逝，人口逐渐增多，岭南陈氏也就成了宁海出西门的大族之一，内中不少子孙深深感到将灵位放在住房总不是个长久之计，有心想建造祠堂，奈何资金无处着落，众人一时难齐，建祠之事就拖了下来。

岭南陈氏第十二世孙陈才元，自幼聪明好学，心胸豁达，待人慷慨，办事果断，且家境殷实，孝顺父母。族里没有祠堂的事情常在他的脑海里萦绕，心里总是感到只有子孙住屋，但无祖宗居所，向来不是为人子者应做的事情。经过一段时间的酝酿和考虑，他就毅然下定决心，决定独力出资为全族建造祠堂。于是，他就把自己的计划和决心说给了大家听，并得到了众人的赞同。还有人提议，村西樟树坑樟树多，其中大的四五个人还合抱不过，可以作为建造祠堂的木料。

有了决心和计划，就付诸实际行动。在选定地基，打好石料，烧好砖头之后，就在樟树坑砍樟树，并把一棵大樟树砍倒，再由木匠精打细算，量材选料，一切进行得有条有理。

人生在世，不顺心的事总是十有八九。正当陈才元雄心满怀、干得热火朝天的时候，一件意想不到的事情发生了。

一天，宁海知县到临海府去，路过岭南，见到路旁放了一大堆樟木，又听到人说岭南陈氏把村里的大樟树砍了，具体的操作人是陈才元。这还了得！马上派人把陈才元找来，狠狠地训斥了一顿，并下令立即停工，等待处理。

因为在那个时候，樟树是受官府保护的，没有官府批准，不得随意砍伐。如果谁违反了规定，轻则罚款，重则坐牢。曾经有这样一则砍樟树的故事，足以说明私砍樟树的严重性。

事情也发生在清朝。宁海曾有一任知县，贪得无厌，哪怕挖地三尺，也要捞一个肚肥腰圆。有一次，他发现某个村里有一棵大樟树，自己非常喜欢。贪婪的县官完全忘记了自己的身份，一心想占有它，就下令把树砍了。

百姓本来就对县官恨之入骨，又见他胆敢砍樟树，就一纸状书将他告了。知县得知这个消息后，心里非常害怕。因为他也知道，一旦上头追究下来，不坐牢已是不幸中的大幸了，撤职查办是不可避免的。怎么办呢？属吏就向他推荐了当地的一位讼师。说只有请他帮忙，才有挽回危局的可能性。于是，知县就备上厚礼，带上随员，第一次微服去拜访那位讼师，但讼师的仆人跟他说主人外出办事了，要三天后才能回来。知县没有办法，只得留下礼物，快快而回。三天后，知县备上更厚重的礼物去见讼师，但这次又白跑了一趟。因为讼师有急事外出了，又需要三天时间的等待。知县心里很是不快，但因关系到自己的性命和前程，只好打掉牙齿往肚里咽。第三次，他又带上特别厚重的礼物去求见讼师。到讼师家门口时，已是午后时分，讼师正在午睡。这一次情况有些不同了，讼师的仆人立即敲房门通报说："知县老爷来拜访！"一连叫了几声，才听得房里传出了不耐烦的声音："什么事这样急，连午睡都不让人睡，难道皇上建在县衙的圣旨碑倒了？"

随后听到了翻身的声音。知县略一思忖，就立即转身返回县衙。回到县衙后，知县马上磨墨展纸写奏章，说方正学的牌坊多年未修，许多处已经霉烂，砍大樟树就是为了修牌坊。结果，总算把坏事变成了好事，方正学的牌坊又修了一次。这就是宁海人流传"砍了皇樟，修了牌坊"的故事。

如今，你陈才元未经报批，私砍樟树，这还了得？

面对眼前的事实，陈才元再三向知县陈述自己砍樟树的理由。说是岭南一直没有祠堂，又没足够的钱财购置材料，岭南樟树坑多的是樟树，这些樟树正好可以用来建造祠堂。谁料知县就是说不行。然后，他带着随从继续赶他自己的路。好一个陈才元，就是有一股韧劲。知县坐在轿里，陈才元就紧跟在轿边，哀求了几百次，好话说了几大筐，边走边说，边说边哀求，从岭南一直跟到了三门朱岙，还没有停下来的意思，大有不达目的誓不罢休的架势。知县被他的执着所感动，心想："自古圣上以孝治天下，而今他独资建宗祠，孝心难能可贵！"于是说："等我回来查明情况再说，如果这樟树确实如你说的那样，就任凭你造祠堂用。"

陈才元回到村里后，就立即做好准备，奔到县里，上下运作，说通属吏，属吏答应从中帮忙。后来，知县果然派人核查，而来人早已心知肚明，就按照陈才元的叙述写好呈文，文中还特别强调了陈才元尊宗敬祖的实际行动，好在这位知县还算清明，也遵守自己的诺言，同意不追究陈才元私砍皇樟的责任。陈才元这才用樟树建造了岭南陈氏宗祠。因宗祠用樟木建造，故名独樟祠。

独樟祠，不仅是单用樟树造成，而且还是陈才元独力出资建成的。

（二）吴文伟开创第一刀

吴文伟，1934 年毕业于东南医科大学，曾在军队行医。1940 年春，应县长方引之聘请,创办宁海县卫生院,任院长。

吴文伟到任之后,尽院长之职,努力办好卫生院,行医生之责,坚持上班门诊。经过几个月的行医,药到病除者颇多,他以高尚的医德、良好的医术,很快得到病者的赞许,大家都亲切地叫他吴医师。

一天,一名年近30岁、腹疼的病人前来门诊。经检查诊断后,吴医师就告诉病者,你患的是急性盲肠炎,必须立即开刀进行治疗。病者听说要开刀治疗,心里十分害怕,急忙说:"能否不开刀,只吃点药?"吴医师告知他,你的病光吃药不开刀解决不了问题,只有开刀切除盲肠后,再吃点药才会好。陪病者同来的老父听说只有开刀才能医治,便怀着忐忑的心理对医生说:"治病都是用药的,我从来没有听说过也没有看到过盲肠有病用开刀来医治,就是好人的肚皮被刀割个洞,病也只会更严重的。"听到这里,吴文伟明白了,病者害怕开刀,是对西医的医疗方法不了解,并非不愿医治,于是就耐心地说:"这是我们西医的一种医治方法,这种病我在部队见得多,开过刀的也多,医好者也多。"病者听吴医师讲了"三多",害怕的心理减了一半,但还半信半疑。这时,有位医生走过来对病者说:"吴医师是西医,曾在部队任军医多年。今天,你碰到他,算你运气好,在这卫生院,你开的还是第一刀。"病者听后,表示愿意接受治疗,嘴里说着:"我开第一刀。"在手术室里,吴医师为病者开了一刀,手术进行得很顺利,病愈后出院那天,病者特意前来辞谢,笑着对吴医师说:"谢谢你为我开了这一刀。"吴医师也笑着对他说:"谢谢你的配合为我院开创了第一刀。"就这样,吴文伟开创第一刀的事迹很快就传开了。

同时,在吴文伟的老家东溪还流传着吴文伟注射第一针的说法。1941年3月底的一天,吴文伟老家有个族亲患了重感冒,他闻知后前往治疗,前来围观者众多。人们看到输液瓶(俗称葡萄糖瓶)倒挂,输液器的管子一端连在输液瓶里,一端的针头扎入病人的血管里,药液通过输液器的管子,一滴一滴流进病人的血管里。每天输液一次,同时吃点西药,经过三天的治疗,病就治好了。吴文伟这种医治方法让村民感到十分新奇,因为他们还是第一次看到这种治病的方法。于是,吴文伟注射第一针,就在当地传开了。

(三)陈星开建水库大坝

鸟瞰岭南,可见村庄四周阡陌纵横,田畴肥沃,无数条圳渠迂回环绕,波光粼粼,好一幅江南水乡的田园美景。然而,这样的田园美景是从何而来的呢?话得从头说起。

岭南属山区河谷盆地地貌,东、西、北三面群山环抱,中间是一片地势较为平坦的沙石滩。千百年来,是勤劳、智慧的岭南先民在流过村内的九曲溪、门前溪两条溪流的岸边筑起了防洪坝,在溪滩上夯土造田,开渠引水灌溉,才逐渐形成了今天这一方养育人的沃土。

古代,岭南先民深知水利建设的重要性,并掌握了兴修水利的科学技术。先民们在九曲溪、门前溪的河道上筑起了堰坝,在田野上开挖了无数条纵横交叉的引水渠,引来两条溪流之水进行灌溉,使两条溪流之水"盖冬则泻之使去,春夏则蓄之使来"。到近代,岭南村民不仅利用原有的堰坝,还在两条溪流的河道上筑起一道道大小不等的拦水坝,在岭南境域内先后筑成大小水库7座。而后接通自来水到户,用于日常生活的煮饭、做菜、洗涤等。从此,岭南村的水利条件得到有效的改善。当然,在两条溪流上筑起的一道道拦水坝中,最出名、最值得颂扬的便是石枧水库大坝。

石枧水库大坝是1962年由革命老前辈陈星倡导开建的。陈星,1906年出生于岭南,大学学历,中共党员,宁海解放前,在上海、宁海等地进行革命活动,1949年8月到县人民政府工作,任建设科科长。1956—1966年历任四届副县长。陈星在任副县长期间,虽整天忙于公务,仍情系家乡,为家乡开建水库大坝献计献策,不遗余力。1962年春节,在岭南大队管委会召开的由各方人士参加的以"见见面,叙叙情,献良策,求增产"为主题的一次茶话会上,陈星向村民阐明"水利是农业的命脉"的意义后,根据岭南的水利现状,提出岭南急需在门前溪上游建大坝,造水库的倡导。他的倡导当即被管委会所采纳,做出"建大坝,造水库"的决定,并很快得到村民的赞同。接着陈星多次到现场进行踏勘。1962年正月初五,陈星与大队干部一起,从村口出发,顺着门前溪的溪流,走到龙潭坑顶,选定龙潭坑口为造水库大坝的坝基。正月十四日,陈星与水利局的同志一道来到坝基处,进行科学勘测。是年清明节,陈星与全村生产队长一起到现场落实水库库区的有关事宜。当一切都议定后,一个队长忽然说:"我们的水库尚未定名,现在请陈副县长取个好名。"大家都说好。于是,陈星沉思片刻,说道,宋朝的杨万里有句诗叫"溪面只消横一枧,水从空里过如飞",诗人说的是空中的引水木槽,而我们是用石头筑成的大坝,应比它更有气势,就叫"石枧水库"吧。此后,陈星还为岭南村起草建造水库大坝的可行性报告,呈报县水利局。后经水利局批准,同意立项建造。于是,石枧水库成为县挂牌的水利工程。

在陈星的全力推动下,石枧水库的大坝于1962年冬开工了。此后,岭南村民"春播秋收冬筑坝",经过14个年头的不懈努力,投入10万余工,大坝于1975年结顶。坝长93米,坝底宽25米,坝顶宽5米,坝高25米,水库可蓄水24万立方米之多,有效灌溉面积达560多亩。水库建成后,成效显著,农田旱涝保收,村民饮水用水不用花钱。真可谓是功在当代,利在千秋! 村民们不忘陈星的功德,就在水库的大坝上立碑,以作永久纪念。

第二节 毛竹文化

一、竹子史

岭南有山400公顷之多。清朝前,山上无竹。清嘉庆年间,村里有位秀才名叫陈成珍,在横坑村教书,见横坑山多长毛竹,当地村民吃笋用竹,得益匪浅。他联想到苏东坡对竹子的评价:"宁可食无肉,不可居无竹。无肉使人瘦,无竹令人俗。人瘦尚可肥,俗士不可医。"栽竹之心油然而生。于是他就组织发动村中陈氏三房乡亲,引横坑毛竹40来株栽至岭南西山茨坪的茅草山上。由于山中土质适宜毛竹生长,十来年后毛竹成林,茅草山变为竹山。

1951年,土地改革时,竹山按三股分给陈氏三房,但照顾到岭南村中还有为数不多的各姓人氏没有竹子,就把竹山中位于梅树岙峧头下的一片竹林划归各姓人氏,使居住在村中的所有村民都拥有毛竹。到1955年合作社成立时,竹山收归集体,村民共有。就这样,岭南村民不但人人都拥有毛竹,而且数量可观。

二、竹之美

竹林形成后,村民们有笋吃,有竹用,还"小年卖竹,大年卖笋",于是信心倍增,育竹之风颇兴。特别是改革开放以来,村民们不仅在山坡上种毛竹,还在自留山、山麓、村旁种上毛竹、雷竹、黄壳竹等,并精心培育,竹子生长迅速,竹林遍山,现全村竹林面积已达80公顷之多。其中西山茨坪毛竹遍山,郁郁葱葱,有十里竹海之称。

竹海形成后,四季青翠,姿态优美。当人们漫步于竹海之中,一种无限舒适和遐想便会油然而生。"绿水青山,就是金山银山。"按照绿色发展理念,竹海遍山苍郁,竹山也是金山银山。同时竹林还有调节气候,涵养水源,保持水土,减弱噪音,净化空气,防止风害等一系列作用,所以备受村民青睐。村民们取竹子以保护和美化人们的生活环境就蔚然成风。

三、竹之用

竹能产笋,笋为山中之珍。笋有冬笋、春笋(俗称毛笋)之分。冬笋有"山上黄鱼"之美称,质嫩味鲜。春笋经烹饪加工,可做出多种佳肴。同时还可腌制,做成咸菜,经晒干,可常年食用。鲜笋质嫩脆、味鲜美,深得村民的喜爱,是村民招待贵宾的美味佳肴,也是村民馈赠亲朋好友的佳品。

毛竹材质坚韧、富弹性,用途广泛,形式多样。村民,特别是村民中的竹匠,取竹为材,制成各种竹具。竹具与村民生活息息相关,它的用途涉及衣、食、住、行各个方面。在建筑上用来做竹棚、脚手架、竹地板等;编成晒席、脚箩、畚箕、竹杠、扁担等农具;制成竹床、竹席、竹椅、竹桌、竹箱等家具;制成竹篮、茶桶、灯笼、扫帚、米筛、糠筛、畚斗等生活用品;做成筷子、饭撬、刷帚、饭箩等厨具。从上可知,竹制器具多种多样,用途广泛。竹为村民日常生活做出了极为重要的贡献,展示了竹文明的风采。但是,竹的风采远不止于此,竹与村民生活的关系,正如苏东坡所述:"食者为笋,居者为瓦,载者为筏,炊者为薪,书者为纸,履者为鞋,真可谓无此居也。"由此可见,竹的风采还有待于村民进一步利用和发扬。

四、竹之魂

竹为高大,生长迅速的禾草类植物,茎为木质,竹竿挺拔、修长、秀丽,叶潇洒多姿,形千姿百态,终年苍郁,独具韵味,情趣盎然,当人们想到看到青青翠竹时,一种无限舒适、遐想和爱竹之心便会油然而生。正如郑板桥诗曰:"咬定青山不放松,立根原在破岩中。千磨万击还坚劲,任尔东西南北风。"在村民的心目中,竹子具有不畏逆境、蒸蒸日上的秉性,不但可以美化人们的心灵,而且还给人们清新脱俗的美感。

竹性坚贞,刚烈不屈,虚心直节,不畏霜雪。竹与梅、松别誉"岁寒三友"。因其象征着崇高的品质,故又和梅、兰、菊并称"四君子"。竹子有虚心文雅的特征;有宁折不屈、高风亮节的品格;有坦诚无私、朴实无华,不苟求环境、默默无闻,把财富奉献给人们的精神。正是竹子的这种灵性,使其得到人们的赞颂;正是竹子的这种魂魄,陶醉着人们的心灵,使人们的情操得到提升。

第三节　戏剧　吹唱　歌曲

一、戏剧

清末民初,宁海各地剧种繁多,有京剧、越剧小调、平调、高腔、乱弹等,特别是前 3 个剧种的唱腔深受当地村民喜爱。演戏剧团有宁海京剧班、高腔班、的笃班、宁海平调班、新昌山坑班、宁海越剧小调班等。村内在清代康熙三十九年(1700)建陈氏宗祠(俗称祠堂),宗祠增制戏台,每到春节或清明节,常请越剧、平调、京剧等戏班来村祠堂演戏。演戏的费用由村里的众家田收入开支。演出的剧目有《闹九江》《打銮驾》《秦香莲》《打渔杀家》《白蛇传》《梁祝》《天仙配》《严兰贞盘夫》《碧玉簪》等。其间亦有村民学会了上述剧目中的多个唱段。

中华人民共和国成立后,村里开始组建业余京剧班,办过越剧班,并购置了服装(俗称行头)、乐器,其中京剧班办得最好,每到春节期间就在村里的舞台上演出。20 世纪 50 年代中后期至 60 年代中期,京剧演出比较频繁,演得也好,深受群众的喜爱。演出的节目有《打渔杀家》《打銮驾》《狸猫换太子》等。"文化大革命"期间,村里演戏活动停止,而后,随着电影放映次数的增多,电视机的普及,村民们就慢慢地习惯于在影视中看文艺节目,在电视机前欣赏戏曲。

二、吹唱

旧时,村民们每逢红白大事,总要请人吹唱,因此村里就有了吹唱班。吹唱班一般由 3—5 人组成,并配有胡琴、喇叭、锣鼓等乐器。当有家人结婚或丧葬时,就请吹唱班的人前来吹唱,以此来增加办红白大事的气氛。吹唱的内容多是《梅花三弄》《将军令》等。

中华人民共和国成立后,村民们嫁娶办喜事请人吹唱的习俗日趋淡薄,到基本消除,代之而起的是举办新婚礼仪。但办丧事,请人吹唱之风仍有出现,新旧结合亦有之。

三、歌曲

中华人民共和国成立前后,村里流行牧童山歌。所唱山歌有《枇杷好吃树难栽,白米饭好吃田难种》《芝麻开花节节高》《寒豆开花宝莲灯，蚕豆开花黑良心》等。村民们流传着的田歌有《长工歌》《劝哥歌》《劝赌歌》《十二月花名歌》等小调。婚礼时有《请新郎》《交杯酒》等歌曲流行。中华人民共和国成立初期，秧歌舞比较流行，20世纪60年代，人们对秧歌的兴趣日趋淡薄，"文化大革命"期间，兴唱革命歌曲"毛主席语录歌"等。20世纪80年代后，始唱流行歌曲。

第四节　广　播

1959年村里在岭南祠堂，东溪、响亭山人口集中地点各接上有线广播八寸舌簧喇叭1只，专杆单线传输县广播站的有线广播节目，村民们十分爱听。1965年前童公社建立有线广播放大站。此后，在岭南、东溪、响亭山3个自然村各接上25W高音喇叭1只，并进行定时播放，深受村民欢迎。1972年广播事业迅速发展，家家户户都接上压电舌簧四寸、五寸动圈喇叭。村民们可每天3次，即早晨、中午、晚上收听到县广播站播放的广播节目。这大大地丰富了村民们的文化生活，深受人们的欢迎。进入21世纪，随着电影放映次数的增多，电视机的普及，村民户内喇叭停用。2012年全县统一在各行政村接上广播喇叭，村在祠堂大门口广场上，人口集中处接有25W高音喇叭4只，镇、县等单位需使用时播放。

第五节　电影　电视

一、电影

1951年3月，前童大操场第一次放映黑白电影《白毛女》。本村民众从来没看过电影，不知电影为何物，听说前童放电影，就成群结队前往，前童周围村庄的百姓也蜂拥前往，整个大操场挤满了人。大家看后，感到新颖好奇，议论纷纷，说一块白布里面人会动，还会说话，真是稀奇。此后，随着文化事业的迅速发展，先是县电影队定期来村放映，而后区电影队建立，常在区内各村巡回放映，村民们不出村便可每月看上一次电影。电影的定期播放，丰富了村民文化生活的内容。

1992年后，电视机迅速普及，电影市场逐步萎缩，加之录像机、电脑等电子设备的冲击，电影放映逐渐减少。

二、电视

1980年，东溪自然村村民吴宗强从上海买到1台黑白电视机带回家，岭南自然村村民陈新炎组装黑白电视机1台，村内始有了电视机。而后几年，村民陆续购买，村中电视机逐渐增多。1990年响亭山自然村始有首台彩色电视机，而后逐渐增多。1994年村内接通前童有线电视台有线频道12套。1997年与宁海广播电视台联网，可收看到光缆传输有线的电视台节目。2006 年全村 400 余户接通有线电视,村民们坐在家里便可看到中央电视台、浙江电视台和外省电视台、宁波电视台、宁海电视台等多个频道的电视节目,极大地丰富了村民们的文化生活。

2012 年,开通数字电视。2014 年,开通广电宽带信息网,形成广播电视与信息网的互动。此后,数字、网络、因特网等高新技术进家入户,村民们仍以收看华数电视为主,也有安装和收看电信电视、移动电视,年轻人喜欢观看手机电视,村民们观看电视节目的形式趋向多样化。

第六节 文化礼堂

岭南村文化礼堂于 2015 年 5 月动工,至 2017 年春完工,总投资 204 万元,位于村中村民聚集的中心地带,是 10 间坐西朝东钢混框架结构三层楼房。楼房前置有广场,南北两端各向东增置平房 2 间,东面大门顶上增置拱斗篷廊。整个楼房建筑风格庄重、大方美观。

一、文化礼堂建设

(一)礼堂建设

按照文化礼堂的建设要求,整个文化礼堂建筑面积 1550 平方米,能适应村内举办各类礼仪活动之用。礼堂配建有舞台,配有必要的灯光、音响等设施。礼堂一楼置有大舞台连同舞厅面积 450 平方米,可供村民召开大会,举办节庆典礼、文化活动,可供千余人集会,舞厅可容纳 32 桌人同时用餐。文化礼堂楼房前有面积 650 平方米的文化活动广场,可用于放映电影、举办文化体育活动。文化礼堂的名称、标志设置在礼堂的显著位置,即拱斗篷廊上方。正上方有"岭南村文化礼堂"7 个大字,大字左边是"文化礼堂"图文标志,右边是党徽图案,文化礼堂图文标志下的墙面上有"文化地标 精神家园"8 个大字,广场上竖有钢质旗杆,可升降国旗。一楼是百姓大舞台,台前右边是五星红旗图案,五星红旗图案下面是当代浙江人共同价值观——"务实""守信""崇学""向善"4 个核心词。

(二)讲堂建设

文化礼堂的三楼置有讲堂,面积 126 平方米,讲堂的名称是"岭南村拱台讲堂",以此命名是为了纪念清末民初办得十分出色的现已停办的拱台书院。讲堂内置有 40 套桌椅、电教设备,具有开展中小规模的政策宣讲、主题教育、技能培训、交流恳谈等功能。

(三)文化活动场地建设

文化礼堂内置有文化活动室、广播室、图书室,楼房前置有面积为 650 平方米的文化活动广场,可用于群众集会、放映电影、举办文化体育活动。

二、文化礼堂展示展览布置

展示展览作品主要放置在文化礼堂内。

一楼西面墙上贴有岭南八景诗画,柱子上挂有红底金黄色的五德格言文句,南面墙上张贴着岭南村概述、村规民约等。

二楼室内设有图书室,竹文化展览馆,西边墙壁上置有村史、民风、励志、成就、文艺各篇章的板块,阶前置有社会主义核心价值观——"富强、民主、文明、和谐;自由、平等、公正、法治;爱国、敬业、诚信、友善"24个大字。

各篇章的板块数量及内容是:

村史篇板块数有三,内容有村历史沿革、姓氏渊源、地理风貌、村域主要古迹(董家桥、古樟、古道、路廊、独樟祠)、村历任主职干部名单、大事记(1949—2016年)等。

民风篇板块数有四,内容有先祖画像、家风、族训、族谱、匾额、楹联、乡贤故事三则、岁时生活习俗等。

励志篇板块数有三,内容有学子榜、乡贤榜、寿星榜。

成就篇板块数有二,其中一块内容有衣着舒适多样、粮食自给有余、旧房换成新楼、道路硬化交通便捷、水利建设卓有成效、文化水平普遍提高、森林村庄、自然氧吧、公路两侧环境提升(配有照片与文字说明)。另一块内容有大电网通村、自来水通户、污水妥善处理、公共服务设施不断完善(配有照片与文字说明)等。

文艺篇板块数有二,内容有诗词、书法等。

三楼拱台讲堂内,讲桌对面墙上布置着习近平新时代中国特色社会主义思想旗帜。其余各室是村党支部、村民委员会的办公用房。

村文化礼堂场所的建设,展示展览内容的布置陈放,极大地丰富了村民的精神文化生活。从此,村有了文化地标,村民有了精神家园。

第十六章　邮政　电信

邮政和电信之间关系密切,亦分亦合。

邮政方面,民国时期,前童有邮政代办所,梁皇有信柜。中华人民共和国成立后,邮政业务主要有函件、包裹、汇兑、报刊发行、邮政储金、代理业务、集邮等。电信方面,民国三十六年(1947),电信营业处改称宁海电信局。

中华人民共和国成立后,1951年10月,邮政电信合并成立邮电局。1969年复设电信局,办理电信业务。电信业务有电报、电话等。

1988年始,宁海县邮政电信业务由手工操作向现代科技转变。同年8月,邮电体制改革,分别设立宁海县邮政局和宁海县电信局。

第一节　邮　政

邮政机构　清末,裁驿归邮。光绪二十九年(1903)设宁海邮政商铺,不久改为邮政代办所。民国四年(1915)成立宁海邮局。民国十八年(1929)后逐步增设农村邮政机构,至宁海解放时,城关有代办所2个,邮票代售处2处,农村代办所16个,邮政信箱40处。前童、梁皇就是离岭南村最近的2个邮政代办所。

中华人民共和国成立后,邮政由人民政府接管。1951年10月,邮政、电信合并,成立宁海县邮电局。同年,增设代办所12个。至1958年上半年,全县有邮电支局9个,代办所34个,邮票代售处3处,信箱多处。区内就设有岔路邮电支局、前童邮电所。村内设有信箱1处。村民要邮寄包裹都到邮电所投递,领取信件到信箱处领取。

邮政业务　邮政业务包括函件、包裹、汇兑、邮政储金、报刊发行、代理业务、集邮等。

函件包括明信片、印刷品、读物等。民国二十三年(1934)10月起,收寄普通快件。民国三十五年(1946)至1949年办理保价挂号。1960年起,办理特种挂号。邮资全国统一。全村业务量:1949年约300件,2018年约500件。

包裹收寄多在前童邮电代办所进行,村年收寄包裹在50件左右,2018年为52件。

邮政储金　民国三十二年(1943)始办定期储金,至中华人民共和国成立前夕停办。1950年6月复办。1951年5月改为代理储蓄。1953年9月停办。1986年12月恢复邮政储蓄。2018 年,村有储户 135 户,储蓄金额超过 100 万元。

邮路　明清时期,宁海至三门的驿道穿过岭南村,梁皇设有驿站。那时,宁海至三门的邮路顺着驿道而设,村域内就是邮路的通道。

民国时期,宁海境内设有步行逐日班邮路,其中有一条是宁海至前童。路程是从宁海出发,经黄坛、岭南、梁皇、前童转竹林返宁海。梁皇开设代办所,村内是邻近通往梁皇邮路的通道。

中华人民共和国成立之初,沿用民国时期邮路。1986 年县内设汽车邮路,其中有一条是宁海至桑洲。路程是从宁海出发,途经黄坛、岭南、梁皇、前童、岔路至桑洲。此邮路上、下午各往返一班。

第二节　电　信

电信,也叫电讯,是指利用电信号传递信息的通信方式,通常分有线通信和无线通信两大类。有线通信即有线电话,无线通信即无线电话。电信业务包括固定电话、电报、小灵通、全灵通、宽带 IP 业务以及计算机通信、数据通信和村内有关增值业务。1957 年 9 月底,全县实现乡乡通电话。1959 年,岭南大队利用松木杆架设电话线路,在大队办公室装上电话机,电话顺利开通。1983 年底,电话线路大修,翌年完工,水泥杆替换了原来已损坏的松木杆。1980 年村民始有家庭电话,而后逐年增多,到 2018 年,有 90% 的住户装有电话。电话号码位数,1990 年 9 月 1 日起,宁海县内由 5 位数升为 6 位数。1994 年 10 月 9 日零时起,升为 7 位数。2001 年 5 月 18 日零时起,升为 8 位数。宁波市通用地区号为 0574。20 世纪 90 年代,开始使用各类手机,而后逐渐增加,现在 60% 以上的村民拥有手机。进入 21 世纪,小灵通开始通行,村民中使用小灵通的人数不少。21 世纪初,村民多使用智能手机,多数老年人使用老年机。

第十七章　行政组织

清雍正六年(1728)实行乡庄制,宣统二年(1910)改设乡镇制。民国七年(1918)改设里邻制,民国二十五年(1936)实行保甲制。中华人民共和国成立后,实行村组制。

第一节　里邻制

北宋大中祥符年间(1008—1016),董姓人始在岵岫岭南侧岭下居住,随着时间的迁移,人口的繁衍,逐步发展成村落。南宋初期岵岫岭南之称已见于地图,属连理乡宣阳里。明时属二十八都。清雍正年间(1723—1735)属塘头庄,实行乡庄制。清宣统年间(1909—1911)属拱台乡塘头庄,改设乡镇制。民国七年(1918)6月实行自治,设乡董,下辖庄,置里邻,试行里邻制。委任当地德才兼备的人士负责,裁定邻间之事。

第二节　保甲制

民国二十四年(1935),实行保甲制。全县 192 个乡镇合并为 81 个乡镇,共编 828 保,8228 甲。10 户为甲,10 甲为保。岭下陈、东溪、响亭山 3 个自然村属梁簏乡第十二保,民国二十八年(1939),改称拱西乡第十二保。设保长 1 人,加保丁 1 人,主持保、甲日常事务。抗日战争期间,增设保队附 1 人,负责征兵、治安、派夫、收捐等任务。直至 1949 年 7月 5 日宁海解放,保甲制随即废除。

历届任职保长名单列表如下:

表 17-1　民国二十四至三十八年 7 月梁簏、拱西乡十二保保长名单

组织单位	级别	姓　名	任职时间	备注
梁簏乡第十二保	保长	陈士秀	民国二十四至二十七年(1935—1938)	
拱西乡第十二保	保长	陈俊秀	民国二十八至三十年(1939—1941)	
拱西乡第十二保	保长	陈建斌	民国三十一至三十三年(1942—1944)	
拱西乡第十二保	保长	陈思孟	民国三十四至三十六年(1945—1947)	
拱西乡第十二保	保长	陈长官	民国三十七至三十八年(1948—1949)	

第三节　村组制

1949年10月1日,中华人民共和国成立。是年底,设立团结乡,村域内隶属团结乡,1950年定村名为岭南村(包括响亭山、东溪),实行村组制,同时成立村农民协会,设农会主任1人、副主任1人、委员3人,主持村日常事务。1950年组织民兵,协助区中队清剿匪。1951年,划分阶级成分,进行土地改革,分田分地。1952年发放土地证,组织缴公粮。1953年宣传贯彻婚姻法,组织互助组。1954年动员村民购买建设公债,参加信用社等。

1955年4月,村党支部成立,设书记1人、委员2人,领导村里各项工作。首任村党支部书记为陈国郊。

1956年村成立农业生产合作社,设社长1人、副社长1人、委员3人,在村党支部领导下,处理社内日常事务。

1958年实行人民公社化,该村称东风人民公社团结管理区岭南生产大队。大队设大队长1人、副大队长1人、委员3人,在村党支部的领导下,主持大队工作。1961年4月,复区调整公社,该地为岔路区前童公社岭南大队。是年12月,东溪、响亭山划出岭南大队分别成立东溪大队、响亭山大队。原来的1个大队分为3个大队,分别定名为宁海县岔路区前童公社岭南大队、宁海县岔路区前童公社东溪大队、宁海县岔路区前童公社响亭山大队。3个大队都设大队长1人、副大队长1人、委员1人,负责大队内的日常事务。

1966年5月,"文化大革命"开始,党、政组织涣散。至1969年1月,大队革命委员会成立,设主任1人、委员2人,负责大队的日常工作。1981年,撤大队革命委员会,复村党支部,设大队管理委员会。大队管理委员会设主任1人、副主任1人、委员1人,主持管理大队内的工作。

1983年恢复前童乡人民政府,村内称前童乡岭南村,村设立村委会,设村主任1名、副主任1名、村委3名(其中女委员1名)。1984年1月,村民通过选举产生首届村委会。村委会负责村中一切行政事务,村主任是法定代表人。村委会每届任期3年,到期就进行换届选举,从首届(1984年)至2018年,已换届选举11次,历时35年。其间有过两次变动,第一次是镇乡名称有变动,即1985年前童乡更名为前童镇,村内亦改称前童镇岭南村,第二次是村的规模扩大,即2006年东溪、响亭山并入岭南村。不管名称变换还是村的规模扩大,但村委会的职能始终未变。

表 17-2　1949 年 8 月—2019 年村行政组织历任负责人名单

组织名称	职　务	姓　名	任职时间	备注
村农民协会	农会长	陈顶官	1949 年 8 月—1950 年 7 月	
村农民协会	农会主任	陈保兴	1950 年 8 月—1951 年 2 月	
村农民协会	农会主任	胡立享	1951 年 3 月—1951 年 10 月	
村农民协会	农会主任	陈中岳	1951 年 11 月—1952 年 12 月	
村农民协会	农会主任	陈金松	1953 年 1 月—1955 年 9 月	
生产合作社	社长	陈国郊	1955 年 10 月—1962 年 9 月	
生产大队	大队长	陈金松	1962 年 10 月—1967 年 4 月	
军管	拿总	陈士旺	1967 年 5 月—1968 年 12 月	
大队革命委员会	副主任	陈士章	1969 年 1 月—1974 年 12 月	
大队革命委员会	主任	娄启官	1975 年 1 月—1979 年 12 月	
大队管委会	大队长	娄启官	1980 年 1 月—1983 年 12 月	
村民委员会	主任	陈吉伟	1984 年 1 月—1987 年 1 月	
村民委员会	主任	陈建仁	1987 年 2 月—1990 年 1 月	
村民委员会	主任	陈建岳	1990 年 2 月—1993 年 2 月	
村民委员会	主任	陈兴旺	1993 年 3 月—1996 年 3 月	
村民委员会	主任	陈立秋	1996 年 4 月—1999 年 4 月	
村民委员会	主任	陈贤平	1999 年 5 月—2002 年 4 月	
村民委员会	主任	陈兴旺	2002 年 5 月—2005 年 4 月	
村民委员会	主任	陈钱江	2005 年 5 月—2008 年 3 月	
村民委员会	主任	陈明亮	2008 年 4 月—2011 年 2 月	
村民委员会	主任	陈广辉	2011 年 3 月—2013 年 12 月	
村民委员会	主任	陈华江	2014 年 1 月至今	

第十八章　政党和群团

政党这里主要是记叙中国共产党,着重写村内中国共产党的组织活动,村党支部的组织、宣传工作,历任村党支部书记名录及截至 2019 年 12 月时村党支部党员名单,其次是写近代村内历史上有过的中国国民党。群众团体是写村里曾有过的农民协会、贫下中农协会及近 20 年成立的老年协会等。

第一节　中国共产党

一、党的地下活动

陈星,岭下陈人,1927 年就读于上海江湾劳动大学。在校学习期间,他积极参加学生运动,走上革命道路,1930 年加入中国共产党,是岭南村村民中首位中共党员。1932 年,陈星任中共沪西区委组织部长,在上海、宁海等地开展党的地下革命活动。1938 年 4 月,组建宁海临时县委,陈星任书记;是年秋,陈星在家乡办农民夜校,设抗日讲座,组织宣传队教唱《义勇军进行曲》《大刀曲》《救亡进行曲》等抗日歌曲,编演抗日节目[①]。翌年 5 月,组织安排陈星去丽水工作。1941 年冬,丽水沦陷,其与组织失去联系。1945 年抗战胜利后回乡,任教于宁海师范。其间,陈星仍进行党的地下活动,组织村民反对重租高利,实行减租减息,同时积极支持三五支队在当地开展各种活动,组织村民参加三五支队,并暗地里向三五支队送粮、送物资。1947 年初,解放战争初期中共浙东工委书记刘清扬欲来台州领导工作,得知陈星家住宁海岭下陈,于是派交通员张英到岭下陈与陈星取得联系。此后,陈星家便成了党的地下活动的秘密联络点。1949 年 7 月 5 日晚,宁海解放;8 月,陈星到宁海县人民政府工作,任建设科科长。

---

①　是年,在地下党组织的领导下,9 月 18 日在西乡岭下陈举行纪念"九一八"七周年。纪念会在岭下陈祠堂举行,由小学教师杨乃文主持。在纪念会上,陈星讲述了九一八经过及今后任务,一名小朋友则沉痛诉说了兄长在上海抗战中失踪后家人的苦楚,村里两青年表了抗战的决心。嗣后,岭下陈宣传队便活跃于西乡一带,在墙头上编写抗日标语,编演抗日活动,说唱方言土白的"东洋经"和"的笃时调",乡民一学就会,广为流传。

二、党的组织活动

1955 年遵照党在农村工作的路线、方针和政策,中共团结乡党委首先在岭南村的雇农、贫农出身的积极分子中发展党员。1955 年 5 月,村里有 3 位贫农出身的积极分子加入共产党。同年 7 月,有部队退伍的党员 1 人回村。在乡党委的指导下,是年 10 月成立了中共岭南村支部,陈国郊任书记。按照党章规定,党的支部委员会每届任期两年或三年。党的基层组织是党在社会基层中的战斗堡垒。因此,在上级党组织的领导下,中共岭南村支部认真完成上级党委交给的各项任务,并组织党员开展各项活动。

1956 年,进行以加强村党支部建设为主要内容的整党活动。

1961 年,东溪、响亭山分立大队,中共岭南村支部名称保留未变。几年后,分别成立中共东溪村支部、中共响亭山村支部。各党支部按照上级党委部署定期开展组织活动。

1963 年,组织党员学习毛主席著作,如学习《为人民服务》《纪念白求恩》《愚公移山》(称老三篇),《矛盾论》《实践论》《正确处理人民内部矛盾》《毛主席语录》等。

1964 年至 1965 年,开展以整党为中心的社会主义教育运动。

1966 年 5 月,"文化大革命"开始,党的组织活动停止。

1971 年,经过整党教育,村党支部恢复活动,但仍未恢复正常。

1981 年,撤销大队革命委员会后,健全党的组织,党员始恢复正常的组织生活,村党支部才开展正常的组织活动。

1982 年 9 月后,中国共产党第十二次全国代表大会召开后,村党支部组织党员学习党的十二大文件精神。

1986 年,组织全体党员参加镇党委举办的整党学习班,进行整党活动。

1997 年,组织村民庆祝香港回归活动。

1999 年,组织村民举办中华人民共和国成立 50 周年庆典活动。党的十三届四中全会后,村党支部组织全体党员参加保持共产党员先进性的教育活动。

2001 年,组织党员开展"三个代表"重要思想①学习教育活动。

2005 年,开展保持共产党员先进性教育活动。

2006 年并村。东溪、响亭山、岭南 3 个规模较小的行政村合并成一个规模较大的岭南行政村。并村后,原来岭南、东溪、响亭山 3 个党支部也就合并成岭南村党支部,党员人数 42 人。同年党支部进行换届选举,成立中共岭南村支部。

2006 年 12 月至 2007 年 5 月,开展"建设社会主义新农村"教育活动。此后,以村党支

---

① 2000 年 2 月 25 日,江泽民同志在广东考察时指出,我们党所以赢得人民的拥护,是因为我们党在革命、建设、改革的各个历史时期,总是代表着中国先进生产力的发展要求,代表着中国先进文化的前进方向,代表着中国广大人民的根本利益。

部为核心,带领岭南村民进行社会主义新农村建设。

2018年,村党支部组织全体党员认真学习习近平新时代中国特色社会主义思想。

2019年9月开始,11月底基本结束。村党支部组织全体党员开展"不忘初心、牢记使命"主题教育。通过主题教育活动,党员干部应牢记:为中国人民谋幸福、为中华民族谋复兴,是中国共产党人的初心和使命。

三、党支部宣传工作

1955年,村党支部成立,而后,村党支部对《中华人民共和国宪法》(1954)、《中华人民共和国婚姻法》和《一九五六年到一九六七年全国农业发展纲要(草案)》进行认真学习,同时向党员、群众开展宪法、婚姻法宣传活动。

20世纪50年代后期与60年代前期,村党支部主要围绕社会主义建设总路线、"大跃进"运动、人民公社化运动(简称"三面红旗")和"调整、巩固、充实、提高"的经济工作方针,采取报告会、座谈会、黑板报、标语、宣传队等多种形式开展社会主义教育运动。

1958年10月,着重宣传人民公社"一大二公"的优越性。

1963年,大力宣扬雷锋事迹,号召党员、群众向雷锋同志学习。

1964年,着重宣传"农业学大寨"运动,开展"农业学大寨"运动。

1978年12月后,着重宣传党的十一届三中全会的路线、方针和政策,把工作重点转移到以经济建设为中心上来。向村民宣讲农村经济体制改革,宣传家庭联产承包责任制、产业结构调整、发展商品生产、繁荣农村经济、走勤劳致富道路。同时开展建党60周年、中华人民共和国成立35周年宣讲活动。

1984年1月后,向群众宣传稳定和完善生产责任制,提高生产水平,延长土地承包期在15年以上。

1985年6月后,按照国家实施5个"五年普法规划"的精神,向村民宣讲法律知识,并开展普法教育。

2001年,村党支部组织党员认真学习"三个代表"重要思想,向党员、村民宣传"三个代表"重要思想。

2008年,村党支部着重组织党员向村民宣讲科学发展观,以科学发展观为指导开展工作。

2018年,村党支部向党员、村民宣传习近平新时代中国特色社会主义思想,要求党员、村民在习近平新时代中国特色社会主义思想指导下进行社会主义新农村建设。

表 18-1　1955—2019 年中共岭南村支部历任支部书记名录

职务	姓　名	任期时间	党员人数（人）	备注
书记	陈国郊	1955 年 9 月—1966 年 8 月	4—7	
书记	陈国郊	1971 年 2 月—1985 年 10 月	7—9	
书记	陈阿毛	1985 年 11 月—1987 年 2 月	10	
书记	陈建达	1987 年 3 月—1990 年 5 月	12—13	
书记	陈炳火	1990 年 6 月—1991 年 8 月	13—15	
书记	丁方标	1991 年 9 月—1993 年 9 月	15	
书记	陈建达	1993 年 10 月—1996 年 4 月	14	
书记	陈维松	1996 年 5 月—1998 年 12 月	14	
书记	陈吉伟	1999 年 1 月—2001 年 12 月	15	
书记	陈贤平	2002 年 1 月—2004 年 12 月	16	
书记	陈维松	2005 年 1 月—2006 年 9 月	18	
书记	魏建苗	2006 年 10 月至今	42—45	
第一书记	童昭波	2015 年 8 月—2016 年 7 月	44	
第一书记	王银宁	2016 年 8 月—2018 年 7 月	44	

表 18-2　2019 年 12 月中共岭南村支部党员名单

序号	姓　名	性别	学历	加入党组织时间
1	陈贤平	男	初中	1995 年 3 月 4 日
2	柴胜妹	女	高小	1958 年 12 月 1 日
3	魏世湘	男	高中	2003 年 9 月 20 日
4	陈林火	男	初中	1995 年 1 月 18 日
5	陈雪琴	女	本科	2016 年 5 月 5 日
6	陈　琦	男	大专	2002 年 3 月 15 日
7	杨利娟	女	高小	1991 年 11 月 20 日
8	胡其广	男	初中	1981 年 3 月 28 日
9	魏云广	男	初中	1991 年 12 月 5 日
10	卢培余	男	中专	1993 年 12 月 3 日
11	陈明先	男	大专	1983 年 9 月 3 日
12	陈建团	男	初中	1974 年 11 月 16 日
13	卢远贝	男	高小	1973 年 11 月 22 日

序号	姓 名	性别	学历	加入党组织时间
14	卢喜春	男	高小	1960 年 11 月 1 日
15	魏建苗	男	初中	1975 年 3 月 29 日
16	陈海港	男	高中	2003 年 9 月 20 日
17	陈凯泽	男	大专	2015 年 11 月 29 日
18	童惠清	男	初中	1985 年 6 月 1 日
19	胡迎宁	男	初中	1997 年 9 月 11 日
20	卢土春	男	初中	1971 年 2 日 8 日
21	陈明亮	男	高中	1999 年 11 月 8 日
22	罗金春	男	高小	1972 年 2 月 8 日
23	陈巧巧	女	本科	2013 年 1 月 25 日
24	葛亚云	女	高中	2005 年 12 月 21 日
25	陈小国	男	高中	2008 年 11 月 7 日
26	陈银恕	女	初中	1995 年 2 月 22 日
27	陈益峰	男	初中	2007 年 10 月 27 日
28	陈建达	男	初中	1981 年 3 月 18 日
29	陈三宝	男	高小	1969 年 5 月 22 日
30	陈贤永	男	初中	1989 年 3 月 1 日
31	麻秋燕	女	本科	2007 年 12 月 1 日
32	陈吉伟	男	初中	1985 年 6 月 11 日
33	卢崇府	男	初中	1979 年 9 月 1 日
34	彭彩娣	女	高中	1997 年 8 月 8 日
35	魏协科	男	初中	1979 年 1 月 25 日
36	陈灶平	男	大专	1995 年 3 月 4 日
37	吴岳义	男	高中	2013 年 6 月 12 日
38	陈学峰	男	中专	1997 年 12 月 28 日
39	陈宏富	男	高中	1996 年 11 月 25 日
40	陈登科	男	大专	2012 年 7 月 3 日
41	陈华江	男	高中	1996 年 11 月 25 日
42	陈钱江	男	高中	1985 年 6 月 1 日
43	卢余峰	男	大专	2012 年 1 月 4 日
44	陈思源	男	本科	2013 年 6 月 4 日

第二节 中国国民党

民国十三年(1924),因县知事及县公署几个要员为国民党员,国民党在宁海始有活动,并开始逐年发展国民党员。民国十五年(1926),成立国民党县党部。

民国三十三年(1944)冬,省党部指示宁海县党部,拟于次年"定额发展国民党员5000—8000人,只许超额,不许短少"。民国三十四年(1945),县党部制订了"一年内发展党员8000人"的计划,名额分配到各保,县党部成员分头下保召开各种会议,进行"以党治国""融党于民"等宣传,在保长、甲长、小学教师等各种训练班上强行发展党员。在这种情况下,1946年,村内始有时任保长、甲长、小学教师等3人加入国民党,属三区拱西分部。但村内此组织有名无实,从未进行组织活动。1949年7月,宁海解放,村内国民党组织宣告终止。

第三节 群众团体

一、农民协会

1949年10月,在中国共产党的领导下,乡干部来村指导,组织起农民协会(简称"农会")。农会成立后,组织发动农民进行革命活动。1950年组织民兵,协助区中队清剿土匪;1951年组织村民进行土地改革,均分土地;1952年进行登记并发放土地证,发动群众缴公粮;1953年宣传并组织村民参加互助组;1954年动员村民购买建设公债,参加信用社等。1956年实现农业合作化后,农会因失去作用而消失。

二、贫下中农协会

1964年,在社会主义宣传教育运动中,岭南大队组织起贫下中农协会(简称"贫协")。1965年,大队选举产生出席县贫下中农代表大会代表。大队有关重大事项需经贫协共同商议。"文化大革命"期间,贫下中农协会改为贫下中农代表大会(简称"贫代会")形式,并组织以贫下中农为主体的毛泽东思想宣传队,进驻学校。1976年,"文化大革命"结束,贫协工作停止,组织消失。

三、老年人协会

(一)岭南自然村老年人协会

1988年7月23日,浙江省七届人大常委会第四次会议通过的《浙江省保护老年人合法权益若干规定》第十六条中确定农历九月初九重阳节为老人节。岭南自然村老年人协会(简称"村老年人协会")成立于1993年的重阳节。成立之初便有100余人加入村老年人协会。

村老年人协会设会长、副会长各1名,委员3人。由会员大会选举产生,经村党支部、村委会审核,并报请镇老龄工作委员会审批。

岭南自然村老年人协会驻地设在岭南村祠堂（陈氏宗祠），老年活动室有祠堂坐西朝东正厅 3 间、南北厢房各 3 间、东平房 3 间，活动场地有戏台、天井等，活动场地总面积达900 平方米。平时老年人常到活动室阅读报刊、看电视、打牌、下棋、聊天等。祠堂是老年人欢度晚年的乐园。同时，村老年人协会还不定期组织老年人进行 1 日游或 2 日游。村老年人协会深受老年人的欢迎。村两委会对村老年人协会十分支持，对老年人十分关心，每年老人节或春节期间都对老年人进行慰问。

2000 年，全村凡 60 虚岁以上的老年人都加入村老年人协会。2019 年入会老年人 235人，占村总人口的 25.7％。

（二）东溪自然村老年人协会

东溪自然村老年人协会成立于 2009 年，入会老人 22 人，设会长 1 人、委员 2 人，驻地在村办公室一楼，活动场地总面积约 120 平方米，室外有简易活动器材，平常老年人可在室外活动场地进行健身运动，也可到室内阅读报刊、看电视、打牌、下棋、聊天等。

2019 年，全村有 91 户、人口 236 人，东溪自然村老年人协会有会员 70 人，入会老年人占全村总人口的 29.7％。

（三）响亭山自然村老年人协会

2005 年，响亭山自然村老年人协会成立，入会老年人 32 人，设会长 1 人、委员 2 人，驻地在村办公室一楼，活动场地总面积约 150 平方米，平常老年人可到活动室阅读报刊、看电视、打牌、下棋、聊天等。

2019 年，全村有住户 72 户，常住人口 263 人，响亭山自然村老年人协会有会员 62 人，入会老年人占全村总人口的23.6％。

表 18-3　岭南东溪响亭山 3 个自然村老年人协会会长名单

名　　称	协会成立时间	会长姓名	任职时间	备注
岭南自然村 老年人协会	1993 年重阳节	陈林木	1993 年 10 月—1996 年 9 月	
		陈银官	1996 年 10 月—1999 年 9 月	
		卢崇府	1999 年 10 月—2012 年 9 月	
		陈建达	2012 年 10 月—2017 年 8 月	
		陈士伟	2017 年 9 月—2019 年 9 月	
		陈新炎	2019 年 10 月至今	
东溪自然村 老年人协会	1995 年重阳节	魏建成	1995 年 9 月—2019 年 5 月	
		陈长富	2019 年 6 月至今	
响亭山自然村 老年人协会	2005 年重阳节	卢喜春	2005 年 9 月—2015 年 12 月	
		魏文辉	2016 年至今	

第十九章 村 务

　　村务工作，各个时期有着不同的内容。民国时期，主要是做好村内自治及选举、户籍、地政、兵役、宗教、救济、优抚等工作。

　　中华人民共和国成立后，村务工作是政权建设的一部分、社会保障的一部分、行政管理的一部分。它最直接地体现着广大人民的意志，体现着为人民服务的宗旨。中华人民共和国成立初期，主要是动员青年参加志愿军。1955年起国家始实行义务兵役制，村内积极动员青年参加义务兵，同时认真做好军属的优待工作。随着时间的推移，不同时期有着不同的工作内容，村干部都尽力而为，诸如认真做好村里五保对象的"五保"供养、落实好殡葬改革等有关工作。

第一节 兵 役

一、旧时兵役

　　民国以前，试行募兵制，兵员均以招募充之。据岭南陈氏宗谱载：宋、元、明、清各个朝代，岭南村都有村民参军，但人数不多。

　　民国二十五年（1936）三月十日起，实施国民政府兵役法，改募兵制为兵役制。凡是18—45周岁男子，除服常备兵役外，均服国民兵役。常备兵役征集一般一年一次，凡服役壮丁有随时服常备兵役义务。而抽签派壮丁是主要征兵办法，俗称"抽壮丁"。规定每年9月将经过身家调查、体格检查符合条件的壮丁集中到县政府，由县长主持召开抽签大会。按年次、兵种分别抽签，中签者应征，未中签者缓征。将适龄壮丁编成县义勇壮丁常备军（1938年改为国民兵团常备队），加强对壮丁管理与训练，按额将训练后壮丁统一交拨入营。兵役法在执行时，名义上是抽签，实际是随意抓丁、派壮丁。被征壮丁多数是贫苦农民，他们被随意抓来，被捆绑、关押，如同囚犯。

　　1930—1947年，岭南村共有13人被抽壮丁参加国民革命军，赴向战场，至今仍有6人下落不明。

二、中华人民共和国兵役

　　中华人民共和国成立后，1950年国家进行以爱国主义、国际主义为重点的宣传，提出

"抗美援朝,保家卫国"的口号,村内青年积极响应,有 8 人参加志愿军。

　　1955 年,国家实行义务兵役制,规定报名参军是每个公民应尽义务。岭南村青年坚决拥护,积极响应。每年应征期间,适龄青年踊跃报名,经过体检身体合格者,由县征兵办公室统一组织政治审查。经批准入伍青年由村里给其戴上大红花,敲锣打鼓送到镇政府,集中后欢送至县,由县向接兵部队交接或直接护送至部队。1949 年至今,全村已有 101 名青年应征参加中国人民解放军,其名录列表如下。

表 19-1　1948—2018 年岭南村青年参加中国人民解放军名录

姓　　名	兵种	入伍时间	退伍时间	就业状况	备注
志愿军					
陈国郊	陆军	1948 年 9 月	1954 年 5 月	务农	去世
陈真水	陆军	1949 年 1 月	1953 年 10 月	务农	去世
胡昌炎	陆军	1949 年 12 月	1952 年 6 月	务农	
陈士标	陆军	1949 年 12 月	1951 年 5 月	务农	去世
陈士常	陆军	1950 年 2 月	1951 年 3 月	务农	去世
陈丁松	陆军	1950 年 2 月	1951 年 1 月	务农	去世
陈建桥	陆军	1950 年 2 月	1958 年	杭州建筑公司	去世
陈忠良	陆军	1952 年 1 月	1952 年 12 月	务农	
义务兵					
吴宗华	空军	1979 年 11 月	1984 年 1 月	务农	
魏建苗	海军	1970 年 12 月	1977 年 3 月	务农、任村书记	
胡其广	陆军	1974 年 3 月	1977 年 3 月	务农	
葛明水	陆军	1969 年 4 月	1972 年 2 月	务农	去世
魏叶文	陆军	1968 年	1973 年	务农	响亭山
卢方苗	陆军	1969 年 11 月	1974 年 2 月	务农	响亭山
魏卫科	海军	1975 年 1 月	1979 年 2 月	务农	
童其兴	陆军	1978 年	1983 年	务工	
卢金常	陆军	1978 年 2 月	1983 年 1 月	务农	
陈七星	陆军	1983 年 10 月	1986 年 12 月	务农	
陈华江	陆军	1979 年 10 月	1981 年 10 月	务农	东溪
魏协义	陆军	1968 年 11 月	1971 年 1 月	务农	病逝

续　表

姓　名	兵种	入伍时间	退伍时间	就业状况	备注
卢土春	陆军	1969 年 12 月	1976 年 5 月	务农	
卢其连	陆军	1974 年 11 月	1977 年 1 月	务农	
陈建兴	海军	1955 年 12 月	1959 年 12 月	宁海电台	
陈宝法	海军	1955 年 12 月	1958 年 12 月	务农	去世
陈新利	陆军	1956 年 1 月	1961 年 2 月	宁海供销社	去世
陈士旺	陆军	1956 年 1 月	1959 年 12 月	务农	去世
陈兴官	陆军	1956 年 1 月	1969 年 12 月	临平机械公司	
陈圣炎	海军	1962 年 11 月	1976 年 10 月	宁海县通用厂	
陈建法	陆军	1963 年 11 月	1967 年 10 月	务农	去世
陈小来	陆军	1964 年 12 月	1974 年 11 月	纺织器材厂	
陈建海	陆军	1964 年 12 月	1970 年 1 月	长兴煤矿	
吴伟炎	陆军	1966 年 12 月	1974 年 11 月	象山修船厂	
陈文宣	陆军	1968 年 11 月	1971 年 10 月	务农	
陈三言	陆军	1968 年 11 月	1970 年 10 月	务农	
陈士相	陆军	1968 年 11 月	1970 年 10 月	宁海土产公司	
卢喜春	海军	1955 年 12 月	1959 年 3 月	务工	
卢远瓦	陆军	1955 年 12 月	1959 年 3 月	务农	响亭山
娄广元	陆军	1969 年 11 月	1973 年 10 月	务农	
陈建江	陆军	1969 年 11 月	1973 年 10 月	小学教师	
陈炳火	陆军	1969 年 11 月	1976 年 2 月	前童镇政府	
陈阿毛	陆军	1970 年 12 月	1976 年 3 月	务农	
陈国庆	陆军	1970 年 12 月	2000 年 1 月	上海外贸公司	
胡启权	陆军	1972 年 12 月	1976 年 2 月	务农	
陈建仁	海军	1977 年 11 月	1981 年 10 月	务农	
陈式飞	陆军	1975 年 11 月	1978 年 12 月	务农	
潘启真	空军	1979 年 10 月	1984 年 1 月	县农业农村局	
卢方园	陆军	1976 年 11 月	1980 年 2 月	国土资源局	
陈维松	海军	1978 年 12 月	1986 年 2 月	务农	

姓　名	兵种	入伍时间	退伍时间	就业状况	备注
陈国平	陆军	1980 年 12 月	1988 年 3 月	务农	去世
陈圣杰	陆军	1982 年 12 月	1993 年 3 月	宁波市人民政府	
陈明峰	海军	1985 年 11 月	2006 年 3 月	宁波市烟草局	
陈小国	陆军	1986 年 10 月	现役		
陈良科	陆军	1986 年 11 月	2001 年 1 月	舟山日报社	
陈林泽	陆军	1987 年 11 月	1991 年 2 月	务农	
陈明辉	陆军	1988 年 12 月	2007 年 1 月	余杭政法委	
陈圣齐	陆军	1991 年 12 月	2004 年 2 月	宁波市交通局	
陈尚忠	陆军	1991 年 12 月	2000 年 8 月	宁海保安公司	
陈学飞	陆军	1994 年 12 月	2006 年 3 月	宁海县水利局	
陈学峰	陆军	1994 年 11 月	1999 年 2 月	务农	
陈武斌	陆军	1995 年 11 月	1998 年 3 月	务农	
陈兵辉	陆军	1996 年 11 月	1999 年 2 月	务农	
陈晓东	陆军	1997 年 11 月	1999 年 2 月	务农	
陈利军	陆军	2001 年 12 月	2003 年 3 月	务农	
陈德军	陆军	2001 年 12 月	2003 年 3 月	务农	
陈贤品	陆军	2000 年 11 月	现役		
吴锦文	陆军	2002 年 12 月	2004 年 2 月	务农	
吴锦武	陆军	2002 年 12 月	2004 年 2 月	务农	
陈利杰	陆军	2002 年 11 月	2004 年 3 月	务农	
陈益峰	陆军	2003 年 12 月	2007 年 2 月	务农	
陈鑫祥	陆军	2003 年 12 月	2005 年 3 月	务农	
陈欢杰	陆军	2004 年 11 月	2006 年 3 月	务农	
陈赟	陆军	2005 年 1 月	2006 年 12 月	务农	
陈文斌	陆军	2005 年 11 月	2008 年 3 月	务农	
陈强强	陆军	2008 年 11 月	2010 年 3 月	务农	
陈登科	陆军	2010 年 11 月	2012 年 12 月	务农	
陈仲阳	陆军	2011 年 12 月	2013 年 2 月	务农	

姓　名	兵种	入伍时间	退伍时间	就业状况	备注
陈凯泽	陆军	2012 年 11 月	2015 年 2 月	务农	
陈毅亮	陆军	2011 年 12 月	2013 年 2 月	务农	
陈一平	陆军	2007 年 11 月	2012 年 1 月	务农	
娄元科	陆军	2008 年 11 月	2011 年 1 月	务农	
潘卓越	陆军	2017 年 7 月	2019 年 8 月	在校就读	
陈功福	陆军	2018 年 7 月	现役		岭南
吴安荣	陆军	1950 年 2 月	1955 年 8 月	务农	
葛兴更	陆军	1950 年 10 月	1958 年 11 月	乡人武部	去世
陈忠兴	陆军	1950 年 11 月	1957 年 6 月	宁海丝厂	
陈忠汉	空军	1959 年 11 月	1971 年 5 月	县通用厂	去世
陈国胜	陆军	1968 年 4 月	1971 年 2 月	务农	
陈三宝	陆军	1968 年 4 月	1973 年 2 月	务农	
陈建团	陆军	1970 年 12 月	1976 年 3 月	务农	
陈建华	陆军	1976 年 3 月	1978 年 4 月	务农	
陈国府	陆军	1969 年 1 月	1973 年 3 月	务农	
陈小杰	陆军	2000 年 12 月	2002 年 12 月	务农	
陈小国	空军	2006 年 11 月	2008 年 11 月	务农	
陈　琦	陆军	2009 年 12 月	2017 年 12 月	务农	
吴岳义	陆军	2011 年 12 月	2013 年 12 月	务农	
魏云广	陆军	1989 年 3 月	1991 年 3 月	务农	
卢小广	陆军	2001 年	2003 年	务农	
童欢峰	陆军	2002 年 12 月	2003 年 12 月	务农	
魏吉飞	陆军	2005 年 12 月	2007 年 12 月	务农	
魏云焕	陆军	2012 年 12 月	2004 年 12 月	务农	
魏栋楠	陆军	2015 年 9 月	2017 年 9 月	务农	

说明:1955 年之前参军的为志愿军,1955 年始试行义务兵役制,是年后(含 1955 年)参军的均为义务兵。

第二节 民 兵

1950年岭南村始组织民兵,有11名20来岁的青年参加,组建了一个班。陈建良任班长,主要任务是听从区中队指挥,协助区中队上山清剿土匪。

1954年建立民兵排,凡18—40周岁的青壮年皆可参加。民兵的作用除带头参加互助组,还是互助组中生产劳动的主力军,完成为军属代耕代种等优抚工作。

1958年实行全民武装化,县建民兵师,村建民兵连,村内时属东风人民公社团结管理区岭南生产大队,称三营三连。那时,提倡"三化",即提倡组织军事化、行动战斗化、生活集体化。在"三化"中,要求民兵连起带头表率作用。

1962年乡里配备了武装部长,民兵的政治思想工作和军事训练不断加强。1965年民兵工作要求做到三落实:一是组织落实,有官有兵,做到官兵相识;二是思想落实,召之能来,来之能战,战之能胜;三是军事落实,战术上要重视敌人,战略上要藐视敌人。

1981年对民兵的年龄做了调整,规定年龄在18—45周岁的青壮年皆为民兵。原为18—30周岁者为基干民兵,31—45周岁者为普通民兵,从基干民兵排选优秀者并发给枪支的为武装民兵。后改为18—28周岁者为基干民兵,29—35周岁者为普通民兵。

表19-2 1950—2018年岭南村民兵组织历任负责人一览表

姓 名	性别	任职时间	职务	备注
陈建良	男	1950年2月—1953年12月	班长	民兵11人
陈大毛	男	1954年1月—1956年1月	排长	民兵25人
陈建林	男	1956年2月—1959年1月	排长	民兵30人
陈叶林	男	1959年2月—1967年2月	连长	
陈士旺	男	1967年3月—1987年12月	连长	
陈维松	男	1988年1月—2007年12月	连长	
魏明通	男	2008年1月至今	连长	

第三节 拥军优属

中华人民共和国成立后,每年元旦、春节时期,村委会都要组织有关人员开展拥军优属活动。村里烈军属给予代耕或包种,并发放由政府制发之慰问信、光荣匾,对烈军属和复员、退伍军人挨家挨户进行慰问。1951年起,优属工作逐步完善。村里群众优待烈军属的方式有3种。

代耕代种 中华人民共和国成立初期,烈军属的田地由群众代耕代种。1951年全村接受代耕代种的军属有 3 户,代耕田地 5.2 亩。1952 年,改为临时拨工代耕制度,固定到生产互助组。1954 年后村里采用固定代耕代种制。

优待劳动日　1956 年村里办起农业生产合作社,改代耕代种为优待劳动日。即烈军属除自己的劳动力分红,其余年生活所需的不足部分,按一般社员收入水平,评定给烈军属优待劳动日,参加分配。1958 年开展人民公社化运动后,烈军属优待劳动日办法仍保持不变,沿袭到 20 世纪 70 年代。

优待现金　1983 年起,农村实行家庭联产承包责任制后,改优待劳动日为优待现金。1984 年,根据《中华人民共和国兵役法》(1984)规定,对农村义务兵普遍实行镇(乡)统筹平衡优待办法,基本上采用按人口分配负担的办法。是年起,对烈军属优待改为现金支付,由乡镇统筹发放。

农村义务兵退出现役后接收安置工作,采取"人从哪里来,回到哪里去"之原则,就地安置。1986 年,开展农村复退军人调查,对参加抗美援朝和中华人民共和国成立初期入伍和退伍的军人给予生活费补助。

第四节　"五保"供养

村里"五保"对象是指村里年老、残疾或者未满 16 周岁,无劳动能力、无生活来源又无法定赡养、抚养、扶养义务人,或者其法定赡养、抚养、扶养义务人无赡养、抚养、扶养能力的村民。

土地改革后,村里的鳏、寡、独、残等无劳动能力、生活困难者,主要靠群众互助,亲邻照顾,农业互助组代耕,政府给予临时救济。

1956 年农业合作化后,逐步实行"五保"(即保吃、保穿、保住、保医、保葬)供养。直至 20 世纪 70 年代,"五保"供养进一步落实。20 世纪 80 年代初,"五保"制度更加完善,政府组织人员对"五保"工作进行六查:一查应保对象有无纰漏;二查现金、口粮、柴草是否按期兑现;三查被服是否能御寒过冬;四查住房是否能避风雨;五查零用钱、医疗费是否解决;六查日常护理是否有专人负责。通过六查,促进了村里的"五保"工作,进一步落实了"五保"措施。

1983 年实行家庭联产承包责任制后,村里对"五保"对象全面实行"五保"供养。由村供应口粮、柴草、菜钱和零用钱,衣、被、蚊帐等从救济物资中解决。房子损坏,村里派人修理。

2000 年起,对"五保"老人实行最低生活标准补助,每人每月发放 75—100 元。2018 年,村里有低保老人 26 人,每人每月最低能领到生活补助费 760 元,"五保"老人的基本生活得到保障。

第五节　殡葬改革

历代的封建统治者竭力推行封建的丧制,人死了木棺土葬,遂在民间形成了一套旧的殡葬习俗。

中华人民共和国成立后,随着村内人民生活水平的提高,丧葬的费用越来越高。政府为此多次宣传并做出规定,提倡丧事简办,并号召领导干部带头,要求普遍建立公益性土葬公墓。制止乱葬乱埋和造大坟墓的现象发生;加强对丧葬用品商店销售的管理;反对封建迷信和大操大办;发挥红白理事会等群众性组织的作用。经过努力,村内殡葬习俗有所改变,殡葬改革有所成效。村里一般人家逐步用开追悼会代替道士出灵发葬,用花圈代替焚香摆供,用佩黑纱、戴白花代替披麻戴孝、戴白帽,用死者遗像代替灵位,用遗像开路代替纸幡引路等。但此项改革还不彻底,封建葬礼或新旧结合的葬礼均有之。

为建成生态型经济强县,宁海县积极推行生态葬法。2001年,宁海县殡仪馆建成,是年9月15日零时开始,在全县行政区域内全面实施遗体火化。在前几年坟墓整治的基础上,村内划定建坟区3处,分别在岭南自然村的解树坪山地、东溪自然村的岭头茶山半山坡、响亭山自然村的许家岙山脚等处建造公墓或生态墓,以便安放骨灰盒。自2001年9月15日实施遗体火化后,岭南村至2019年底共计死亡166人,火化遗体166具,遗体火化率达100%。

表19-3　2001—2019年岭南村村民去世人数统计表

年份	男(人)	女(人)	小计(人)	备注
2001	5	4	9	其中有6人在9月15日前去世
2002	3	5	8	
2003	4	6	10	
2004	4	2	6	
2005	4	3	7	
2006	1	3	4	
2007	3	5	8	
2008	6	4	10	
2009	8	5	13	
2010	4	6	10	
2011	6	3	9	
2012	5	4	9	

年份	男（人）	女（人）	小计（人）	备注
2013	3	2	5	
2014	2	4	6	
2015	9	7	16	
2016	5	3	8	
2017	4	5	9	
2018	12	4	16	
2019	5	4	9	
小计	93	79	172	

附：岭南村 1966 年 5 月至 1976 年 10 月活动纪略

岭南村 1966 年 5 月至 1976 年 10 月活动纪略

1966 年 5 月，古装戏、电影停演、停放。

1968 年 3 月，实行军管，由民兵连长拿总掌管村里村务。同年 5 月，大队建立了贫下中农协会。

1969 年 1 月，岭南大队革命委员会成立，大队革命委员会行使一切村务权力。是年，岭南村合作医疗站成立。岭南完小附设的初中班被撤，校址由新庵移至大倪校舍。

1968 年 10 月，掀起"农业学大寨"高潮，宁海县首批 116 人赴大寨参观，大队长陈金松出席。参观回村后，即搞土地平整，造大寨田。

1970 年 6 月，在"农业学大寨，农村赶越溪"的口号影响下，各生产队派代表赴越溪大队参观。随后掀起"农业学大寨"热潮。

从 1970 年起，大队组织主要抓农业生产，开展兴修水利、造林绿化等农田基础设施建设。

1. 水利建设　1957—1958 年筑成上坑八一、船山头、坟庵、麻车岙、半山周、里岙等 6 座山塘水库（每座山塘水库蓄水量都在 0.8 万立方米左右）的基础上，1962 年冬至 1975 年冬，筑成石枧水库。石枧水库蓄水量达 24 万立方米，有效灌溉面积 600 余亩。1975 年开挖水渠 2200 米，同时对河坎、大坝进行整修。

2. 造林绿化　1970 年 9 月，在"学上旺，赶上旺"的口号影响下，大队派代表赴上旺参观。回后，在船山、茨坪两处种茶 30 亩。是年，成立副业队，发展林业、茶业，搞苗圃，种桃、李、梨、柿等果树。

1971 年 3 月,村副业队从平溪板昌林场购买松树苗 20 万株,栽于梁皇山(茶园山)峰。

1973 年 3 月,在岩门里、上岗、头巾孔等处栽松树、杉树 150 亩。

3.基础设施建设　1970 年扩大畜牧场,外龟新建畜舍 11 间,饲养母猪 13 头,长毛兔 500 只。在茨坪扩建平房 2 间,重修 3 间,用于养山蚕。

1974 年,村后建茶厂 5 间,制茶工作由船山顶移至茶厂。

1975 年 9 月,小学新增建教室 3 个,始附设初中班,学区有东溪、响亭山、梁皇、西山里、沈坑岙、里外辽等村。10 月,后门山水电站开工并建成,装机容量为 10 千瓦时,轧米厂从董家桥移至水电站。从此,电动机代替柴油机轧米。

1976 年 6 月,农业学大寨运动基本结束。9 月 9 日,毛泽东主席逝世,举国哀悼。大队在学校设灵堂,隆重悼念,18 日集中在学校操场进行追悼。

第二十章 社会保险

民国前,农村没有社会保险制度,碰上灾害,村民生活极度困难,民间虽有施舍救灾之举,但为数甚微,属杯水车薪。民国时期,政府虽有赈灾之举,私人有布施之行,但数量有限,根本无济于事。

中华人民共和国成立后,各级政府遵照"必须长期扶持农民"的救济方针,对贫困农户进行各类社会救济。改革开放后,社会保障力度加大,使村民大为欣慰。1995年试行农村养老保险,老年人的基本生活有了保障。2004年推行农村医疗保险,减轻了村民医药费的负担;同年3月,始实施被征地农民养老保险。

第一节 农村养老保险

1995年5月9日,宁海县农村养老保险(以下称"新农保")正式启动,建立县、镇(乡)、村三级管理网络,服务村民参保工作。农村社会养老保险费以个人缴费为主、集体补助为辅,国家政策予以扶持。个人缴纳的养老保障费和集体补助全部记入个人账户,月缴纳标准分6元、8元、10元、12元、14元、16元、18元、20元八个档次,一般采取年缴办法,于当年12月20日缴清。

凡宁海县常住户籍且无社会养老保险的城镇和农村年满18周岁(在校学生除外)的居民都可以参保,重点对象是男年满60周岁、女年满55周岁以上的中老年居民。男年满60周岁(含60周岁)、女年满55周岁(含55周岁)以上的参保人一次性足额缴纳养老保险费后,次月起即可享受养老保险待遇。原参加农村养老保险(以下简称"老农保")的人员,可以终止老农保关系后参加新农保。已领取老农保待遇人员也可退还老农保个人账户余额,终止老农保关系,按照"待遇标准平移,账户余额平转"的办法相衔接。2009年,老年人每人每月可领养老金60元。以后每年有所增加,至2018年,每人每月最低可领取养老金190元。从2015年起,对年满80周岁(含80周岁)的老年人实行高龄补贴,其中80—89周岁的老年人每人每月可领生活补贴费100元,90—99周岁的老年人每人每月可领生活补贴费300元,100周岁及以上的老年人每人每年可领生活补贴费10000元。2019年全村可以享受领取养老金的老年人有235人,每人每月可领取最低养老金200元,老年人的生活有了基本保障。

第二节　农村医疗保险

2004年3月,宁海县推行新型农村合作医疗制度,实行政府托盘、部门监督、保险公司负责运作的运行模式。卫生部门负责新型农村合作医疗办公室日常工作,中国人寿保险公司宁海支公司负责运作新型农村合作医疗管理中心业务。新型农村合作医疗参保对象是户籍在农村的农民,参保方式按户籍所在行政村以户为单位实行整户参保。

2004年岭南村应参保人数1401人,已参保1401人;2005年应参保人数1390人,已参保1390人,参保率均为100%。

新型农村合作医疗经费按照参保人员缴纳,镇(乡)、县、市财政配套相结合的原则实施。2004年度村民参保每人缴纳30元,镇19元,县24元,市20元。2005年缴纳标准与2004年相同。

参保人员医药费的报销规定:普通小病在镇乡卫生院治疗,医药费可按规定报销;大病住院的医药费和7种特殊病种(脑卒中、糖尿病、恶性肿瘤、慢性尿毒症、系统性红斑狼疮、障碍性贫血、器官移植后续治疗)的年门诊医药费,可按规定报销;低保、"五保"等扶持人员以及发生大额医药费导致家庭困难的贫困人员,可再得到大病二次补助。参保人员可享受当地卫生院提供的每两年一次的免费健康体检。

2006—2007年,宁海县对新型农村合作医疗政策进行调整,年度财政基数提高,门诊小病报销资金从人均10元提高到12元,报销标准从15%提高到20%。

2008年,宁海县新型农村合作医疗年人均筹资额达到上年居民纯收入的1.5%以上,人均筹资标准为140元,其中个人出资50元。年度内参保人员住院补助最高封顶线为3万元,门诊报销比例从20%提高到25%,其中中草药报销比例为35%,并设立年度门诊报销封顶额度为500元。以后每年筹资标准和报销比例都有所提高。

2018年,成年居民人均筹资标准分为A、B两档,A档筹资标准为2100元,其中个人700元、财政补助1400元;B档筹资标准为1300元,其中个人400元、财政补助900元。报销比例成年居民亦分为A、B两档,A档在定点医院门诊,住院医药费可报销60%,其封顶线为40万元;B档在定点医院门诊,住院医药费可报销40%,其封顶线为30万元。

2019年,成年居民筹资标准和报销比例与2018年相同。全村应保总人数582人,已参保人数580人,参保率为99.7%。

第三节　被征地养老保险

2004年3月,被征地农民按照"人地对应"的原则实施养老保险。养老保险基金采取个人、集体、政府三方共同负担,并做出参保人员男性年满60周岁、女性年满55周岁,按规定缴纳养老保险费,之后参保人员可享受保险待遇档次的规定。全村共计参保人数257人,现已领取保险金人数有224人。由于档次、性别、年龄的不同,缴费标准、个人缴费、政府补贴亦不同,结果待遇也不同。以2019年为例,被征地农民参加养老保险办理年龄对应的缴费标准及待遇列表如下,供被征地者参保时参照执行。

表 20-1　2019 年宁海县被征地农民参加养老保险缴费标准一览表

年龄(周岁)		政府补贴	1 档(610 元/月)		2 档(560 元/月)		3 档(510 元/月)	
			缴费标准	个人缴费	缴费标准	个人缴费	缴费标准	个人缴费
男<60	女<55	4387	65 539	61 152	49 859	45 472	34 059	29 672
男≥60	女≥55	4209	61 544	57 335	46 984	42 775	32 434	28 225
男≥61	女≥56	4020	57 451	53 431	44 111	20 091	30 781	26 761
男≥62	女≥57	3841	63 386	49 545	41 266	37 425	39 156	25315
男≥63	女≥58	3660	49 349	45 689	38 449	34 789	37 529	23 869
男≥64	女≥59	3501	45 335	41 831	35 635	32 131	25 915	22 411
男≥65	女≥60	3029	41 210	37 920	32 740	29 450	24 250	20 960
男≥66	女≥61	3111	37 185	34 074	29 905	26 794	22 635	19 524
男≥67	女≥62	2929	33 118	30 189	27 058	24 129	21 008	18 079
男≥68	女≥63	2747	29 070	26 323	24 200	21 453	19 370	16 623
男≥69	女≥64	2578	25 030	22 452	21 400	18 822	17 760	15 182
男≥70	女≤65	2394	20 970	18 576	18 540	16 146	16 110	13 716

说明:(1)参保人应当使用第二代有效身份证。(2)缴费档次一经选定不得变更。(3)参保缴费人员男满60周岁、女满55周岁可按规定办理享受待遇。(4)已享受遗属(供养)生活费的人员不能再参加被征地养老保险。(5)参加被征地养老保险办理时间为每月20日前。本表缴费及待遇从2019年1月1日起执行。

第二十一章 习 俗

岭南之民,勤劳朴素,注重礼节,讲礼仪,好待客。在千余年的生产活动中,在生活、岁时、礼仪等方面形成了一套习俗。

第一节 生活习俗

一、衣着

古时,女子多淡妆素裹,男子多青衣小帽。款式、发型随朝代而变换。清末民初,男女都穿圆领侧襟(俗称大襟)外衣或对襟衣。冬衣有短棉袄、长棉袄,夏衣有夏布衫(苎麻织)、白洋布衫、纺绸衫。富人及知识阶层兴穿长衫,庄重场合外罩短褂。一般百姓加系围裙,妇女系腰带。民国中期后,知识阶层兴穿中山装、学生装,妇女流行旗袍。中华人民共和国成立后,渐行中山装、列宁装、冬天兴穿长短棉大衣、绒线衫、卫生衫等。"文化大革命"期间,青少年流行穿军装。改革开放后,衣着样式多样,有夹克衫、滑雪衫、羽绒衫、牛仔服、西装等。妇女兴穿裙,品种繁多,布料讲究,学生兴穿校服,工人兴穿厂服,各单位职工兴穿工作服。

旧时,村民以穿布鞋为主,劳动时常穿草鞋、蒲鞋,居家时有时赤脚或穿木屐。中华人民共和国成立后,村民虽也穿布鞋,但流行穿解放鞋,劳动时穿车胎鞋。改革开放后,鞋的种类多样化,以穿皮鞋为主,还有毛线鞋、塑料鞋等。

二、饮食

村民饮食,习米饭,日食三餐。农忙天日长,下午增餐叫"接力",深夜增餐叫"夜接力"。旧时村民饮食是主粮和杂粮几乎掺半,大米杂以大小麦、番薯、玉米、芋艿等。贫困人家在青黄不接时,常采青麦磨"麦虫",制麦糊解急。每年新粮上时,有"尝新"习俗。麦收时做麦糕麦面,先敬神佛,再分邻居品尝;稻收割时煮新鲜米饭尝新。20世纪80年代后,随着优良高产品种杂交稻的种植,产量倍增,村民就以大米为主食,小麦、玉米只当点心或零食食用,番薯、芋艿当蔬菜或尝鲜食用。

节日的点心较有传统性。有村谣云:正月十四裹汤包,清明吃青草(青麻糍),四月八吃柴脑(乌饭麻糍),端午吃笋壳包(粽子),六月六吃麦糕,八月十六蒸洋糕,重阳糯米麻糍糕,冬季糯米圆,三十日夜大团圆。

菜肴,旧时常年以青菜、咸菜、咸冬瓜、甜酱(豆瓣酱)、咸笋等为主。办婚嫁、丧葬、建房等酒宴时,菜肴较讲究,有十大碗、四盆八、十六回千等档次,以肉类、禽类、海鲜为主。20世纪80年代后,筵席日渐奢侈,改碗为盆,有全鸡、全鸭、河鳗、蟹、虾、鳖等颇多名菜。

酒,为宴请、待客、祭祀所必用品。旧时通用黄酒和白酒,黄酒以糯米、麦芽酿制,白酒有糟烧、番薯烧两类,富裕家庭自酿,多数贫困家庭无酒。中华人民共和国成立后,自制酒渐少,基本上是酒坊制作。酒是村民饮用做菜必备之物。现以啤酒为主,辅以黄酒、白酒、高档名酒,如茅台、鹿龟酒、葡萄酒等。

三、住房

旧时,多数贫困人家住简陋的平房或茅屋,中等人家住平房或楼房,富裕人家多住楼房。平房、楼房都是木结构,有"三檐齐""四檐齐"、角尺形等院落样式。屋墙有青砖墙、石头墙等。新建房子时择日动工,选时辰上梁,梁正中挂红布讨彩,并贴红纸对联、放鞭炮、抛馒头等欢庆。上梁之日办"竖屋酒",宴请亲友和工匠。中华人民共和国成立后,房屋式样翻新,多为二间面、三间面、四间面、五间面等直排形院落。20世纪60年代始多建水泥桁条的平房,20世纪80年代后多用红砖砌墙,建钢筋水泥结构的楼房或平顶小屋。进入21世纪,多建三层楼房或别墅,式样和质量越来越好。室内装修十分讲究,配有卫生间、浴室、厨房等,空调、洗衣机、煤气灶、冰箱等也一应俱全。

四、器具

旧时家具以木制为主,竹制次之。其中卧床较为讲究,一般有鹁鸪床、三掣弯、七掣弯、前后出帐。床上用木板或竹条垫铺,加稻草制作的床毡(垫)、草席。房内摆设有开面箱、小橱、账桌、衣橱、写字台、床头橱等。中华人民共和国成立后,木床逐渐改为棕棚、沙发、席梦思等。房内设置也逐步换为塑料椅、沙发椅、木桌、缝纫机、电视机等。

所用器具,旧时有水缸、米甏、酒埕、瓿头、七石缸、茶瓶、夜壶等,多为陶瓷制品,也有铁汤罐、铜茶壶及瓷瓶等。碗盏有粗瓷碗,煮饭用生铁镬。中华人民共和国成立后,流行铝制餐具、搪瓷用品和玻璃瓶。20世纪80年代后,开始流行煤气灶、高压锅、电饭煲、电炒锅等。

五、出行

旧时,村内多数居民外出均为步行,只有少数富户人家和官员坐轿。中华人民共和国成立后,20世纪70年代前,大多数村民外出仍靠步行,少数出远门时坐汽车;20世纪70年代中期流行骑自行车、坐手拉车和拖拉机。改革开放后,骑自行车者增多。21世纪初期,普及电动自行车,富裕家庭有小轿车。到2010年后,小轿车增多,村民出行多数使用电动自行车或小轿车,少数坐公交车。

第二节 礼仪习俗

一、家礼

旧时,封建家礼意识颇浓。重男轻女,以维护族权、父权、夫权为核心。宗族内按辈分论长幼,辈分最高年龄最大者为族长,家中唯父命是从,长辈之名不可直呼,长辈共餐,长辈开筷。

亲友互访,注重礼节,进门相迎,出门奉送;门开喜来客,客来喜开门;做点心,倒茶盛饭,递香烟,送毛巾;语言有分寸,称呼有礼貌,坐立有规矩。女人不称名,无权刻碑、入谱,有兄弟的女儿无权继承遗产,也无义务赡养父母。

亲戚中舅父权威最高,结婚吃喜酒时,舅父坐首席。兄弟分家亦请舅父公断。

中华人民共和国成立后,封建意识逐渐消除,民主平等观念增强。现在,族权早废,男尊女卑思想抛弃,女儿之名可刻墓碑。但那些敬老尊长、热情好客的习俗,还代代传承着,只是轻淡了某些烦琐的细节。

二、结交

民间交往,三族为主亲。父族有叔伯、兄弟、姑妈,母族有娘舅、姨妈,妻族有妻舅、连襟(俗称"姨丈")等。表叔伯姑妈、堂叔伯姑妈、表兄弟姐妹、堂兄弟姐妹次之。除亲戚外,尚有寄拜、结拜、朋友、世交、至交、邻里、师徒、师兄妹、同学、同事之交,有患难之交,救命恩人等。近来更有战友、领导、下属之交。一般逢年过节礼尚往来,遭遇不幸时慰藉探望,逢庆喜、丧葬等大事则登门相助,所谓喜相庆、忧相戚。亲戚篮对篮,邻舍碗对碗。亲友交往素重友谊,人情不敢失当,谚云:"人情不是债,尺四镬挈去卖。"20世纪80年代以来,"人情"项目增多,礼品礼金日重。

三、婚嫁

旧时婚姻皆由父母做主,媒妁说合,讲求门当户对。一般先由男方托媒,经女方同意,才行聘定亲,俗称"定恳帖"。男方提前一年将迎娶吉日红帖由媒人送至女方,称"送日子"。迎娶前数月,男方送礼至女方,俗称"送轿下羹"。

结婚之日,男女双方贴喜庆对联。男方拂晓祭祖,上午发花轿。新妇是日沐浴更衣,开面梳妆。午后由"马桶小叔"(新郎胞弟)挑马桶、草席先行。新娘迟迟才和轿,穿戴凤冠霞帔,头蒙彩帕,由兄弟抱上轿,鸣鞭炮启程。临行时母亲哭别,亲朋送行。有伴姑数人随花轿送至男方。男方亦有人在途中"接轿"至男方门庭,撒盐米后启轿门,由喜娘请新娘出轿,脚下红毡铺地,扶入新房。然后至堂上,举行揖拜婚礼,俗称"拜堂"。晚宴最为丰盛,称"拜堂酒"。宴间有新娘新郎出来敬酒。入夜闹洞房,然后由新郎亲密朋友数人送新郎

"入洞房",又一番嬉闹,待吃"和气食""洞房酒"后才散去。翌日,新婚夫妇须入祠拜祖,随后给长辈敬茶。第三日,新娘兄弟担礼物至男方,男方设宴款待,谓至"请舅"。而后新娘回娘家,称"回门"。

旧时婚姻缔结,除以上明媒正娶,尚有童养媳、换亲、纳亲、典妻、卖妻、抢亲、招赘等方式。其中招赘之习今村中仍有之。

中华人民共和国成立后,国家颁布《中华人民共和国婚姻法》,男女平等,恋爱自由,婚姻自主,男女青年志同道合,年龄合格,办理结婚登记,即成合法夫妻。婚礼日趋简化,坐花轿、揖拜婚礼之习俗已绝。20世纪50年代后,婚礼兴在中堂挂领袖像,请当地干部做证婚人。20世纪80年代后,婚宴日丰,聘礼日重,嫁妆日趋高档。偶有旅游结婚之举。

四、庆贺

民间喜事以嫁娶场面最大,俗称"红事"。姑娘出嫁,亲朋庆贺,送鸡蛋、糕点,以及面被、毛料等,称助嫁;男方娶亲,亲朋庆贺,送老酒以及红纸包(红纸包钱),称压袋。现以送银钱为主。

妇女生育,俗谓"坐生姆",需满月出房,因而也称"坐月里"。妇女生育后亲朋庆贺称"送生姆",所送礼物有黄糖、鸡蛋、白鲞、胡桃、豆腐皮等食品。婴儿满月,剃满月头,办满月酒,满一周岁,称够周,亲朋送衣帽等,主家则办酒款待。现亲朋送生姆以送银钱为主。

做寿,一般男59岁、女60岁做寿,称"男做九、女做十"。嗣后每隔十年做一次大寿。寿日,邀亲朋赴宴,宾客送寿礼,有寿面、寿酒、寿烛、寿联、寿画、老寿星等。做寿场面热闹,寿酒菜肴丰盛,做寿费用多由出嫁女儿开支。

住进新屋或迁居,至亲要送馒头、面食等礼物,主人设筵席款待,俗称"张新屋"。现在屋式变样,建材更新,但送礼庆贺、大办"竖屋酒"之习俗仍盛行。进入21世纪以来,商品房增多,买屋者以大办"进屋酒"代替"竖屋酒"。亲朋邻里都以现金作庆贺。

亲友交往素重情谊,"人情"不敢失当,俗称"人情勿算债,尺四镬挈去卖"。近年来,庆贺之风颇盛,且项目增多,礼品礼金日重。

五、丧礼

丧葬之礼俗称"白事"。老人病危将死,子女立床前送终,咽气之后给死者洗身更衣,尔后放在门板上,脚下点青油灯,子女守夜,家属遣人至亲戚家报丧,择日出丧,其间施焰口、入柩,然后出殡,出殡时儿子穿孝服扶棺,女儿穿孝兜,亲朋戴白帽送行,举行祭拜仪式,做祭等。送毕,请送丧者用膳,称吃"羹饭"。以后"做七",每七日做一次,共做七次,还有"做百日""做周年"等祭礼,有的三年内做牌位"上饭",满三周年施焰口等。

客死他地者,遗体不可入中堂,甚至不可入村,所有丧事都须在村外搭棚进行。

中华人民共和国成立后,提倡移风易俗,丧事简办,以开追悼会、送花圈、佩黑纱、戴白花、播哀乐等以寄托哀思。20 世纪 80 年代后,送幛(被面)之风颇行。同时旧俗复发,封建葬礼或新旧结合葬礼均有之。

2001 年 9 月 15 日始,宁海县法定实行遗体火化,骨灰盒放入公墓,已建有生圹者骨灰盒可放入圹内。

第三节　岁时习俗

一、传统节日

春节　农历正月初一为春节。凌晨早起放鞭炮,称"开门炮";早餐煮"新鲜米饭"。中堂设香案供品(称"天地饭")祭拜天地。给长辈敬糖茶拜年。兴穿新衣服,不出工,不扫地,不索债,不杀生,不哭泣,不骂人打人,不讲不吉利话。白天上祠庙礼拜,祈祷全年吉利。天黑早睡觉。正月初二,百作都要开工或象征性开工。此日起,亲戚间相互携糖鲞等"拜岁",受拜一方设宴款待,并赠客中幼童以"压岁钿"。20 世纪 80 年代以来,拜岁馈赠之礼日重,代以高档瓶酒和滋补品等。

旧时正月里,岭南村常进行滚狮子、舞龙、请戏班演戏等活动。

元宵节　本地以正月十四为元宵节,俗称"十四夜"。村民有裹汤包、做汤圆吃的习惯。家家烧樟树枝叶"燀址界"。边燀址界边说:"十四夜,燀址界,金银宝贝燀进里,埃瘴晦气燀出外。燀燀镬灶孔,银子孔打孔。燀燀镬灶塘,银子塘打塘。"此夜多有舞龙、滚狮子、打拳、搦车等活动。

二月十九　观世音菩萨生日。是日,上庵寺朝拜观音。

清明　为民间祭祖、扫墓之节。事先采"野青"(鼠曲草),捣成"清明麻糍",备纸幡、酒、菜肴等到祖先墓前祭扫,并于坟头加土,故俗称"加坟"。回家于晚饭前在大门口外设礼作祭,俗称"请太公"或"做清明"。此日还有联宗祭祖、做众家清明等活动。

中华人民共和国成立后,此日还有踏青(春游)、集体祭扫革命烈士墓活动。

立夏　俗称"疰夏日"。是日,吃茶叶蛋、青梅、鲜笋、鲜寒豆、鲜蚕豆等食物。

四月八　俗称"牛生日"。是日,耕牛辍耕一天,家家捣制"乌饭麻糍"(山上乌饭树汁浸糯米捣制),并给牛喂以乌饭麻糍、老酒、鸡蛋等,以示敬意和备春耕。现耕田多用"铁牛",该节日趋冷淡,但吃乌饭麻糍仍很盛行。

端午　五月初五为端午节。端午节是纪念伟大爱国诗人屈原的节日,亦是防疫祛病、避瘟驱毒、祈求健康长寿的节日。是日,家家采菖蒲、艾枝挂在门窗边。正午喷掺雄黄的白酒,并将雄黄涂抹在小孩眉心、耳门、额角上。用五彩线或彩布包樟脑丸或香粉做成香袋,悬挂帐前,或分给童稚佩戴。此日家家吃糯米裹的粽子,俗称吃端午粽。

五月十三　关云长(俗称"关老爷")生日,上关爷殿许愿、还愿。此日也是关老爷磨青龙偃月刀的日子。

"六月六" 俗称"狗生日",有"六月六,黄狗好洗浴"之谚。妇女多翻晒衣服以防潮防霉,读书人亦翻晒书籍,谚云"六月六,晒红绿",此日吃麦糕、馒头、包子。

七月半 是一年"三元"之"中元节","三官大帝"中地官(主赦罪)的生日(天官大帝生日正月半为"上元节",水官大帝生日十月半为"下元节"),也是地藏王菩萨的生日。又称"鬼节",俗传阴间此时放鬼活动三天,故民间皆捣晚米(粳米)麻糍设礼祭祖,俗称"请太公"或"做七月半"。亦有集资"放焰口"以超度孤魂的。

七月三十日(小月廿九) 地藏王菩萨成道日(俗称开眼日)。是夜,在住宅四周、院子、地道、檐界等处插香,让一年只开一天眼的地藏王看到人世间的向善之心,以求保佑。

八月初三 灶司菩萨生日。灶司菩萨奉在每家灶山上,俗称"灶山佛"。他除了于十二月廿三日"上天奏好事"(据传在天上停留七天),其余日子都在"下界保平安",因而每有时鲜食物,都得先贡灶山佛,以佑平安足食。

中秋 宁海以农历八月十六日为中秋节。节前亲友互赠月饼。此日吃洋糕,晚上家人团聚,饮酒吃月饼赏月。

重阳 以农历九月初九日为重阳节。民间捣糯米麻糍,先敬"田公田婆",后食用,有庆丰收之意。是日,登高活动颇盛。1989年法定为老人节。每逢节日,村老年人协会都组织老年人进行各种形式的活动,并发一些纪念品。重阳节也就同时成为尊老、爱老、助老的老人节日。

冬至 古称"长至日",俗谓过了冬至人增一岁。此日多做糯米圆子,先祭祖,后食用。民间做坟、修墓,多择冬至和清明两个时令进行,以为大吉大利,百无禁忌。

除夕 俗称过年,和翌年春节连在一起,为一年中最隆重繁忙之节日。除夕前,各家各户掸扫蓬尘,清洗物具,购买年货,杀鸡宰鸭,打米糖,制豆腐,捣年糕,裹粽子等。女婿须送鱼肉等到岳父母家,称"送年夜"。各户在堂中设牲畜祭礼,祀谢神明祖宗,称"谢年"或"送岁"。除夕夜,一家团聚吃"年夜饭",共享天伦之乐。长辈给子孙分赠"压岁钱"。是夕,室内灯火通明,称"间间亮"。深夜放鞭炮,谓之"关门炮"。亦有人长夜不眠,称作"守岁"。旧时此夕债主可上门连夜索债,贫困人家常在除夕夜藏匿他处,不敢返家,称"躲债"。因而也把此日称"年关",觉得过年难似过关。如今生活改善,多合家团聚,看看电视,过欢乐之年。

二、现代节日

元旦 公历每年的1月1日,为世界性节日。中华人民共和国成立后,将此日列为法定假日。

国际妇女节 1910年第二次国际社会主义妇女代表会议通过将3月8日定为世界妇

女的斗争日的提议。1949 年,我国政府决定将 3 月 8 日定为妇女节。国际妇女节是世界性节日。

国际劳动节　1987 年 7 月,第二国际宣布 5 月 1 日定为国际劳动节。1949 年 12 月,中央人民政府政务院将此日定为法定劳动节,这一天全国放假一天,举国欢庆。1999 年又法定劳动节假期为 1—3 日三天。假期增长,人们可趁着假期拜会亲友,调剂生活,旅游度假等。2008 年始"五一"假期恢复为一天,另增清明、端午、中秋假各一天。

国际儿童节　6 月 1 日是国际儿童节。1942 年 6 月,德国法西斯枪杀了捷克利迪策村 140 多个男性公民的全部婴儿,并把妇女和 90 多名儿童押往集中营。为悼念此惨案和全世界所有在侵略战争中死难的儿童,保障全世界儿童生存和发展的权利,1949 年 11 月国际民主妇女联合会在莫斯科召开执委会会议,正式决定此日为全世界少年儿童的节日。中华人民共和国成立后,中央人民政府政务院于 1949 年 12 月 23 日做出决定,规定此日为中华人民共和国的儿童节,同时宣布废除旧中国实行的 4 月 4 日为儿童节的规定。国际儿童节是世界性节日。

中国青年节　5 月 4 日为中国青年节。1919 年 5 月 4 日,北京大学等十几所大专院校三千多人,在天安门前集会,举行示威游行,提出"外争主权,内惩国贼"等口号,强烈要求惩办卖国贼,爆发了一场彻底反帝反封建的伟大的爱国主义青年运动。1939 年 5 月 4 日,陕甘宁边区西北青年救国联合会在延安召开五四运动 20 周年大会,定此日为中国青年节。

"七一"中国共产党生日　7 月 1 日是中国共产党成立纪念日,也是党的生日。1921 年 7 月 23 日,中国共产党第一次全国代表大会在上海召开。7 月 30 日夜,会议转移到浙江省嘉兴南湖的一艘游船上继续进行,31 日结束。1938 年 5 月,毛泽东主席在《论持久战》中首次提出《把 7 月 1 日作为党的成立纪念日》。后经中共中央决定把此日定为中国共产党成立的节日。

"八一"建军节　8 月 1 日为中国人民解放军建军节。1927 年 8 月 1 日凌晨 2 时,中国共产党领导在南昌发动武装起义。1933 年 6 月 30 日,当时的中央革命军事委员会决定以此日作为中国工农红军成立纪念日。7 月 11 日,中华苏维埃临时政府人民委员会召开会议,批准此决定。中华人民共和国成立后,将此纪念日改称为中国人民解放军建军节,并规定以"八一"两字作为中国人民解放军军旗和军徽的主要标志。

"十一"国庆节　10 月 1 日为中华人民共和国国庆节。1949 年 10 月 1 日,北京天安门广场举行盛大的开国大典。毛泽东主席向全世界庄严宣告:"中华人民共和国中央人民政府今天成立了!"而后我国法定每年此日放假一天,举国普庆。1999 年又增国庆假期为 1—3 日三天。现在国庆节除庆祝外,人们可趁着假期拜会亲友,调剂生活,旅游度假等。

中国教师节　9 月 10 日为中国教师节。自古以来,中华民族就有尊敬师长的习俗。

我国在不同的历史时期,曾设立过教师节:1931年规定6月6日为教师节;1936年规定以孔子诞辰8月27日为教师节;1951年宣布以"五一"劳动节为教师节;1985年1月,教育部综合各方面意见,最终确定9月10日为教师节。节日里,政府有表彰教师功绩,激励教师的责任感等活动,学生有向老师表达节日祝贺的活动。

浙江省老人节　1988年法定重阳节,被定为浙江省老人节。村老年协会都有各种形式的老年人活动,分发一些纪念品。重阳节也就同时成为尊老、爱老、助老的老人节日。

农民丰收节　秋分节为中国农民丰收节。2018年秋分日是第一个中国农民丰收节。是日,农民有各种形式庆祝农业丰收的活动。

上述传统节日的日期均按农历计算,现代节日的日期除浙江省老人节、中国农民丰收节皆为公历日期。传统节日的活动具有传统性,现代节日到来时,村里会举行符合节日内容的各种形式的庆祝活动。

第四节　其他习俗

取水　取水为大旱年求"龙王"赐雨的群众活动。先择吉日,然后聚一方数村群众,扛大旗,举小旗,提滚叉,抬鼓亭架,一路吹吹打打到龙潭坑龙潭取水。在龙潭边捉到一种水生动物(俗称"龙性"),养在备好的器皿中用轿子抬回奉祀。旧时,逢天大旱,村民常进行取水。村内最后一次取水活动举行于民国三十六年(1947)。

中华人民共和国成立后,取水之俗即绝迹。现要知气候变化情况,人们都会收听气象台的天气预报。

晒龙王　旧时,每逢盛夏亢旱,几十天不下雨,饮水缺乏,田地枯裂,村民就会去求庵里的龙王施雨,把奉在庵里的龙王神像抬下来,放在烈日下暴晒,名曰"晒龙王"。一直晒得那龙王神像冒出汗来,晒得那龙王知道天大旱,晒得那龙王知道民间疾苦,晒得那龙王施术行雨,你不行雨,就继续晒你!晒了一两天,还真凑巧,果然风起云涌,接着乌云密布,真个下起大雨。人们欢呼着,感谢龙王恩赐,解除了旱情。于是,人们又敲锣打鼓把龙王抬回庵里奉回原位,烧香又叩头,感激不尽。

道场、法事　旧时,民间每逢人死亡、重病、遇灾祸等,往往请和尚、道士合坛做道场、法事等隆重仪典,以布施、超度、驱邪、禳灾。形式有关灯、施焰口、施生、拜忏、做七等。

算命　旧时,人们将五行生肖之相生相克与人之生辰八字、生肖互相联系,用以拈八字、定婚姻、占命运、卜前程、择吉日。算命是按人出生之年月日时排演成"八字"来推算人的祸福、婚姻、寿数等的活动。以算命为业者多为盲人。算命时,算命先生手拨三弦,口唱俚歌,边拨边算。

测字　测字是任抽一张职业者预制好的画有图像并配有题诗的硬折子,或写有象征性字的小卷筒,予以推断吉凶祸福的活动。

看相　看相是从人的五官、四肢、气色等断定其富贵贫贱、吉凶祸福、兄弟子息等。亦有专看手相或"称骨头"相的。看相者多串村走户或设摊招徕。

择日子　凡嫁娶、丧葬及建造房子等大事，要择黄道吉日，即请择日先生择选吉利平安之吉日，先生会根据日子书所注之阴阳五行相生相克理论，决定吉日。此习俗流传至今，仍有少数人相信。

抽签　信神者遇到犹豫不决的问题，即求神灵指点，多为婚姻、疾病、择业、远行等事，在神前烧香跪拜求签，求签者手捧签筒摇动，直到跳出一支竹签为止，签上有解说词，可指明其因果。寺庙中至今仍有抽签行为。

问筶　在佛前抛筶贝求签，筶贝为一块竹根桩头对剖所制，合之为整块，分之为两块，有正反之称，寺庙中均有所备。信者有疑难，即去神佛前抛筶贝，两块筶贝同时抛起，落地时，如一正一反为信筶，是顺利筶；如二正或二反则为反筶，是不顺利筶、失败筶。无论正反筶，都以此区别给以不同之经文，以解说其因果关系。寺庙中至今仍有问筶行为。

看风水　俗称相风水抲地龙。坟地与住宅基地，旧称阴阳两宅，须请风水先生勘察、择地、定方位，风水先生利用玄理，使用罗盘定位，指明朝向方位等。至2018年，相风水找坟地者仍有之，而卜占宅基者少有。

罡恫　俗称批乩，对病势沉重不治者，即恫身至神庙罡恫。罡恫时，烧香点烛后，恫身俯首神案，病者捧香祷告求神上罡。不一会，小同身扭头摇身，口中念词，已有神灵附身，并言病者病情凶险，乃某鬼神所祟，嗣后又说受神灵指点，给以批（药）方、香药等。

禁忌　民间禁忌颇多。喜庆之时忌讲不吉利的话；农历每月初一、十五日及羊公忌日（正月十三、二月十一、三月初九、四月初七、五月初五、六月初三、七月初一和廿九、八月廿七、九月廿五、十月廿三、十一月廿一、十二月十九）不挑粪肥；上山忌说野兽，尤其是蛇；生病不准提"死"字；人死忌说"死"，而称"老了""过世了""吭不了""转去了"等；年岁逢"太岁压"者（7岁、16岁、25岁、34岁、43岁、52岁）忌见棺材盖敲钉和棺材进圹；男女婚配忌生肖相冲等。

中华人民共和国成立后，破除迷信，移风易俗，那些蒙有迷信色彩的习俗活动日趋减少或消失。随着人们生活水平的不断提高、科学知识的普及，人们的禁忌和迷信观念也日渐淡薄。

第二十二章　语　言

　　岭南村民通用宁海话,属吴语。吴语是台州片和宁波片之间的过渡性方言。吴语有南北两种方言,即江浙方言和浙南方言。宁海话属江浙方言语系。宁海旧时属台州地区,岭南村处于宁波和台州中间地带,宁波至台州的驿道穿村而过,长期客旅往来、人口迁徙,受台州语言影响渗入了不少浙南吴语,逐渐形成了一种软中有硬、硬中有软,清中有浊、浊中有清的岭南土话。中华人民共和国成立后,尤其是推广普通话以来,村中的青少年有向书面语、普通话靠拢的趋势,而老年人仍通用传统的岭南土话。以下记述的是岭南村村民中传统的方言、俚语、谚语、成语、歇后语等。

第一节　方　言

　　岭南村方言与四周邻村相似,同梅林、桑洲不一致,与力洋、长街、西店、深甽更是不同。这里所列岭南方言字词只是以汉语相同音之字词代用,与汉语普通话音义均有区别。今将部分方言列举如下。

方言	普通话	方言	普通话	方言	普通话
天卦	天气	下年	明年	困新头	早晨
聂头	太阳	日脚	日子	曼上	下午
河路	银河	转银	他日	忖着	关心
蛍	虹	加坟	扫墓	身瓜	身体
霜冰	冰	倒地	院子	其班人	他们
今冥	今天	倒地头	天井	过边	去世
天亮	明天	东司间	厕所	沙吉铃	蝉
颗醒	早晨	踏道	台阶	勿心过	不甘心
牛昼	中午	老倌	老头	麻皮	麻子
旧年	去年	囡	女孩	牯牛	公黄牛
菜头	萝卜	老官	丈夫	天罗丝	油条

方言	普通话	方言	普通话	方言	普通话
细佬	男孩	夜饭	晚餐	老鸦	乌鸦
内客	妻子	娘娘	祖母	吉密	今天
汤水	酒席	爷爷	祖父	曲蟮	蚯蚓
羹过	菜肴	太公	曾祖父	帮忖	帮忙
接力	点心	阿姆	伯母	发痧	中暑
昼饭	中饭	丈人	岳父	溪坑	溪流
对刚	刚才	子丈	女婿	落壳	土匪
居瓜	回家	身架	身体	薄刀	菜刀
个对	这里	顺手	右手	装班人	捉弄人
介对	那里	借手	左手	辣茄	辣椒
肉肉	猪	晚米	粳米	沙吉	镰刀
介介	鸡	苞芦	玉米	结棍	厉害
大虫	老虎	寒豆	豌豆	道地	天井
老乌头	乌鸦	天萝	丝瓜	脚笿	谷箩
啄魂头	猫头鹰	洗人	洗澡	夜晏跟	傍晚
山鸡	雉鸡	犁头泼	眼镜蛇	合有弃	哪里去
鸪鸪	斑鸠	其侬	他	丁香	耳环
五侬	你	花五	蚂蚁	造孽	吵架
我等	我们	嗓杨	蝉	天萝	丝瓜
五班人	你们	晏日	过几天	吊	鸟
其班人	他们	呒不	没有	他车	拉车
搞姆	什么	画孟	牛	箬卯	笠帽
装姆	干什么	余巾	围巾		

第二节　俚　语

土话	语意	土话	语意
明当响亮	明白得当	实实在在	一老一实,老老实实
实打实敲	实事就是	名正言顺	是直为直按规矩做事
一门心思	一心一意	佛面刨金	小气人到处搜刮
三日二头	经常不断	起早落黑	勤劳,抓时间
三抛四跌	多次挫折	心事倒棚	指担心
小气薄力	体虚力弱之人	乱话三千	乱讲

土话	语意	土话	语意
空口白话	说话不负责任	硬头硬脑	不听劝教
奇里古怪	罕见的怪事	条条直直	直爽
沥卤拉卤	拖泥带水	呆头呆脑	指人傻,亦指憨厚
热天暑道	天气热	老三老四	资格浅摆架子
轻脚猢狲	喻轻佻不稳重	花花公子	喻富家贪色子弟
瞒三隐四	再三隐瞒实情	如上如落	无所谓,不计较
活络石头	喻人和事不可靠	半狼四藉	浪费东西
古老八董	喻陈旧	死样活气	喻办事拖拉
花头百出	耍花招	生病黄鱼	指人身体多病
隔笆撩菜	多管闲事	起早摸黑	抓紧时间
扤头扤脑	表情矫揉造作	哭竹无赖	假装可怜使人同情
无影画猫	假造事实	三面六洞	当众人面议论定
傍本良心	基本的道德良心	一杬搭出	十分相似
狂七狂八	狂妄而粗鲁	呒数搭帐	心中无数
瘟死稻秆	精神不振的样子	横七横八	态度傲慢狂言乱语
挑嘴弄舌	指挑唆滋事	打生陌脚	不熟悉
呒心呒事	没心事,无牵挂	毛手毛脚	做事毛糙
糯米心肝	心慈手软	挖烂脚疮	揭短,揭老底
碧岩碧水	山清水秀	前脚后跟	几乎同时到达
盲光青天	盲目办事	向抛青天	四脚朝天
眼泪逼出	即将哭泣之状	罪过八啦	很可怜;值得同情
好猛青天	突然;一下子	喝山话水	信口开河
仙人着姆	神仙他妈	数脚肚毛	闲着,无所事事
木手木脚	动作迟钝	多讲滴答	多言多语
弗识得丑	恬不知耻	伤枪野猪	异常凶猛
虾鱼蟹鲎	乌合之众	人赚人用	劝人不要太计较

第三节　谚　语

一、气象类

春交一刻,百草转脊。

冬冷勿算冷,春冷冻死犊。

春天晚娘面，一日变三变。

春无三日晴，冬无三日雨。

惊蛰前雷，四十二日大门难开。

春分秋分，日夜平分。

清明要明，谷雨要淋。

清明断雪，谷雨断霜。

初三落雨月勿晴。

上半月望初三，下半月望十三（盼晴）。

二月十九观音暴。

吃过端午粽，寒衣远远送。吃过端午粽，还要冻三冻。

端午水，夏至霉。夏至日头要落地。

夏至打风三伏热，重阳无雨一冬暖。

夏至见晴天，无雨到秋边。

要嬉夏至日，要困冬至夜。

五月倒雨孔，六月断雨种。

五月十三磨刀雨。

六月刮西北，晒死后门桃丝竹。

六月尽，七月半，八月十六勿用算（台风期）。

风风凉凉，晴到九月重阳。

雨打秋头廿日旱。

处暑勿落雨，白露便来淋。白露秋气夜，一夜凉一夜。

七月秋风转，八月戴帽碗。

九月十二晴，缀鞋人内客要嫁烧瓦人。

九月十二落，烧瓦人内客要嫁皮鞋戳。

冬至月头，卖被买牛；冬至月中，日风夜风；冬至月尾，卖牛买被；冬至月尾，好在年里。

清爽冬至邋遢过年，邋遢冬至清爽过年。

一日脱赤膊，三日头冻缩。

日头落山胭脂红，呒雨也有风。

夜开天，独日晴。满天星，明日晴。星密麻，雨夹笆。

大晕三日内，小晕马上来。

三朝霜，暖如汤。春霜三朝白，晴到割大麦。

春霜难露白，露白要赤脚。

早上阴霜晚上开,晚上阴霜雨便来。

春雾雨,夏雾火,秋雾风,冬雾雪。

十雾九晴。大雾过昼要落雨。

春垢(虹)日头夏垢雨。东垢日头西垢雨。

冬雪要吭,春雪要操。落雪白洋洋,路上断人行。

东南风,雨祖宗。西北风带铁,勿是雨便是雪。

早雷勿过昼,昼雷两头空,晚雷三日晴。秋雷轰轰,大雨没屋。

雨打天亮头,晒死大水牛。

雷雨隔灰堆。雷雨靠恢(反复),长年下饭靠菜。

盐缸还潮,阴雨难逃。

二、农业类

千样味道勿如盐,千条道路勿如田。

斧头口,口供口,锄头口,供千口。

赌博钿,一蓬烟;生意钿,六十年;种田钿,万万年。

人面难求,土面好求。

耕田深一寸,抗旱抵一汛。

季节勿等人。稻花落背脊,一斗谷一日(指摸田草)。

(正月)头八晴,好年成;二八晴,种得成;三八晴,收得成。

几分耕耘,几分收获。

田是粮仓,竹是银行。田勿耕吭谷,山勿铲吭竹。

种瓜得瓜,种豆得豆。

土是金,地是银,错过季节吭处寻。

芒种芒种,样样要种。

小麦勿怕神和鬼,单怕四月八头夜雨。

五月种芝麻,搭地生桠杈;六月种芝麻,脑头开朵花。

六月盖被,有谷吭米。六月勿热,五谷勿结。

人勤地生宝,人懒地生草。

草籽种三年,坏田变好田。

七葱八蒜九兆头(播种季节)。

八月种芥,有吃有卖。

三月夏荒,芥菜相帮;四月夏荒,实在难挡。

桃花落地,剥芥菜吭味。

小瓜勿识羞,生到九月九。

立冬三瓣叶,立夏好选荚(蚕豆)。

饿痨坑,八月十六掏芋羹。

种籽落缸,百廿日进仓。

春地要刨,冬地要掏。冬耕要深,春耕要平。

秋前勿搁田,秋后讴皇天。

生意人靠货,种田人靠屙。

拉籽牵牵线(打底肥),壅壅要三遍。

麦怕清明连夜雨,稻怕寒露一朝霜。

年里削麦顶床被,正月削麦正道理,二月削麦费饭米。

桃三杏四梨五年,桑树当年能喂蚕。

谷雨笋头齐,立夏笋散橛。

养牛为耕田,养猪为过年,养鸡养鸭为油盐。

稻黄一日,麦黄一刻。

冬雪是个宝,春雪烂稻草。

秋分勿弄头(出穗),割掉喂黄牛(指水稻没收成)。

田要肥,牛栏垃圾泥;人要肥,黄花煨猪蹄。

头八晴好年成,二八晴种得成,三八晴好收成。

勿问爹,勿问娘,小麦弄头好下秧。

有水无肥一半谷,有肥无水朝天哭。

雨打秋,件件收,雨打秋头廿日旱,雨打秋二烂稻秆。

三、生活类

卖姜老婆吃姜芽,打鱼人吃死蟹,山里人烧青柴。

病丑难瞒医。

打铁呒样,边亲边相。

砻糠搓绳起头难,暴时(开头)讨饭怕挈篮。

身正不怕壁斜,猛火不怕青柴。

只要坐得正,哪怕和尚尼姑同板凳。

人要心好,树要根好。

心好甮吃素,修行一世,不如路上撮根刺。

吃人家的嘴软,拿人家的手短。

三岁看到老,从小要学好。

一回小撮撮，三回做大贼。

吃勿穷，穿勿穷，划算不好一世穷。

上半夜忖忖自家，下半夜忖忖人家。

大蛇欺小蛇，小蛇欺蛙蟆，蛙蟆欺蚱蜢，蚱蜢欺稻梗。

人无十全，瓜无滚圆。金无足赤，人无完人。

和气生财，造孽招灾。

过头饭好吃，过头话难讲。

冷粥冷饭好吃，冷言冷语难听，冷气难逃。

三只乌龟叮只鳖，勿瘪也要瘪。

亲兄弟，明算账，要好兄弟紧算账。

吃到八十八，难笑人家眼瞎；吃到九十九，难笑人家截手。

三兄四弟同条心，门前泥土变黄金。

田岸好，好种稻；邻舍好，好靠老。

好人三个帮，好笆三个桩。

做样生活，换样骨头。

一分铜钱一分货，一分气力一分收。

只见和尚吃馒头，勿见和尚倒剃头。

夫妻相争，等不到羹冷。夫妻恩爱，讨饭掰贷。

夫妻日里打相打，夜里摸脚梗。

内客是个宝，卖田卖地也要讨。

七拣八拣，拣个十八眼。

千钱难买自中意。

娘忖儿，路样长；儿忖娘，箸样长。

廿年媳妇廿年婆，再过廿年做太婆。

三分相貌七分扮，癞头扮来像小旦。

自家肚里自家划，难听闲人过路客。

宁可替能人挈草鞋，勿帮呆子当军师。

好着勿着，当离子一脚。

半担屙乱荡，半内行乱讲。

一日得蛇咬，三年怕青草。

蛇吃老鼠六个月，老鼠吃蛇六个月。

门兄后拉夜屙勿过天亮。

日靠三餐，夜靠一宿。少吃多滋味，多吃坏肚皮。

贪吃落夜,贪小失大。勿怕外行,只怕内行。

勿怕不识货,只怕货比货。好货勿贱,贱货勿好。

贪贱吃狗肉,夹价三百六。

锣齐鼓勿齐,鞋紧袜勿紧。

只有坐死小姐,呒不做死丫头。

丈母见郎,割奶渗汤。

一代亲,二代表,三代假勿晓。

癞头小旦演戏汗做出勿讨好。

有书不读子孙呆。

人怕伤心,树怕伤根。人要心好,树要根好。

自称夸,烂冬瓜,人家称夸才是花。

六十六,学大木。

布衣暖,菜饭饱,宰相福气。

山里三件"宝":火篾当灯照(竹篾浸水后晒干照明);柴株当棉袄(冬天没棉衣用柴株焯火过冬);乌糯当糯稻(乌糯根捣成糊状稀释后沉淀的粉)。

早起看日头,吃饭省三口。饭后百步走,活到九十九。

四、杂业类

家有千金,勿如薄艺在身。

荒年饿不死手艺人。

三百六十行,行行出状元。

一日为师,终身为父。

早进山门为大。

对断砖头缺角瓦。

裁缝师傅靠熨斗,做鞋师傅靠楦头。

漆匠勿用学,只要漆得薄。

一带二便,剃头带洗面。

暴剃头碰着络腮胡。

癞头怕剃头,剃头怕癞头。

种田人讲节气,生意人讲和气。

种田人不离田头,生意人不离柜头。

开店容易守店难。

漫天讨价,搭地还钱(还价)。

买会歇,卖会歇,牙郎主人不会歇。

开大价勿蚀本。

不怕不识货,只怕货比货。

有货不悉穷。百货供百客。货到地头死。

千钱赊勿如八百现。

好货勿贱,贱货勿好。

担勿动只要健,卖勿掉只要贱。

久病成良医,死马当作活马医。

相真病,卖假药。江湖郎中,十有九哄。

单方独味,气死名医。

长痛勿如短痛。

观棋不语真君子,落子无悔大丈夫。

棋高一着,束手束脚。

牵熟胡琴扒熟箫。台上三分钟,台下十年功。

王婆卖瓜,自卖自夸。黄婆养鸟,越养越小。

卖盐人都讲自家盐咸。

卖姜老婆吃姜芽,卖扇老婆用手遮。

赌博好包赢,田畈呒不人。

吃点豆腐渣,钞票送人家。

赌博人勿用问田地,痨病人勿用问年岁。

十赌九死。

做日短,看日长。

只有烂糊吃,呒不烂糊做。

磨刀铲斧,生活有补。

三年刨头四年凿,一把斧头一世学。

快锯勿如钝斧。

千年水底松,万年阁上枫。

千年榛,万年栎,老柏数第一。

第四节　成　语

土话	语意	土话	语意
是直为直	按规例不客气	横生枝节	无事生非
沥卤搭浆	不干净	稀里古怪	稀奇而奇怪之事

土话	语意	土话	语意
轻脚活孙	喻不稳重之人	瞒三掩四	隐瞒事实
无影画猫	捏造事实	花样百出	喻人善耍花招
隔笆撩菜	多管闲事	狂七狂八	态度傲慢,语言狂妄
心事倒棚	十分担心	活络石头	办事圆滑不可靠
古老百董	陈旧	毛面众生	喻不讲人情,翻脸
傍本良心	不贪心,要求不高	瘪死稻秆	萎靡颓唐
挑翻弄嘴	搬弄是非	乱讲三千	信口开河乱说
活龙活现	无事说成有事	直进直出	直爽
半狼四藉	浪费,不爱惜食物	死样活气	办事拖拉
小气薄力	体质虚弱	搅七廿三	干扰阻挠
生病黄鱼	体弱多病	起早摸黑	勤劳能抓紧时间
空口白话	说话不负责任	死不饶人	纠缠不清
屙皮脸气	不知羞耻	一掴搭出	一模一样,十分相似

第五节　歇后语

撮虾过老酒——容易。

大虫追到脚后跟,回头看看是雌是雄——宽心。

人家棺材抬到自己家里来哭——自作自受。

鳌头交给猫望——危险。

咬屙缸板——勿转口。

牛皮凿洞——刁韧。

稻草绳抬棺材——只有一回。

正月初一死爸——有回数。

水浇鸭背——白花力气。

眠床里壁相内客——越相越中意。

猢狲屁股——坐勿牢。

石板顶掼乌龟——硬碰硬。

做梦吃绿豆芽——忖得好。

跛脚上市——赶勿着。

瘪死稻秆——竖勿起。

茅墙里石头——又臭又硬。

黄狗奔弄堂——跑来跑去。

烂田翻捣臼——越陷越深。

拐子打相打——骗人。

强盗遇到落壳——一样。

赤屁股打交——老朋友。

无头苍蝇——乱撞。

细蜈蚣卵袋——太仔细。

弄堂里背毛竹——直进直出。

燥地蚂蟥——叮住不放。

鸡蛋里挑骨头——无中生有。

雉鸡毛当令箭——依仗人势。

临上轿上裤腰——来不及。

望人家馍糍当夜饭——靠不住。

临时抱佛脚——急煞。

牵牛上板壁——差勿动。

口气呵板壁——无用。

咸菜缸里石头——逐来逐去。

苍蝇叮住落耕牛——倒霉。

小和尚念经——有口无心。

脱裤子放屁——多此一举。

呒水洗脚——燥辩。

闭嘴吃馄饨——少讲。

屋倒连夜雨——倒运。

脚踏两条船——三心二意。

白峤岭头骂知县——听勿着。

瞎眼猫碰着死老鼠——巧合。

拾着封皮当信读——小题大做。

饭店门前摆粥摊——不必要。

赚钱勿出力,出力勿赚钱——不公平。

老鼠尾巴生大毒——小病装大病。

自翻石头自磕脚——自作自受。

在大虫头上搔痒——寻死。

戴箬帽亲嘴——对勿拢。

大姑娘坐花轿——头一回。

和尚拜堂——完全外行。

馍头打狗——有去无回。

一个天子一个窝子——差得多了。

一头纱筛一头磨——轻重个。

程咬金的斧头——三记半。

诸葛亮的鹅毛扇——神妙莫测。

癞头小旦做戏汗做出——吃力勿计好。

鸭子踩水——暗使劲。

马上耍杂技——艺高胆大。

黄脯龙装鳗——越扮越圆。

老鼠猛豆腐——度度日子过。

小葱拌豆腐——一清二白。

第二十三章　宗教信仰

村内村民宗教信仰有佛教、基督教、道教。在这三类宗教中,以信仰佛教人数最多,基督教人数较少,信仰道教者只是个别而已。

第一节　佛　教

当地佛教以信奉天台宗为主。明洪武初期(1368—1378),在岭南村西南建梁皇寺大刹。清代,建白鹤殿、倪家岙庙、新庵。民国时期,在安岩里建胡公殿(现称兴隆寺)。在响亭山村东北面建桥头庙。每年农历寺庙中大帝寿诞的日子,农历每月的初一、十五,善男信女到寺庙进香朝拜者甚多。村民信神敬佛,户户奉灶君,有的村民宅内供奉着观音菩萨,以保平安。平时,每逢家灾境危,人畜不宁,常以念经拜佛祈求平安。

中华人民共和国成立后,经土地改革,寺庙多作他用,寺田寺产征收分配,僧人务农。"文化大革命"期间,佛像被毁,佛教活动基本停止。1978 年改革开放后,佛教活动恢复,1985 年 9 月,宁海县佛教协会成立,佛教活动渐趋正常。寺、庙、庵重修,佛事渐盛,梁皇寺、兴隆寺住进住持和尚各 1 人。

村内现尚存寺、庙、殿有梁皇寺、兴隆寺、倪家岙庙、白鹤殿、桥头庙等。新庵在"文化大革命"期间已改建为学校。

现存各寺、庙、殿简介如下。

梁皇寺

梁皇寺,位于岭南村西南,梁皇溪边叫稍场的场地上。该寺原为葛洪炼丹的道教圣地,后来改为佛教寺院。南北朝梁朝时天下大乱,梁宣帝还在当小王(岳阳王)时避难到稍场佛寺中,随同和尚念经拜佛,又习文练武。数年后,小王回京做了梁宣帝。

稍场佛寺因梁宣帝避难有了出头之日,遂俗名"梁皇寺"。因到梁皇寺拜佛必有好报,人们纷纷去烧香,拜"梁皇忏",因此香火旺盛,和尚迅速增加到 99 个。因寺内和尚多,香客又旺,稍场佛寺容纳不下。于是,在唐武德(618—626)年间,开始向溪坑北岸搬迁（今址），逐步建造，在明洪武初期（1368—1378），村内陈氏子方、子宏兄弟俩舍田二百石于梁皇寺，为祝圣焚修之资，故寺僧咸称陈氏为檀樾。而后建成大刹，成为宁海（包括今三门县）旧时"金银铜铁"四大寺之一，梁皇寺排在铜位。

清同治十一年（1872）梁皇寺改为"拱台书院"，拱台书院办得很好，是当地一所有名的学校，出了童伯吹、陈士浩等一大批民主革命志士。民国十五年（1926），撤拱台书院复寺院，而后多幢寺舍损坏倒塌。解放战争时，该寺住过三五支队。土地改革时，村民杨姓人在此居住。古老的梁皇寺，只剩有三间小屋，2004 年，由元中和尚为首事建造了一座高大的大雄宝殿，另建观音阁和其他寺院用房。

2008 年，在全县登记注册的 67 所寺庵中，梁皇寺是浙江省民族宗教事务管理部门批准为"保留宗教活动场所"的寺院之一。

兴隆寺

兴隆寺，位于岭南村西约 1500 米的九曲溪源头益善山上的安岩里处，建于民国十四年（1925），始称胡公殿。首事人陈家进、陈家喜，系合族舞狮班舞狮筹款所建。初寺宇 3 间，素为当地村民敬神礼佛之所，民众休闲观光之处。因时迁俗易，几曾兴废。时至 20 世纪末，寺宇破漏，神像有损。2002 年改称兴隆寺，适逢盛世，国泰民安。2006 年，寺基向东南移至 40 米处，新建胡公殿 3 间，重奉胡公大帝、送子娘娘、土地菩萨。同时，奉请关圣帝、财神菩萨等诸神于殿内。继后，有善士鼎力襄理，民众慷慨结缘 10 余万元，扩建观音阁 3 间，迎奉观音菩萨、迦蓝菩萨入阁。以祈天地间神灵一体，各显其法，永佑一方平安。同时增制寺舍楼房 3 间。有村民出资 3 万元，在寺前建凉亭一座。2011 年，又结缘 40 万元，在原基建地藏殿 3 间，寺旁道路硬化。该寺居于山清水秀之中，环境幽雅。现住有住持和尚 1 人。

倪家岙庙

倪家岙庙，位于村东九曲溪南，始建于清代，建有庙宇 3 间，庙内供奉三官大帝、送子娘娘、土地公、土地婆等佛像。因年久失修，殿宇破损，2015 年以信佛者为首事，村民集资 21.5 万元，将殿基向东北移 30 余米，易地新建坐西朝东的庙宇 3 间。庙前建有天井，天井前建有平房 5 间，西南建厢房 2 间。

白鹤殿

白鹤殿，原建于清代，有殿宇一间，位于村西后门山脚，殿内供奉白鹤大帝、文武判官等佛像。因年久殿宇破损,于 2017 年移至后山石子场,建坐西北朝东南殿宇 3 间。

桥头庙

桥头庙,位于响亭山自然村东北龙潭坑口门前溪桥头旁。其建于民国二年(1913),因年久失修,至 21 世纪初期,庙宇顷废。2008 年,有信佛者鼎力襄理,村民慷慨解囊,筹资人民币 10 万元,重建庙宇 3 间,庙内奉有周公元帅,元帅左边奉有土地菩萨,右边奉有财神菩萨、送子观音等佛像。农历 2017 年除夕夜,因上香者不慎,纸钱之火引发火灾,庙宇化为灰烬。翌年,当地村民集资,重建庙宇 3 间,重奉佛像。

第二节 基督教

清同治七年(1868),宁海城关南门建福音堂。民国三年(1914),西乡大溪王建起福音分堂。

宁海基督教原属英国在上海创立的内地会组织,有外国籍传教士(大多为英国人)定居福音堂,把持教会事务。

1949 年底,全县有福音分堂 12 所,教徒 2020 人。1966 年以后,教会停止活动,至 1978 年恢复聚会。村内原无人信仰此教,1980 年后才逐渐兴起,现有 6 户人家 12 人入教,村内没有基督教堂,每逢星期天,信徒们去前童鹿分基督教堂或宁海西门基督教堂等教堂听牧师传授《圣经》,也有的以家中中堂作教堂,聚会祷告,俗称做礼拜。

第三节 道 教

道教是中国固有的宗教。由东汉张道陵创立,道教徒尊称张道陵为"天师",奉老子为教祖,尊称"太上老君"。元代以后,道教渐分全真、正一两派。全真派出家修道,居道观、着道袍、守戒律,以求本人得道成仙,俗称"道人"。正一派一般有家室,平时衣着如常人,在民间搞画符念咒、驱鬼降妖、祈福消灾等活动,俗称道士。宁海县无道教协会,岭南村无道观,亦无道人。民国时期,村中有道士 1 人。中华人民共和国成立后,村中的这位道士虽已务农,但兼职参与丧葬或祭祀等活动还在进行。"文化大革命"期间,道士活动转为地下,乃至几乎绝迹。改革开放后,道士活动逐步公开而普遍,老的道人去世,就会有一位青年人从师学道,成为道士。道士常参与丧葬或祭祀等活动。

第二十四章　村民生活

　　旧时,村里少数富户拥有土地及生产资料,多数村民无田、少地,以雇工度日,经济收入入不敷出,村民婚姻不能自主,生活上吃不饱穿不暖,精神上萎靡不振,终年过着贫穷的生活。

　　中华人民共和国成立后,人民翻身做了主人,村民思想逐渐解放,追求婚姻自由。村民生活安定,生产迅速发展。特别是改革开放后,村民经济收入增加,生活消费逐步提高。随着生活条件的不断改善,生活水平迅速提高,村民的精神面貌也从多个方面得以提升。

第一节　婚姻　家庭

一、婚姻状况

　　旧时婚姻皆由父母做主,媒妁说合,讲求门当户对。婚姻缔结除明媒正娶外,尚有童养媳、换亲、纳亲、典妻、卖妻、抢亲、招赘等方式。其中招赘之习今村中仍有之。

　　中华人民共和国成立后,1950年,国家颁布《中华人民共和国婚姻法》,政府开展妇女解放运动,实施"男女平等"政策。恋爱自由,婚姻自主,男女青年志同道合,年龄合格,办理结婚登记,即成合法夫妻。《中华人民共和国婚姻法》的贯彻执行,废除了旧婚姻制度,禁止童养媳、换亲、纳亲、典妻、卖妻、抢亲等旧的婚姻缔结方法,实行"一夫一妻"制,提倡男女平等、自由恋爱、自主婚姻。

　　20世纪80年代以后,随着交通、经济的快速发展,村内出现跨地域婚嫁,不少青年村民与省内外其他地区的青年结婚。

二、家庭状况

　　中华人民共和国成立前,岭南村每户之间人口数量悬殊,大户人家户均人口通常在10人左右,而一般村民户均人口约3—5人。

　　改革开放以后,男子婚后自立门户习以为常,岭南村家庭结构趋小趋简。至2019年,全村497户家庭中,独居家庭有64户,占12.8%;2—3人的家庭235户,占47.3%;4—5人的家庭146户占,29.4%;6人及以上的家庭52户,仅占10.5%。3—5人的小家庭明显占了绝大部分。另外,几代人合住的家庭中,则以两代合住居多,三代次之,四代少见。新建家庭一般以夫妻为核心分割居住居多,以年长父母为核心组建的家庭正在减少。

第二节　收入　积累

一、经济收入

民国时期,由于土地等生产资料多为地主、富户所占有,村民大都无地或少地,要向地主租地耕种,终年不得温饱,靠打柴、烧炭、打短工、做挑夫等收入来维持生计。正常年景,以薄粥为主食,"糠菜半年粮"。贫富悬殊,富者生活奢侈,贫者以受雇、乞讨为生,一遇灾荒,更是苦不堪言。大部分村民入不敷出,终年过着贫困的日子。

中华人民共和国成立后,1951年实行土地改革,每人平均分得土地3.1石,雇农和部分贫农还分到房屋和家具,村民生活安定。政府发放贷款扶持生产,村民劳动积极性高涨,粮食产量逐渐提高,经济收入逐年增加。

自20世纪50年代建立农业合作社至80年代初人民公社解体,社员的经济收入主要来自生产队分配,分配形式是以工分计酬。每天劳动工值,因队而异。中等生产队工值一般为0.8—1.2元,村民收入低,少有结余。

改革开放后,农村逐步进行经济体制改革。生产经营和经济管理发生了根本性变化,社员收入渐趋多样。1983年实行家庭联产承包责任制,极大地调动了村民的生产积极性,农民在经营责任田外,还可各显其长,致力于社会各个行业,村民经济收入逐步增长。1985年后,村民温饱得到解决,并在20世纪90年代开始奔向小康。进入21世纪,村民经济收入逐年稳步增加。全村人均纯收入由1978年的143元上升到2006年的4538元。此后,全村人均纯收入逐年稳步提高,至2018年全村人均纯收入达到9418元。2018年全村人均纯收入是1978年的65.9倍。2006年后各年经济收入概况详见表24-1。

表24-1　2006—2018年岭南村村民经济收入概况表

年份	户数	人口	经济总收入(万元)	村民人均收入(元)	备注
2006	486	1384	628.1	4538	14组
2007	489	1382	670.1	4849	14组
2008	503	1373	721.6	5256	14组
2009	487	1386	782.4	5645	14组
2010	486	1363	831.0	6097	14组
2011	483	1378	897.1	6510	15组
2012	478	1374	1011.2	7360	15组

年份	户数	人口	经济总收入（万元）	村民人均收入（元）	备注
2013	477	1373	1051.9	7662	15 组
2014	483	1374	1100.3	7893	15 组
2015	479	1389	1140.6	8212	15 组
2016	493	1376	1171.8	8516	15 组
2017	490	1382	1233.4	8925	15 组
2018	487	1379	1298.7	9418	15 组

从表 24-1 可知，2006 年后村民人均经济纯收入稳步提高。到 2010 年后，大多数家庭有现金积存，信用社、银行个人存款额增加。

二、家庭积累

流动资金积累　20 世纪 80 年代前，家庭收支相抵后，以生产队集体分配为主要收入来源的村民，半数左右家庭无现金积蓄。25％左右的家庭在年终决算时已超支，要想分配到粮食等实物，需向生产队缴纳现金，否则，有现金分配的家庭就难以兑现分配。只有少数劳动力多的家庭或有副业门路的家庭才有一些现金结余，但至多也就一两千元。20 世纪 80 年代中期，始有"万元户"出现。20 世纪 90 年代后，村民收入不断增加。进入 21 世纪，村民收入快速提高，大多数家庭有现金积存，在信用社、银行有个人存款储蓄。

固定财产积累　家庭积累，主要表现在固定财产积累方面。改革开放后，1983 年农村实行家庭联产承包责任制，村民始逐步购置各种生产性固定资产，诸如耕作运输用的拖拉机、收获稻谷用的收割机等。村域内村民最大的固定财产为住房。20 世纪 90 年代，多数村民始建造新房子。进入 21 世纪，一般两代 3 人合居的家庭，皆新建有 2 间及 2 间以上两层或三层的楼房，室内装修日趋高档，花费几十万元的比比皆是，花费上百万元的富户也不在少数。

第三节　消费状况

民国及民国以前，多数村民收入微薄，温饱难以保障。一般无天灾人祸的年景，夏食麦馃、麦糊，冬食番薯、番薯干粥，青黄不接之际还以草子、瓜菜代粮，俗云："三月夏荒，草菜相帮。"人们将大米饭视为珍品，省给孩子吃或用来招待客人。中农之家尚食"一稀两干"或"两稀一干"。佐餐之菜，多自产自制，瓜菜自种，鸡鸭自养，上山砍柴，卖柴度日，消费水平低下。

住房方面，村内只有少数富户有"四檐齐"院子，较富裕人家也只有几间楼房，多数村民住的是低矮破陋、阴暗潮湿的平房。连茅房也建不起的赤贫者常居住在庵庙、祠堂、路廊等处。

中华人民共和国成立后,村民分得土地,无房者还分得房子,开始安居生活。但在计划经济的年代,粮、布、油、糖、酒、烟、肉以及木材、钢材等皆有定量或发票证,民众的消费受到经济收入和物资短缺等因素的影响,总体消费水平表现为数量少、层次低。农民家庭以自种、自养、自捕、自食为主,所食菜类以蔬菜为主,仅在节日、喜庆、来客时买一些鱼、肉之类荤菜。村民过年,多数人家买三四斤猪肉、一两斤鱼,杀只鸡,自制点米糖、年糕、豆腐等,就算过年了。

粮食方面,1955 年始按定量分粮,村民年口粮定量平均未能超过 500 斤(谷),具体标准如表 24-2。

表 24-2　农民年定量分粮供应标准

年龄(虚岁)	性别	定量(斤)	年龄(岁)	性别	定量(斤)
1	男、女	125	14—15	男、女	530
2—3	男、女	250	16—17	男、女	550
4—5	男、女	290	18—60	男	630
6—7	男、女	340	18—60	女	570
8—9	男、女	390	61 岁以上	男	440
10—11	男、女	440	61 岁以上	女	440
12—13	男、女	490			

说明:表中定量标准斤是以稻谷为标准,其余如小麦、大麦、大豆等在实际分粮时与稻谷一样,也是 1 斤折 1 斤。如番薯、芋、玉米等以 5 折 1 计算,即 5 斤番薯折 1 斤稻谷。

20 世纪 70 年代后期开始,村民主要消费转向改善居住条件方面。在 20 世纪 50—70 年代,农村经济发展缓慢,村民建房甚少。随着子女长大要分灶立户,住房显得紧张。于是大家节衣缩食,翻建、拆建、新建住房。1964 年后,由于水利条件改善,灌溉效益提高,农业增收,村民收入增长较快,开始建房。村民建房,习惯于量力而行,一般都是拆除破旧不堪的旧房,建木结构的平房,只有少数村民新建楼房。建筑材料因陋就简,建材廉价,质量较差。1984 年,村里做出建房规划,规定每户建房间数、前后房距离、房屋高度等,村民们按照规划建房。1985 年村民始建造钢筋混凝土结构的楼房。1990 年后,村民在规划区所建之房,形式多样,质量较好。

进入 21 世纪,随着村民收入的大幅度增加,人们的消费观念不断转变,在衣、食、住、行、娱、用等各方面的消费层次不断提高。

衣　2000年后，男女普遍穿着流行休闲服装和皮鞋。现村民家中的衣橱里挂满了各种时装服饰。过年过节时，村民的衣服穿着更是时尚。服装档次由低档转向中高档和名牌。以购买服装为主，购买衣料自做服装比例明显下降。青年人对衣着不仅要求质量好，而且要款式新、色调雅、式样多。

食　旧时，岭南人一般是一日三餐，两稀一干，即早晚稀中饭干，如上山干活，改为早中干晚饭稀；稀饭多为米粥与玉米羹，干饭除大米饭外，多为玉米饭。但有一些贫苦人家仍食不果腹。大多数村民吃不饱，过着贫穷的生活。

中华人民共和国成立后，村民生活逐步改善。1958年后至改革开放前，温饱问题一度不能解决。改革开放后，温饱问题得到了解决，人人都能吃上白米饭。厨房内油、盐、酱、醋应有尽有。市场中蔬菜、海鲜、鱼虾、猪、牛、羊、鸡、鸭肉等应有尽有，只要想吃，餐餐有肉。过去只求吃饱不饿，现在要求营养丰富、味道鲜美，人人追求健康饮食。人们的饮食由温饱型转向营养型，主食消费量减少，副食品种类增多，肉、鱼、蛋、禽等成为寻常百姓餐桌上的平常菜肴。20世纪90年代末，村民饮食方式改变，讲究荤素搭配，增加水果用量，广选保健食品。办酒宴及待客、过节等，在酒店包酒席的风气渐兴，一席千元以上者日益增多。

住　进入21世纪，村民新建住宅，大多为钢筋混凝土半框架结构的楼房，现在村里80%的村民拥有一至两间两层或三层的新楼房，多的有三四间，少部分村民还建造了别墅。岭南自然村就有芭头、麦洋头、大倪、大地圩四个住宅小区，东溪自然村在甬临线两侧，响亭山自然村在沈海线两侧建成住宅区，村域内小区楼房林立。室内装潢档次也在不断提高。现时，多数村民住的是两层或三层亮堂堂的楼房，人均居住面积增多，室内装潢讲究。多数家庭在宅院内种植花草、果木，环境优美。少数村民住的是明亮宽敞的别墅式小洋房。还有些富户不仅老家有高楼大厦，还在城里购买了住房。

行　从20世纪90年代起，岭南村所辖岭南、东溪、响亭山3个自然村各自在新建的小区住宅中规划好村道，按规划对村庄内的道路进行建造。上述3个自然村的原有村道路面全面整修，部分村道路面还略有加宽，全面硬化。

1990年，岭南自然村建造从乌株树脚，经后门畈、后门坑、麦洋头至西路门口，向北转到芭头的环村大道，路宽4米左右，长约1500米，建后进行硬化。1998年，门前街大路用水泥浇面，全道硬化。2007年，镇政府按浇3平方米路面补给村水泥1包，村民出工，3个自然村都将村内小巷、墙弄道路硬化。新建好的村道布局相对合理，路面平整，交通方便。

有路就可以运输货物。民国前，运输货物靠肩挑，中华人民共和国成立后，始用手拉车运。改革开放后，运输多用汽车、电动自行车、货车。现时交通，岭南村沿甬临线设有公交车站4处，的士、中巴、大巴经过此路招手即停，上下车极其方便。近几年，不少致富者，已购买小汽车、面包车，私家车越来越多，对外交通更加便捷。

用　耐用消费品中"老三件"（自行车、手表、缝纫机）在20世纪70年代已经普及。20

世纪 80 年代,耐用消费品主要增加了收音机、黑白电视机、电风扇等。20 世纪 90 年代后期,"新三件"(冰箱、彩电、洗衣机)也基本普及。同时"时髦三件"(手机、空调、摩托车)和热水器、移动电话等进入农家,而且与时俱进。电话机增长最快。一些富裕家庭还拥有"现代三件"(小车、电脑、摄像机)。女性佩戴金、银、玉器也较为常见。

娱　随着物质生活水平的提高,文化娱乐活动层次也逐渐上升。中华人民共和国成立前,广大民众愁于温饱,家无娱乐器具。每逢有灯会、庙会、戏剧表演,观众甚众。中华人民共和国成立后,兴唱歌、跳秧歌舞。农村剧团、农村俱乐部兴盛一时。演戏、放电影颇受欢迎,费用由村(大队)集体开支。"文化大革命"期间,独唱"样板戏",唱"革命歌曲"和"语录歌"。

改革开放后,传统文化复兴,同时录音机、黑白电视机进入家庭。搓麻将活动大普及。舞厅、卡拉 OK 包厢等成为年轻人娱乐的去处。20 世纪 90 年代后,彩电、VCD 普及。老年人喜去老年协会活动场地搓麻将、下象棋、看电视,青少年爱看歌舞团、演唱会演出。进入 21 世纪,电脑进入家庭,上网成了成年人最大的乐趣。网吧、棋牌室、浴室、按摩室等应运而生。村里老年协会活动场地放置了蹬力器、高低杠等成套健身器具,设置了体育健身路径多条。健身器具还进入了先富家庭。旅游的人日益增多,而且从近距离的一日游渐渐转向去外地的多日游。

其他,诸如医疗保健、礼仪交往、文化教育、红白大事等消费档次也不断提高。

第四节　精神状态

旧时,岭南村同邻近自然村被称为西路(上路)角,绝大多数村民生活贫穷落后,缺衣少食,吃不饱,穿不暖,住的是破旧不堪的矮小平房,行的是高低不平的山区崎岖小道。村民终日为生活而奔波,终年过着贫穷的日子,精神萎靡不振,无所用心。

中华人民共和国成立后,村民生活逐步得到改善,特别是改革开放以来,各项事业迅速发展,基础设施不断完善。村民的精神状态也随着改革开放的不断深入,村内基础设施的不断完善,生活条件的不断改善而得以提振。这主要体现在以下几个方面:一是吃穿方面。改革开放以后,村民的温饱问题得到解决,生活奔向小康,因而心情舒畅,笑容整天挂在脸上。二是环境方面。近几年,对村庄内的卫生环境进行整治,对村巷小弄墙角处的垃圾,河塘边的杂草、杂物进行清理,使之成为整洁、清爽的场地。将墙面粉刷成白色,在白色墙面上绘上乡土风情画,搭矮墙拉框架开辟绿地,打造成清洁、宁静、美观的村庄。村民在这样的环境里生活,感到心旷神怡。三是住房方面。现村民们居住的多是两层或三层的砖混结构半框架的敞亮楼房,有的人家还在房前屋后栽培花木进行美化。村民住在这样的房子里感到身心皆愉。四是山体绿化方面。岭南村被评定为宁波市森林村庄,村内空气清新,村民们居住在天然氧吧之中感到心满意足。五是道路硬化方面。村域内大小道路全部硬化,行走方便,对外交通便捷。平时村民们走在平整而整洁的道路上感到心情愉快。

第二十五章　乡村旅游

旧时，村民生活贫困，无暇旅游。中华人民共和国成立后，村民生活逐步改善，特别是改革开放以来，生活奔向小康。2008 年国务院把 5 月 19 日定为中国旅游日。县旅游局顺着徐霞客开游的足迹，沿途立碑，其中在岭南村岵岫岭顶至梁皇溪的驿道上立有"徐霞客古道""穿村古道"字样的碑两块。中国旅游日的确立，"徐霞客古道"碑的设立，增强了村民的旅游意识。岭南村位于前童镇旅游发展区内，周边旅游景点多，东临前童古镇、福泉寺，南、西南临白溪水库、浙东大峡谷，南有上金谷，与梁皇山旅游风景区相邻。岭南村旅游资源丰富，村民开展乡村旅游，进行旅游开发，应是情理之事。

第一节　旅游资源

一、古色旅游资源

岭南村是前童镇中的一个古村。村域内有宋代及宋代以前的寺庙、桥梁、古樟、古道，有明清时期的祠堂、路廊。这些建筑物和遗址遗迹，具有一定的历史文化价值和旅游观赏价值。

（一）徐霞客古道

自北宋有村民在岵岫岭南定居时，就有明州通往台州的驿道自北向南穿村而过，这条驿道始建于唐代，驿道也叫官道，村民们又叫大路。这条大路穿越岭南村地面，北起岵岫岭顶，南至梁皇溪，长约 2000 米，宽约 2.5 米，鹅卵石嵌面。

游圣徐霞客曾两次游过此道。第一次是在明神宗万历四十一年（1613）三月晦，徐霞客从宁海西门开游，游过此道，夜宿梁皇驿站。第二次是在明壬申（1632）三月十四日，徐霞客从宁海发骑，游过此段路程，夜宿岔路口。2011 年国务院把徐霞客在宁海开游的那天即 5 月 19 日（简称"5·19"）定为中国旅游日，宁海就此成为中国旅游日的发祥地。县旅游局顺着徐霞客开游的足迹沿途立碑，其中岭南村立有"穿村古道""徐霞客古道"字样的石碑两块。古道留韵，村民们就把徐霞客开游过的那条穿村大道称为徐霞客古道。

（二）董家桥

董家桥位于岭南村东南九曲溪上，因由当时居住在岭南的董姓村民为主建造，故名董家桥。

董家桥是一座南宋时(1255)建造的单孔石拱桥,南北向,鹅卵石铺面,是明州通台州官道上的一座桥梁。拱形净跨 5.5 米,高 3.3 米,桥面宽 4 米,全桥长约 20 米。此桥是由乱石垒就,给人一种天工造化而成的感受。此桥非常牢固,1988 年"7·30"洪灾的时候,附近的石板桥全被冲垮,唯独这座桥一点也没走样。

(三)古樟

该樟始长于南宋嘉泰二年(1202),位于村中水牛凼北面的高墩(俗称塘头)上,现主干基围 6 米余,遮阴面积 600 多平方米。此树的庇荫下给人以清凉芳香的感觉,故名香樟。村民们常在此树下乘凉休闲。2014 年 10 月,宁海县人民政府为这棵树挂上浙江省名木保护牌,牌号为 0226100142,保护等级为一级。

(四)半岭周路廊

半岭周路廊建于元朝至正丙午年(1366),有平房 3 间,位于岵岫岭下半山腰的古道上。因由当时居住在岭南半岭上周姓村民为主建造,故名半岭周路廊。此路廊建在徐霞客古道上,古道穿此路廊而过,现有村民称此路廊为霞客路廊,在民国时期因破旧拆除修建一新,又名新路廊。路廊可供过路的人歇脚、躲雨、小憩,路廊内有茶水免费供行人解渴。

(五)岵岫岭顶路廊

岵岫岭顶路廊建于明正德七年(1512),位于岵岫岭顶山口旁边,在徐霞客古道西侧,有坐北朝南平房 3 间,房内置有灶头、方桌、大小茶缸、茶壶、茶杯等。还放有木凳多条、竹椅多把。此房专为烧茶水所用,也叫茶水廊。旧时,廊内常年烧有茶水,免费供行人解渴。现时,茶水廊功能消退,平房尚存,可供过路的人歇脚、躲雨、小憩。

(六)梁皇寺

梁皇寺位于岭南村西南,梁皇溪边叫稍场的场地上。明洪武初期(1368—1378)建成大刹,成为宁海(包括今三门县)四大寺之一。

旧时,梁皇寺是有"金银铜铁"之称的四大寺之一。四大寺是指广顺寺(在三门县海游)、福安寺(在宁海县黄坛镇)、梁皇寺(在宁海县前童镇)、福泉寺(在宁海县前童镇)。"金银铜铁"之排位是金广顺、银福安、铜梁皇、铁福泉。

现时,梁皇寺尚有新建的一座大雄宝殿和观音阁等寺院及其他寺院的用房。

(七)祠堂

岭南陈氏宗祠始建于清康熙三十九年(1700),位于村庄东南。陈氏十二世孙才元公独建前厢房 3 间,中间增制戏台,正厅 3 间,中为祖堂。宗祠选用樟木构建,故名独樟祠,俗称祠堂,是当地建筑的一大特色。

祠堂建筑是砖木结构,四合院式样,古色古香。戏台结构坚固、庄重、美观、大方。

祠堂占地面积为 1564 平方米,建筑面积为 786 平方米。祠堂属兑宅,三洞大门开在震方,空气流畅,环境幽雅,宽敞大方,可容纳 1200 多人集会。祠堂不仅是族人举办祭祖活动之处,还是当地村民进行休闲文化娱乐活动的场地,更是民众办公益事业的场所。旧时,用于办学校,中华人民共和国成立后,仍办过学校,做过村办公室,而今是村老年人协会驻地,是全村老年人安度晚年的场所。

二、绿色旅游资源

岭南村属宁海县西部山区,岵岫岭南麓地带,村东、西、北山多乔木、毛竹等。门前溪、九曲溪流经村域,溪流映碧,域内树木成林,一片苍绿。常年气候温暖湿润、季风显著,呈现"绿水青山"的生态特征,绿色旅游资源丰富。

(一)绿水

村域内有九曲溪、门前溪两条溪流蜿蜒流经。九曲溪源于西部梁岩山自西向东南流经村庄汇入门前溪,门前溪源于村西北部高山,自西向东南流经村北向东后穿过村东汇入梁皇溪。村域东、西、北三面群山环抱,山脉终年不息地流淌着清澈的泉水,水资源丰富。山湾内筑有大小水库 7 座,人称七星水库,蓄水量达 30 万立方米,形成溪流映碧的地文景观和水域风光。

(二)青山

岭南村东、西、北三面都是群山,山林面积有 400 多公顷,山体植被良好,多长毛竹、松树、杉树及其他乔木,其中以毛竹、松树最多,有"五里松涛,十里竹海"之称,是一大片连绵起伏的青山。

(三)岵岫岭

岵岫岭,旧时记作古岫岭、古鹫岭,在县城西南约 8500 米前童镇岭南村北部。岭长1500 米,东北一西南走向,海拔 85 米,为宁波至台州要道。旧时,古驿道通过此岭,现甬临线经此。游圣徐霞客曾两次沿古道游过此岭。现岭顶山口两侧毛竹成片,乔木成林,生长茂盛,四季常青。

(四)田园

岭南村庄四周均为田园,其中南面有下砩洋、朱家畈、笆头、麦田肚洋等田畈,东、西两面有较为广阔的田园,传统农耕和现代农业交融,一派田园风光。

(五)森林村庄

岭南村是 2013 年时,经宁波市森林组织委员会评定的宁波市森林村庄。村庄大路两旁乔木林立,绿树成荫,住宅周围多种花草,环境优美,空气清新,可称天然氧吧。

三、健身旅游资源

(一)健身点

村内徐霞客古道旁,建有健身点 3 处,每处健身点都置有健身路径 1 条,每条健身路径旁放有多种健身器械,可供人们进行健身活动。

(二)健身登山步道

1.国家登山健身步道

从文化礼堂出发,沿着徐霞客古道向北行走到响亭山桥头,然后向西北登上石枧水库大坝,沿大坝向西北或向西南走都可健步登山。

2.村民登山健身步道

从村文化礼堂出发,向西到塘头樟树庇荫下,沿着通向船山的道路,过船山向西到解树坪山麓,沿九曲溪登至兴隆寺,然后向西北或向西南走都可健步登山。

第二节 旅游开发

随着改革开放的不断深入,到了 20 世纪 80 年代中期,村民温饱问题得以解决,进入 21 世纪生活奔小康。2011 年国务院把徐霞客在宁海开游的 5 月 19 日定为中国旅游日。中国旅游日的设立,使村民认识到宁海是中国旅游日的发祥地。"天下旅游,宁海开游",增强了村民的旅游意识。平时,村民们在这条徐霞客古道上进行 1 小时左右的健身漫游。村民们把这种漫游称为乡村旅游,因走在徐霞客古道上,也叫霞客游。

此后,村民们就以森林村庄为中心,在穿村的徐霞客古道上,自发地走出两条以健身为目的、可进行 1 小时霞客游游览路线,即向北 1 小时游和向南 1 小时游。其具体游览路线如下。

向北 1 小时游

北游路线(祠堂—岭顶路廊—祠堂):从岭南祠堂出发,向北沿着徐霞客古道,经过文化礼堂、东溪村庄、响亭山桥头庙、半山周路廊,登岵岫岭,到达岵岫岭顶茶水廊;而后依次返回祠堂。

向南 1 小时游

南游路线(文化礼堂—梁皇寺—文化礼堂):从村文化礼堂出发,向南沿着徐霞客古道,经过岭南祠堂、董家桥、笆头、麦田肚洋,到梁皇溪北岸向西行至梁皇寺;而后依次返回到文化礼堂。

村内正在开发与尚可开发的旅游路线,有西游路线与环游路线。其路线如下。

西游路线(文化礼堂—兴隆寺—文化礼堂)2 小时游:从村文化礼堂出发,向西到塘头香樟庇荫下,沿着通向船山的道路,过船山南山嘴头,向西到外龟山麓,沿九曲溪上游北上,至兴隆寺;而后依次返回文化礼堂。

环游路线(文化礼堂—石枧水库—龙潭—杉树园—沙帽岩—水牛塘—天灯盏—上茨坪—横路口—兴隆寺—船山—文化礼堂)1 日游:这条待开发的环游路线是从村文化礼堂出发,向北沿徐霞客古道到响亭山村桥头,转向西北前往石枧水库,沿着水库向西到龙潭、走向杉树园、沙帽岩,到达水牛塘,登山到天灯盏,然后登上茨坪,向南依次经过横路口,到达兴隆寺,向东南沿九曲溪到船山,而后至村文化礼堂。

附:岭南八景诗与图

八景之一:岵岫栖霞

岵岫高标入望赊,蔚然空洞宿徐霞。

半峰巧髻簪红粤,十里行人护绛纱。

谷口辉笼朝日丽,岭头彩绚夕阳斜。

浑凝紫气函关接,染出山屯百卉花。

八景之二：双溪鸣泉

岭下泉从岭上生，延屯夹抱响飞鸣。

留长地界双溪古，水曲湍分两道清。

傍岸悠扬声激荡，当风洒落韵从争。

无弦如听瑶琴展，胜地名川足系情。

八景之三：梁岩隐迹

曾传警跸入岩扉，石上莓苔染帝衣。

到处采芝攀古磴，有时涉谷趁斜晖。

但将丘壑耽三径，不敢銮舆乘六飞。

今日登临怀古意，临虬贵迹想依稀。

遥岭吐月

月上遥岭夜欲更，绯云不动倍晶莹。
团团离海金波净，皎皎当峰玉宇清。
光映千枝排岫细，影流一片到窗明。
游园赋客同相习，好句争看锦绣成。

八景之四：遥岭吐月

月上遥岭夜欲更，绯云不动倍晶莹。

团团离海金波净，皎皎当峰玉宇清。

光映千枝排岫细，影流一片到窗明。

游园赋客同相习，好句争看锦绣成。

八景之五：晓寺闻钟

丰山钟发待霜逢，何处闻来有梵钟。

缥缈曾吆催晓梦，依稀堂答隔层峰。

听残古寺将恭偈，唤醒群聋亦动容。

况复农桑勤作息，惊眠应不间秋冬。

龟山胜迹

龟山览胜色青青，环抱方隅喜做屏。
位定坎居常出水，质呈离象或生萤。
千秋俨别神灵寿，万仞如分俯仰形。
应兴东蒙歌一有，而今翘首忆范经。

八景之六：龟山胜迹

龟山览胜色青青，环抱方隅喜做屏。
位定坎居常出水，质呈离象或生萤。
千秋俨别神灵寿，万仞如分俯仰形。
应兴东蒙歌一有，而今翘首忆范经。

八景之七：松涛叠韵

种得松林鼓晚风，此身如入曲江中。

未觇云影纷铺地，忽听涛声寒在空。

响杂疏桐鸣舍北，韵流修竹绕窗东。

缘知不羡繁弦奏，一派清机耳倍聪。

八景之八：樵歌晚唱

生涯尘世竟优游，试听樵歌的自由。

长遂青峰歌妙曲，一腔白雪叠新声。

讴喧竹径风传籁，想如云林鸟助幽。

休说烂柯人久去，晚烟斜日韵悠悠。

第二十六章 人 物

选取在岭南村历史上有声誉、有影响者 6 人立传略,他们是陈明道、陈良政、陈成珍、陈士浩、吴文伟、陈星。名录含历代秀才 3 人、当代获得硕士及以上学位者 24 人。

第一节 人物传略

陈明道(1265—1329),字良正,岭下陈人,生于南宋咸淳乙丑年(1265)五月。陈明道自幼好学,品学皆优。据岭南陈氏宗谱载:至南宋乙亥间,举贤,良正直赴京,授从仕郎,知庆元路,任慈溪县事。任职以来,秉公办事,为官清正,深得百姓好评。卒于 1329 年。

陈良政(1633—1719),字才元,岭下陈人,生于明朝崇祯癸酉年(1633)。陈良政生禀明聪之质,负果敢之姿,承先启家,开基拓业,家庭十分富裕。陈氏自仙居幡滩徙居岭南已有十二世了,因宗祠未建,历代木主灵牌各藏家居中堂。族里没有祠堂一事常在他的脑海里萦绕,心里总是感到只有子孙住屋,但无祖宗居所,向来不是为人子者应做的事。经过一段时间的酝酿和考虑,就毅然下定决心,决定独自出资为全族建造祠堂。

于是,在 1698 年春,择址村庄东南,寻石觅匠,选用樟木构建,有樟木大数围亦砍砟应用。1700 年冬,历时三年,宗祠完工。因宗祠选用樟木构建,故名独樟祠。又因宗祠还是陈才元独自出资建造,故称陈才元独建独资独樟祠。陈良政卒于 1719 年。

陈成珍(1801—1856),字振清,号海晏,别名潜澡,庠名跃鱼,岭下陈人,生于清嘉庆辛酉年(1801)。陈成珍自幼好学,求读于学塾,天资聪明,品学皆优。于嘉庆庚辰年(1820)求取功名,参加乡试,考取秀才,而后成为学塾教师。他教书认真负责,得到当地群众的好评。

陈成珍在横坑村教书期间,见横坑山多长毛竹,当地村民吃笋用竹,受益匪浅。于是栽竹之心油然而生,组织发动村中陈氏三房(塘下、大房、中央塘)乡亲,自己出钱从横坑买来毛竹秧 40 来株发动村民栽至岭南西山的茅草山上,从此岭南山上才有了毛竹。陈成珍此举,乡村百姓得益匪浅,故常受村民点赞。

此外,陈成珍参与清代道光年间岭南陈氏第六次宗谱的编修,还参与清代咸丰年间岭南陈氏第七次宗谱的纂修。此谱陈氏现还保管着上下各 1 卷。其卒于 1856 年。

陈士浩(1896—1932),前童岭下陈人。其自幼好学,品学皆优。1915 年考入之江大学(现浙江大学)就读,同年加入由柔石在杭州发起组织的同乡会。1919 年于之江大学毕业。1924 年入黄埔军校,是黄埔军校第一期毕业生。毕业后从军,获中校军衔,任北伐军团长。曾率部队参与北伐大小战役数十次,从广东一直征战到徐州,为北伐战争取得胜利做出过应有的努力。他常骑白马,人称"白马将军"。在其老家屋后现还留有骑马时上马用的"上马石"。他一生正直坦荡,疏财仗义,乐善好施,服务乡梓。他为人正直豪爽,怜贫睦里,是一位性格豁达的民主革命志士,因而得到村民们的一致称赞。1929 年因病在家疗养。在疗养期间,他因调解了洪石村洪家家族与石家家族结怨甚深的冤仇,使洪、石两家重归于好而得到人们的好评。1931 年 1 月,柔石在上海被捕,他曾到上海设法营救好友柔石,但因种种原因,营救未成。1932 年病逝。

陈星(1906—1972),又名士兴,岭下陈人。1912 年入小学,1924 年考入省立第六(临海)中学,任学生会主席,在校加入中国共青团。1927 年就读于上海江湾劳动大学,任共青团宝山县委江湾特派员、闸北区委委员等职。1930 年,参与指挥上海学生的"飞行集会",被捕入狱,在狱中仍坚持革命活动,加入中国共产党。1931 年 12 月出狱,翌年任教于上海现代中学,继续开展革命活动。1932 年转入党内工作,任中共沪西区委组织部长。1934 年因兄亡子病返乡岭下陈,居家数月,回上海找不到党组织,后去汉口以驾驶员为业,仍坚持抗日活动。1938 年春回宁海,在县城创办抗日书院。同年 4 月,组建宁海临时县委,其任书记。在家乡办夜校,组织宣传队,开设抗日讲座等。1939 年 5 月由组织安排去丽水进行革命活动。1941 年丽水沦陷,与党组织失去联系。1945 年抗战胜利后,回乡任教于宁海师范学院。1949 年 8 月参加县人民政府工作,历任建设科副科长、科长,副县长等职。陈星以工作踏实、埋头苦干、秉公无私赢得人民的尊敬。1972 年病逝,并开了宁海遗体火化的先河。

吴文伟(1909—1949),东溪人,1924 年县正学小学毕业,由其姐夫赵平复(柔石)引领到上海名医瞿直甫先生门下学医。1930 年夏,东南医科大学毕业,应聘到国民军陆军通讯兵团,任中校军医主任。由于种种原因,辞去职务,于 1940 年春返回家乡。

返乡后,吴文伟即在县城市门头开办仁济医院。那年 10 月,日寇飞机轰炸县城,医院被夷为平地,其长子遇难,医院停办。

1941 年 1 月,吴文伟接受民国县长方引之聘请,负责创办宁海县公立卫生院(现第一人民医院前身),并任院长。

吴文伟到任之后,即租用城东孔家庵房屋为院所,筹得资金购置药品与医用器材。1941 年 3 月 1 日,"宁海县卫生院"挂牌,开始营业。吴文伟行院长之职,尽医生之责,鼎力办事。招聘人员,进行西医培训。健全管理,开设股室。到年底,县卫生院已初具规模。

为进一步改善办院条件,1943 年春,吴文伟负责征用财神殿并拆建,建医用楼房 14

间。此时,全院有病床 24 张、产床 2 张,管理人员和医务人员共 25 人。

为了普及西医治疗,1944 年春,由吴文伟负责指导,在长街、力洋、黄坛等镇成立了卫生院,在紫溪、柘浦、水车等乡设立医务所。

1944 年冬,吴文伟被调至国民政府军政部战后补给区任少将军医主任。由于种种原因,于 1947 年夏辞职。回宁海后,在县城续办仁济医院。他以高尚的医德、良好的医术,在民众中享有盛名。民国时期,他是宁海比较著名的西医。1949 年春病逝。

第二节 历代秀才名录

表 26-1 岭南村历代秀才名录表

姓 名	性别	出生年月	朝代	备 注
陈明道	男	1265 年 5 月	宋朝	咸淳年间
陈光禄	男	1775 年 1 月	清朝	乾隆年间
陈成珍	男	1801 年 7 月	清朝	嘉庆年间

第三节 硕士学位名录

表 26-2 岭南村硕士及以上学位获得者名录

序号	姓 名	性别	毕业年份	毕业院校	学位
1	陈林飞	男		浙江大学	硕士
2	陈元鹏	男		北京化工学院	硕士
3	刘 静	女		北京医科大学	硕士
4	童寅生	男		华东政法大学	博士
5	陈建武	男		浙江大学	硕士
6	陈晨辉	男		清华大学	硕士
7	陈建县	男		华北电力大学	硕士
8	陈贤虎	男		宁波大学	硕士
9	陶春莹	女		宁波诺丁汉大学	硕士
10	李扬钧	男		浙江医学院	硕士
11	邓丽丽	女		东南大学	硕士
12	徐丛璐	女		浙江工业大学	硕士
13	陈元亮	男		浙江大学	硕士

序号	姓 名	性别	毕业年份	毕业院校	学位
14	陈 涛	男		河海大学	硕士
15	陈 斌	男		中国科技大学	硕士
16	陈广华	男		华中科技大学	硕士
17	陈 曦	女		哥伦比亚大学	硕士
18	胡文欢	男	2015	浙江大学	硕士
19	陈云伟	男	2018	清华大学	硕士
20	吴珍珍	女	2014	（日本）千叶大学	硕士
21	童欢岳	男	2003	华东政法大学	硕士
22	卢 捷	男	2017	厦门大学	硕士
23	卢胜辉	男		北京工商大学	硕士
24	陈贤杰	男		萨瓦大学	硕士
25	陈 诚	男		锡拉丘兹大学	硕士

丛　录

丛录,就是从浩瀚的书林中筛选采撷丰富翔实之内容和人们关注之热点问题,以增加丛录之知识和可读性。此次编志选录的内容有宗谱、村文化礼堂展出的文化、村规民约、岭南村村民家庭成员录等。

一、宗谱

(一)现存宗谱

岭南村于 2019 年 2 月 19 日至 2 月 28 日,组织人员对全村现存宗谱进行调查,共收集到《岭南陈氏宗谱》10 卷,《东溪陈氏房头谱》1 卷,《东溪吴氏宗谱》1 卷,响亭山《卢氏宗谱》1 卷、《魏氏宗谱》1 卷计 14 卷宗谱资料,其中手抄本 7 卷、印刷本 7 卷。

各氏族宗谱体例结构大致雷同,有的仿效欧阳修的《欧阳氏谱图》称"欧式",有的仿效苏洵的《苏氏宗谱图》称"苏式",他们的共同点都是五世一提,以宗支派系为经,传记、世藻、世泽、世德、世秩、世福等为纬,记述一族姓氏历史。所不同的是,"欧式"把世系和世传分开,各成其目,而"苏式"是将他们统纳在一起,以世系为主,再把世传附在各人的名下。宗谱主要内容有:

序文,敦请名士或谱师撰述该族氏源流,迁徙考略及纂修宗谱旨意,反映氏族历史与历次修谱概况。

凡例或例言,阐明纂修宗谱体例。

行第,在各宗谱中均有记载,昭穆尊卑有序,俾其后世子孙按排行取名定辈,有四字行、五字行、七字行等几种。各族还有字行。

例如,岭南陈氏以陈启乾为始祖,其排行定辈是:

启表明子　均宗文尹　景德公良　有汝大永　成邦家士　建贤圣功
豫颖乐安　宋祥宁南　源浩流长　忠信礼义　(以下辈分待排)

世系,为宗谱主体,是宗谱的纲,自始祖而下,分支别派,依次以红线承续,是反映在宗法社会中行辈分明、子孙繁衍盛衰的图谱。

世传或世略,载于世系之后,记述各个人名讳、生平、配偶、子女、功名、官秩,事略及坟茔等,是仅次于世系的篇章。

世德、世泽,记叙该族祖先中德行高尚,事业有所建树,或恩惠泽及者。体裁有行状、传略、墓志及寿序。

世福,记载族中祀产、祠堂、义庄、学塾等该族公有财产。

世藻,在各氏族宗谱中颇具特色,载有本族人和乡贤名士题赠的诗文及八景诗、竹枝词等,反映当地的世事、人情和自然景观。

祖训和族规,告诫后世子孙恪守孝悌忠信的伦理道德。

杂志或杂记,记载该村族发展变化、灾异、地舆、风俗、物产、古迹、寇警、瘟疫及逸事等。

因年代久远,村内宗谱有的被虫蛀蚀,有的遭灾受损,有的散失,再加上"文化大革命"时期破"四旧",宗谱被当作"四旧"遭到毁坏。此次收集到的宗谱有清代及民国时期纂修的旧本宗谱,这些宗谱载有历代许多诗文及地方史事,为我们稽考岭南历史提供了许多有参考价值的史料。现存多数宗谱都是 20 世纪 80 年代后重修的。

岭南村宗谱编撰简况一览表

保管人	谱　名	修续谱时间	编撰人	册数	版本
	岭南陈氏宗谱（此谱无存）	明·洪武二十五年（1392）	方孝孺	1卷	手抄
	岭南陈氏宗谱（此谱无存）	明·成化二十一年（1485）	陈文怀	2卷	手抄
	岭南陈氏宗谱（此谱无存）	明·嘉靖四十年（1561）	徐永达	2卷	手抄
	岭南陈氏宗谱（此谱无存）	明·万历十三年（1585）	康天然	2卷	手抄
	岭南陈氏宗谱（此谱无存）	清·康熙五十二年（1713）	纂修人无考	2卷	手抄
	岭南陈氏宗谱	清·道光七年（1827）	王首勋	2卷	手抄
陈天平	岭南陈氏宗谱（此谱存上下卷）	清·咸丰元年（1851）	陈成珍	2卷	手抄
陈士伟	岭南陈氏宗谱（此谱仅存下卷）	清·宣统元年（1909）	葛士衡	2卷	手抄

保管人	谱　名	修续谱时间	编撰人	册数	版本
各房代表	岭南陈氏宗谱（此谱保存完好）	1993—1997 年	陈贤能	6 卷	印刷
卢喜春	响亭山卢氏宗谱	清·道光丁酉年(1837)	陈跃金	1 卷	手抄
魏庭康	响亭山魏氏宗谱	2000 年	陈光大	1 卷	印刷
陈长富	东溪陈氏房头宗谱	清·道光廿六年(1846)	严守珍	1 卷	手抄
吴冬勇	东溪吴氏宗谱	1997 年	吴文钦	1 卷	手抄

（二）谱序选录

本村现存宗谱有《岭南陈氏宗谱》《东溪陈氏房头谱》《东溪吴氏宗谱》,响亭山《卢氏宗谱》《魏氏宗谱》。下面选录的是序文 2 篇,祖训 3 条。

谱之源流序

昔天地未分,名曰混沌。混沌以后,名曰太乙。太乙以后,名曰太始。太始以后,名曰太初。太初以后,名曰开辟。开辟之时,始分天地,清气上而为天,有日月星辰;浊气下而为地,有山川草木。其气清浊以成形,结而为人禽兽万物之象。清气结而升者为圣人,浊气混而下者为凡庶。其类各有四大之形,同禀五常之性。性者,情也。有情则受命,并受天地自然之气,结为男女,则为夫妻。既为夫妻,则有父子。既有父子,则有兄弟,则有朋友。既有朋友,则有爵禄,则有谥号,则有封邑。既有封邑,则有茅土。既有茅土,则有亲疏,则有宗族。既有宗族,则有谱序。

姓者,生也,共相长生。宗者,总也,总统相连。族者,聚也,非类不聚,各相尊荣。三皇已前,无文无纪,五帝已后,典籍兴焉,莫不书其符策,扬其德行,典诰书其姓名,显其禄位,序述千古所验,则明其世代者可序。

曰谱者,普也,普载祖宗、远近、姓名、讳字、年号。又云谱者,布也,敷布远近百世之纲纪,万代之宗派源流。序述姓名,谓之谱系。条录昏宦,谓之籍状。天下书之谓之纪,诸侯书之谓之史,大夫书之谓之传,总而言之谓之谱。谱者,补也,遗忘者治而补之。故曰序得姓之根源,记世数之远近,父昭之穆,百世在于目前。郑玄曰:"谱之千家,苦网在纲,纲张则万目具,谱之则万枝在。"今恐一枝之上,枯荣有异,则强弱相凌;一祖之后,贵贱不同,尊卑相滥。今举大纲以明众目,是以四海各流,乃东出而西归;九河分趣,虽道异而源同。是以树有凋荣之干,羽有长短之毛。或短褐轻裘。咸出公卿之胤；佩玉负薪，不废连枝共叶。诗云："独行踽踽，岂无他人？不如我同父。"父子相因，不比他人之姓，岂是有百裔同居一祖，千叶同生一株？株强则叶盛，根弱则干微。分之五世之谓族，元祖是称之为宗。宗族同姓，记之在此谱，考究乎先世之踪，以示万代之孙也。胤者，绳绳不绝之义，可谓不忘亲也。虽然，散在九洲而踪元无二，分居百国而祖祢攸同。但记之世数，则尊卑可定。必须忠孝于君亲，敬顺于师长，和睦于夫妻，信义于朋友，亲睦于乡间，恭勤志慕，然后位进于公卿，名扬于后世。孔子曰："从我于陈，蔡者，皆不及门也。"人之基业，子孙根本，不以无位门户失次，人善则门荣，人恶则门贱。所以敬二尊，远四恶，敦五美，修六艺，九思十善，弗忘于须史。故常积学蕴心，明以听视，先世之叙，皆记于胸襟。乃有孙不识祖字，子不识父讳，问其由序则默然，书其家传则阁笔。如此之徒，非绍隆后世之子也。

或曰：富贵运所招，何用先人之荫？圣人自生，不由父母。中人以上，皆有承籍，至知曲木直枝，顽父哲子，但取当时之用，岂有祢祖之业而不乎在心而睹之目者也？盖闻谱者，姓名之经纬，昭穆之纲纪，导一宗之根源，提九族之总统，人伦根蒂，君子贵之。是以充者著之，斯用之急也。世数绵远，枝叶难分，时运盛衰，苗胤辽隔，谱牒若存，则依凭有据，记注精显，则品类无差。今古相承，班序俱定，次长幼之高卑，累官阶之大小，问源则不惑，问世则不疑。传之传之，以续后生，无令断绝，勿有疑焉。凡明十条例之于后：

　　　　一序得姓之根源　二世族数之远近
　　　　三明爵禄之高卑　四序官阶之大小
　　　　五标坟基之所在　六迁妻妾之外氏
　　　　七载适女之也处　八彰忠孝之进士
　　　　九扬道德之遁逸　十表节义之乡间

陈氏诸子，从学者众。谱成而请序，于予，予以谱之源流序之。

　　　　　　　　　　　　　　　　大明洪武十七年春正月谷旦
　　　　　　　　　　　　　　　　乌石溪正学方孝孺谨撰

重修《岭南陈氏宗谱》序

羌惟庐陵眉山仿龙门史法为谱法而体例遂成嗣是曰玉牒曰年表曰世家曰图谱称名各异而其明秩序昭等杀别亲疏使百代而遥无忘尊敬之心千万之众不失本源之念则一也谱之维系岂不大哉岭南陈氏其始迁祖讳启乾号庚乙府君世居仙邑蟠滩宋理宗宝祐甲寅年间艾此地驱其狐狸豺狼而筑室于兹历元明迄今数百载矣人文代作殷富沃饶累世不绝其宗谱权与于正学方先生厥后代有修明我朝康熙癸

巳间重修续辑谅称美备寒遭回禄数百载之支分派别序次犁然者付诸灰烬十六世孙永仙陈君悯宗谱之湮思源流之必溯与族内兄侄永操永作永彬永铭永堂成珍成环等商议聘勋续修勋于岁首择吉就馆据所送稿本近年生寿卒葬与现在子姓非不心目了然特追而上之苦于无从接续幸万历戊戌间奉川康一莲先生所修旧谱犹存虽二百余年间生人之婚配享年之修短埋葬之地穴不无记载之失而目前子姓各有嫡派各有承次谥为编辑庶几大宗小宗继世以定分群昭群穆系世以明伦则亦未尝非明秩序昭等惜别亲疏而陈氏子姓尊敬之心本源之念抑亦可油然兴也聊为数言弁首

　　　　时　龙飞道光七年岁次丁亥谷旦
　　太原后学郡廪生王首勋钦斋拜手敬撰

祖　训

＊子孙命名称字，乃立身之要，不可不择审取，以正称呼，若有犯祖讳，及族中同名者，务宜速改，慎勿聋哑，之为伤败礼节。周孔大圣命子鱼，吾愿汝曹则之。

＊钱谷所以防不虞之灾祸，未有子孙之休戚相关而云防也。族中或有饥寒困苦丧葬大变，及孤嫠之女，孤哀之子，贫乏不能嫁娶者，皆当推义相赈。昔宋范文正公，置义庄以赡宗姻，吾愿汝曹效之。

＊养子不教，不如不养之为愈也。凡有子孙自幼不问其贤愚，先教安详恭敬，勿宠爱以致养成骄妒之性。俟，十岁即择严师，出就化导。吕公谓：人生内无贤父兄，外无严师友，而能有成者鲜矣，吾愿汝曹识之。

二、文化礼堂文化

（一）社会主义核心价值观

国家层面　富强、民主、文明、和谐
社会层面　自由、平等、公正、法治
公民层面　爱国、敬业、诚信、友善

（二）当代浙江人的共同价值观

务实、守信、崇学、友善。

（三）五德格言

●和　择居仁里和为贵　善与人同德有邻
●勤　民生在勤则不匮　善虑以动维厥时
●俭　道德一经重在俭　损益诸义不过谦
●孝　亲儿孙慈则休纵　敬父母孝而不违

●礼　知礼仪方立天下　顺天应万世乃成

三、村规民约

岭南村村规民约

第一章　总则

第一条　为全面深化基层民主法治建设,促进解决农村基层治理中的实际问题,促进家庭和睦、邻里和洽、家园和美,保障村民安居乐业,加强基层政权建设,根据《中华人民共和国宪法》《中华人民共和国村民委员会组织法》和有关法律、法规、政策,经全体村民讨论通过,制定本村规民约。

第二条　坚持党的领导,坚持法治、德治、自治相结合,培养和践行社会主义核心价值观及传承和发扬宁海人"诚信、创新、包容、崇学、向善"的价值观精神,树立良好的村风民风。

第三条　本村村民应当自觉遵守本村规民约。党员、干部要带头遵守本村规民约,充分发挥先锋模范作用。居住在本村的外来人员,参照遵守本村村规民约。

第二章　婚姻家庭

第四条　遵循婚姻自由、男女平等、尊老爱幼的原则,共建团结和睦的家庭关系。

第五条　夫妻双方在家庭中地位平等,应互尊互谅,共同承担家庭事务,共管家庭财产,做到和睦相处。

第六条　遵守计划生育政策,提倡晚婚晚育、优生优育。

第七条　子女应尽赡养老人的义务,关心老人,尊重老人。外出子女要经常回家看望父母。父母应尽抚养未成年子女和无生活能力子女的义务,不虐待儿童。

第八条　倡导立正确的家规、传有益的家训、树良好的家风;倡导文明新风,喜事新办,丧事俭办,不大操大办,不铺张浪费,不盲目跟风攀比;不搞封建迷信活动,不搞宗派活动。

第三章　邻里关系

第九条　坚持互尊互爱、互帮互助、互谅互让,共建和谐融洽的邻里关系。

第十条　遵循平等自愿、团结友善、互惠互助原则,在生产、生活和社会交往中以诚相待,相互支持配合。

第十一条　提倡邻里守望,邻居外出走亲访友、务工经商,应帮助照看,遇到异常情况及时联系相关人员。主动关心和帮助孤寡老人和残疾人员。与外来人员和睦相处,不欺生、不排外。

第十二条　小孩之间发生冲突,家长首先教育自家孩子;注意呵护孩子自尊,避免在公共场合责罚孩子。

第四章　美丽家园

第十三条　积极配合参与"五水共治""三改一拆""四边三化""环境整治",共建美丽家园,共创美好生活。

第十四条　共同遵守村庄整体规划,生产生活设施建设要先报批,严禁未批先建、少批多建。

第十五条　共同维护村庄整洁,认真做好包卫生、包绿化、包秩序("门前三包");实行垃圾源头分类、减量处理、定点投放,严禁向河道、沟渠丢垃圾、排污水;圈养家畜家禽,禁止未经批准规模化养殖畜禽。

第十六条　增强生态环保意识,不使用明令禁止的农药,降低农药、化肥施用强度,推广生物防治技术,推广施用有机化肥、缓释肥;禁止焚烧农作物秸秆。

第十七条　保护文物古迹、古树名木、古建筑,珍惜和保护农田、山林、水源、水产等资源,爱护公共设施、草木花卉。

第五章　平安建设

第十八条　大力发扬主人翁精神,积极参与平安村创建活动,积极参加平安志愿者、义务巡逻等群防群治活动,共同维护村庄平安和谐,共享平安建设成果。

第十九条　积极参与"网络化管理,组团式服务",发现安全隐患、社会治安、环境污染等问题,应及时告知网络员或村干部。

第二十条　提倡用协商办法解决各种矛盾纠纷;协商不成功的,可申请到村、镇调委会调解,也可依法向人民法院起诉。通过法律程序以求矛盾纠纷得到解决。

第二十一条　主动做好平安宣传,村民之间要互相帮助,相互监督,不沾"黄毒赌",不参加邪教组织,不参与传销活动,严防发生火灾、生产、交通、溺水等安全事故。

第六章　民主参与

第二十二条　按照《宁海县村级权力清单三十六条》及村级重大事项"五议决策法"的规定,村民们应积极参与村级民主管理。坚持从本村公益事业发展和全体村民共同利益出发,认真提建议、献良策、选干部。

第二十三条　严格遵守村级组织换届选举纪律,自觉抵制拉票、贿选等违法违纪行为,不以个人关系亲疏、感情好恶、利益轻重为标准进行推荐和选举。

第二十四条　应推选奉公守法、品行良好、公道正派、廉洁奉公、热心公益、具有一定文化水平和工作能力的人担任村干部。

有下列情形之一的,不能确定为村级组织成员候选人(自荐人),如果当选,当选无效:

1.被判处刑罚或者刑满释放(或缓刑期满)未满 5 年的;

2.涉黑涉恶受处理未满 5 年以及加入邪教组织的;

3.受到党纪处分尚未超过所受纪律处分有关任职限制期限,以及涉嫌严重违法违纪正在接受纪检、监察、公安、司法机关立案调查处理的;

4.有拉票贿选或者其他不正当竞争行为被查处未满 5 年的;

5.丧失行为能力的人员。

第七章 干部履职

第二十五条 规范村干部的经济行为。村干部应做到廉洁奉公,不得侵占、挪用、私分、挥霍浪费村集体财产;不承包承建村集体出资或社会捐资对外发包的道路、水利、房屋、环境卫生设施等各类工程项目。

第二十六条 规范村干部的村务行为。村干部在村务管理中应遵守村级组织工作规则,村级重大事项应按"五议决策法"进行。村干部不得非法买卖或变相买卖农村土地、林地等资源;不得违反集体工程项目招待制度的规定。根据《宁海县农村干部违反廉洁履职若干规定责任追究办法(试行)》规定,实行村干部任期重大决策终身负责制。

第二十七条 规范村干部的组织行为。严禁村干部在村级组织选举中拉票贿选、破坏选举;严禁村干部违反任职回避制度或徇私为亲属、姻亲属担任本村干部提供便利;严禁村干部利用职权违规实施党员发展工作。

第二十八条 规范村干部的社会行为。严禁村干部闹无原则矛盾,破坏团结、贻误或影响村里工作;严禁村干部在日常行为中情趣低下,作风不端,妨害社会管理秩序。

第八章 奖惩措施

第二十九条 村民委员会每年进行先进评比,经村两委会联席会议商议后,由村民委员会表彰奖励模范遵守村规民约的家庭和村民个人。

第三十条 凡违反本村乡规民约的,经村两委会联席会议商议后,由村民委员会对行为人酌情做出批评教育、公示通报、责成赔礼道歉、写出悔过书、恢复原状或赔偿损失等相应处理决定。

第九章 附则

第三十一条 本村规民约由村党组织和村民委员会负责解释。

第三十二条 本村规民约自村民会议通过之日起施行。

宁海县前童镇岭南村村民委员会
2017 年 5 月 19 日

四、岭南村村民(股民)家庭成员录

家庭成员录内,"▲"表示一户家庭,最上面一行是该户家庭现有人员的最高长辈,在姓名后括注辈份。下列子(女儿)、孙(孙女)、曾孙(曾孙女)、玄孙(玄孙女)等辈。多子之家则以长子、次子、三子——表明长幼之序。子以下等辈不再表明,但基本上亦按长者前,幼者后排序。女儿放在儿子下。此录的调查时间截至 2018 年 12 月 31 日。

（一）岭南自然村村民（股民）家庭成员录

陈土兴　配　陈来女（土）

　　长子　陈建葵　配　潘培林
　　孙子　陈云妙　配　葛丽丽
　　曾孙　陈其
　　孙女　陈碧云
　　外孙　陈何熙
　　次子　陈立秋　配　葛再芬
　　孙子　陈强强　配　王萌莲
　　三子　陈春元　配　严伟琴
　　孙子　陈科杓

童能妹（土）

　　长子　陈泽和　配　娄云青
　　次子　陈泽平　配　何雪芹
　　孙子　陈宇

陈土旺　配　柴胜妹（土）

　　长子　陈林杭　配　应维聪
　　孙子　陈翼鸣
　　次子　陈林飞
　　三子　陈云飞　配　陈式君
　　孙女　陈佩益
　　四子　陈尚忠　配　石海云
　　孙子　陈俊睿
　　孙女　陈艺沁

陈土伟　配　戴梅香（土）

　　长子　陈林武　配　陈惠芳
　　孙女　陈俏宇
　　次子　陈建武　配　吴琳

　　孙子　陈泉文
　　三子　陈建县　配　贺林萍
　　孙女　陈俏颖

陈兴官　配　钱月娟（土）

　　子　陈勇　配　钟筱红
　　孙子　陈寅昊

陈元汉　配　杨春芬（建）

　　子　陈利军　配　朱银萍
　　孙女　陈思雨
　　孙女　陈思思

陈圣刚　配　胡冬妹（建）

　　子　陈碧辉　配　陈灵灵
　　孙子　陈依博

陈月光　配　胡为君（建）

　　子　陈涛　配　冯小媛
　　孙女　陈曦

陈全国（建）

　　长子　陈碧军　配　孙雪娇
　　孙子　陈奕帆
　　次子　王杰

陈全立　配　陈珊娟（建）

　　子　陈筝川

陈建定　配　杨永仙（建）
　　子　陈益飚　配　吴洁
孙子　陈泽楷

项来英（士）
　　子　陈海亮　配　柴翠女
孙子　陈静波

陈银校　配　柴爱青（士）
长子　陈明亮　配　蒋素娟
孙子　陈奎宇
孙女　陈怡
次子　陈铭锋　配　童丽娟
孙女　陈孟晗
三子　陈晓明　配　陈亚娟
孙子　陈昱男

陈华国　配　柴忠女（建）
　　子　陈柄甫　配　张莹莹
孙子　陈俊嘉

陈华江　配　葛柿香（建）
　　子　陈斌　配　陶琼莹

陈小来　配　童云芳（建）
　　子　陈东　配　杨海浓
孙女　陈虹宇

胡昌炎　配　杨利枝（昌）
长子　胡圣官　配　陈明翠
孙子　胡宇杰　配　孟佳琪
曾孙　胡晋豪

曾孙女　胡景茹
孙女　胡宇莹
次子　胡圣强　配　荣富宇
长女　胡宇斌
三子　胡圣红　配　王小兰
孙子　胡春杰
四子　胡圣贵　配　吴云爱
孙子　胡毅俊

胡启权　配　葛垚娟（昌）
　　子　胡圣岳　配　叶琴影
孙子　胡文楷

胡国权　配　童再芬（昌）
　　子　胡忆

李荣跃　配　王菜娣
　　子　李杨钧　配　张玲玲
孙子　李景闳

陈莺妹（启）
长子　娄广元　配　葛月光
长孙　娄荣武　配　陈丹亚
曾孙　娄晨阳
次孙　娄荣辉　配　陈蓉蓉
曾孙女　娄佳怡
次子　娄泽元　配　葛美素
孙子　娄斌斌　配　马群亚
曾孙　娄子浩

童真申　配　娄银兰（真）
　　子　童健敏　配　刘婷

孙子　童令杭

孙女　童令欣

陈安娟（真）

女儿　童燕浓

华丝贞（宏）

长子　童寅生　配　马月兰

孙女　童　宁

次子　童永利　配　袁群宏

孙子　童鑫铭

华新女（宏）

长子　童真平　配　陈彩平

孙子　童彬峰　配　李向玲

曾孙　童泊远

曾孙　童泊睿

孙子　童振峰　配　陈洋洋

曾孙　童铖浩

曾孙　童铖奕

次子　童真成　配　胡美娇

孙女　童培培

孙女　童　彤

三子　童小成　配　王秋东

孙子　童凯峰　配　黄朝梅

曾孙女　童墨萱

潘启真　配　娄春莲（启）

女儿　潘静裕

潘小真　配　尤亚兰（启）

女儿　潘　洁

潘真金　配　李菊芬（启）

子　潘志磊

潘荷女（士）

子　陈建培　配　童秀兰

孙子　陈坤灿

子　陈培兵　配　葛春芬

孙子　陈本祺

陈成明　配　魏美蓉（贤）

子　陈巍华　配　叶丹红

孙子　陈宇阳

女儿　陈欣悦

陈灶官（士）

子　陈金辉　配　金伟英

孙女　陈伊蕾

陈晓辉　配　王霞芬（建）

子　陈韬宇

女儿　陈叙伊

潘冬妹（建）

长子　陈圣亮　配　童小芳

孙子　陈宇翔

曾孙女　陈琳

次子　陈圣科　配　王小娟

孙子　陈超翔

魏彩春（士）

长子　陈小猛

次子　陈晓烈　配　陈海召
孙女　陈俊吟

陈建旺（建）
女儿　陈葱葱

陈建项　配　陈观菜（建）
　　子　陈旭杰　配　王斌杨
孙女　陈巧莉

陈建浪（建）

陈平浪（建）
　　子　陈超良

陈海浪　配　葛彩霞（建）
长女　陈茜佳
次女　陈梦佳

陈为曹　配　章玲娣（士）
　　子　陈红淼　配　王莉燕
孙子　陈昱凯

陈为友（士）
女儿　陈玲芬
女儿　陈玲芳

陈士相　配　胡芝莲（士）
　　子　陈晓峰　配　沈丽娜
孙女　陈欣园

陈贤华　配　葛亚平（贤）

陈贤国　配　叶三琴（贤）
女儿　陈圣飞

王夫娟
女儿　胡晨烨

周江飞　配　葛宝娟
　　子　周旗宏

娄启校（启）
　　子　娄广平　配　娄亚利
孙女　娄文雀
孙女　娄文蔚

娄新科　配　杨爱云（逢）
　　子　娄文涌　配　陈蔚
孙子　娄丛一

娄宣科　配　吴长虹（逢）
　　子　娄天裕

娄元科　配　朱云枝（逢）
女儿　娄文舒

娄启梅　配　冯甩彩（启）
　　子　娄静波　配　王海飞
孙子　娄程煜
孙女　娄涵琳

葛彩浓

女儿　项笑燕

外孙　甘宇涛

潘根友　配　江菜英（人）

长子　潘良真　配　王文雅

孙子　潘俊华

孙子　潘俊宇

次子　潘良辉　配　张丽丽

孙子　潘俊腾

陈菊妹（士）

长子　陈伟亮　配　陈亚萍

孙女　陈依依

孙女　陈方媛

次子　陈伟健　配　葛娇燕

孙子　陈亦轩

孙女　陈怡婷

陈灯官　配　童卯妹（士）

长子　陈国辉　配　陈春芬

孙子　陈旭旻　配　麻秋燕

曾孙　陈昱轩

曾孙　陈昱儿

次子　陈国安　配　王秀芬

孙子　陈烨

严望兰（士）

长子　陈轶飚　配　金春芬

孙女　陈可欣

孙女　陈欣怡

次子　陈狄飚　配　陈志红

孙子　陈劲宇

童阿越（士）

子　陈吉伟　配　项冬英

孙子　陈武斌　配　童海娣

曾孙　陈鑫榆

陈贤舟　配　曹亚未（贤）

子　陈启国　配　童依娜

孙女　陈思奇

陈贤和　配　陈春艳（贤）

女儿　陈乐薇

陈士地　配　严雅妙（士）

女儿　陈亚莉

孙子　陈彤垚

孙子　蒋彬麒

陈定来　配　梅素菜（建）

子　陈贤原

葛玉兰（建）

长子　陈新音　配　童真娟

孙子　陈圣标

次子　陈新广　配　王翠苹

孙子　陈人豪

孙女　陈媛媛

陈贤根　配　潘芳妹（贤）

子　陈云杰

孙女　陈钰

女儿　陈云丽

外孙　陈博

陈江海　配　娄优娣(贤)

　　子　陈圣云

女儿　陈桢甄

次女　陈梓萌

陈仁国　配　陈淑琴(建)

　　子　陈振辉　配　葛颖聪

孙子　陈宇航

女儿　陈津金

陈仁能　配　林娇娥(建)

长子　陈正一

次子　陈正驰

项仁英　（士）

长子　陈建明　配　葛春芬

孙子　陈赟　配　杨燕

次子　陈明科　配　陈月娟

孙子　陈羿翰

三子　陈良科　配　朱存安

孙子　陈政亦

陈阿毛　配　葛秀林　（贤）

长子　陈海龙

孙女　陈婵婷

次子　陈文龙

孙女　陈吉

陈阿春　配　童秀芬(贤)

　　子　陈海丰　配　童晓娣

孙子　陈靖

孙女　陈诺

陈三毛　配　童玲玲(贤)

　　子　陈晨辉　配　钱湛

孙子　陈昊明

陈贤义　配　陈梦英(贤)

　　子　陈圣泽　配　葛完芬

孙子　陈旭涛

陈子贤　配　应彩芬(贤)

　　子　陈宝夫　配　周亚娟

孙子　陈柏年

陈和平　配　魏再芬　（建）

　　子　陈国良　配　孙素金

孙子　陈渊豪

陈新钱　配　叶茶花(建)

长子　陈贤县　配　杨密香

孙女　陈玲琳

次子　陈贤区　配　陆秀云

孙子　陈圣钏

卢菜英(建)

长子　陈贤仁　配　葛惠娟

孙女　陈巧巧

次子　陈仁汉　配　陈华菜

孙子　陈欢杰　配　叶蓓莉

曾孙女　陈嘉怡

曾孙女　陈佳然

三子　陈东汉　配　王江娟

孙子　陈焕宁

孙女　陈宇霞

陈吉校　配　童密芬（建）

长子　陈太平　配　葛丽芬

孙子　陈双阳

曾孙　陈　诺

次子　陈贤福　配　章东芬

孙子　陈　洋　配　陈蒙蒙

陈吉庆　配　葛小翠（建）

子　陈善平　配　童玉娟

孙子　陈仲阳

陈建昌　配　李菊兰（建）

子　陈树春　配　蒋培芳

孙子　陈昱诚

陈建盛　配　严金飞（建）

长子　陈贤龙　配　严雯雯

孙女　陈钰研

次子　陈贤虎　配　胡海亚

孙子　陈靖轩

陈建宝　配　徐亚云（建）

子　陈祥祥　配　孙晓英

孙女　陈雨涵

陈建满　配　陈玉娟（建）

子　陈永平　配　童琴丽

孙子　陈宣俊

陈建申（建）

陈建祥（建）

严爱玲（士）

长子　陈力真　配　蒋亚红

孙子　陈　栋　配　潘㛃伊

曾孙子　陈彦儒

次子　陈为人　配　王向正

孙女　陈　玫

陈道根　配　葛定妹（建）

长子　陈国庆　配　娄惠珍

孙子　陈　诚　配　李静湜

曾孙女　陈诗龄

曾孙女　陈芮熙

次媳　周群英

孙子　陈柯豪　配　葛柳冰

三子　陈晓国　配　刘　敏

孙子　陈则名

杨立华　配　陈祝英

长子　杨道富

次子　杨道善

长孙　杨星泽

次孙　杨星炎　配　王静珍

曾孙女　杨依萱

陈贤丰　配　陈见素（贤）

子　陈利杰　配　陈海雅

孙子　陈宇祥

陈和新（建）

🏠 吴忠炎 （伟）

　长子　吴明罗　配　葛爱素

　次子　吴明汉　配　陈岳芬

　孙子　吴帅熠

　三子　吴明雨　配　林春利

　孙子　吴枋校

　孙女　吴馨悦

　四子　吴宏雨　配　杨琴艳

　孙子　吴亦阳

　孙子　吴亦晨

🏠 姚圣法

　女儿　姚亚群

　外孙女　周琪微

🏠 童真安　配　章秀英（真）

　长子　童时杰　配　方晓君

　孙子　童梁瑞

　次子　童绿飞

🏠 童真官　配　陈才春（真）

　女儿　童银霞

　外孙　童诗园

🏠 童真广　配　葛苏兰（真）

　　子　童登辉

🏠 童真海　（真）

　女儿　童丹颖

🏠 卢崇府　配　童苏芬（崇）

　长子　卢国勤　配　陈玲娇

　孙女　卢　韦

孙女　卢　洁

曾孙女　卢欣研

曾孙女　卢欣悦

次媳　陈亚维

孙子　卢秉涛

🏠 严佩荣（士）

长媳　项再娟

孙子　陈兵辉　配　童来娣

曾孙女　陈欣欣

孙子　陈方辉

二子　陈建岳　配　陈国芬

孙子　陈　辉

孙子　陈财宝　配　蒙秀述

曾孙　陈　骏

四子　陈建时　配　葛月娟

孙子　陈伟锋

五子　陈六科　配　杨元亚

孙女　陈钇廷

六子　陈六相　配　童优丽

孙女　陈淑颖

孙女　陈锦东

🏠 陈三根（士）

子　陈放明　配　梅灵芝

孙女　陈淑仪

🏠 陈敬安　配　项丽丽（贤）

子　陈旭光　配　邓　琪

孙子　陈政宏

王安香（建）
　　子　陈新军　配　张能燕
孙女　陈昱瑶

陈建东　配　陈安平（建）
　　子　陈贤飞

陈建多　配　葛剑菱（建）
　　子　陈宇泽

陈建友（建）
　　子　陈军海　配　王爱飞
孙子　陈智伟

卢崇员　配　陈小芬（崇）
长子　卢海斌　配　王燕琼
孙子　卢睿轩
孙女　卢俊纤
次子　卢海永　配　夏学惠
孙女　卢欣语

潘仲香（士）
长子　陈建统　配　陈小妹
孙子　陈军飞　配　杨锦娜
曾孙　陈果
次子　陈建掌　配　王宝安
孙子　陈登科

陈建官　配　葛艮仙（建）
　　子　陈为全
女儿　陈双燕

陈胜利　配　童大云（士）
长子　陈建锋　配　任维君
孙子　陈任祥
孙女　陈依梦
次子　陈钢炼　配　项笑儿
孙子　陈贤铲

陈建湖（建）
长子　陈军永　配　王明勤
孙子　陈昊
次子　陈善军　配　吕巧巧
孙子　陈毅

陈建定　配　杨玉萍（建）
　　子　陈晓永

陈林娣（建）
长子　陈军杰
次子　陈军科

陈子田　配　童仙娟（建）
女儿　陈优娜

陈建能　配　陈式妹（建）
　　子　陈承丰　配　陈晓芸
孙子　陈俊宇

陈建和　配　柴爱香（建）
　　子　陈永峰

陈建仁　配　沈莲芳（建）
　　子　陈静波　配　朱苗
孙子　陈禹博

陈建成　配　周为兰（建）
　　子　陈德君　配　王月萍
孙子　陈政翰

葛双凤（建）
长子　陈斌飞
次子　陈圣飞　配　杨珊珊
孙女　陈玉洁
孙女　陈雨馨

陈林火　配　邰北妹（建）
　　子　陈石飞　配　杨秀萍
孙子　陈逸洋
孙女　陈逸芯

杨金莲（建）
长子　陈贤宽　配　王爱芬
孙子　陈圣超
次子　陈贤康　配　王良芬
孙女　陈海聪
孙女　陈钰欣
三子　陈贤兵　配　娄桂林
孙女　陈洋洋

陈建泽　配　杨建浓（建）
女儿　陈银儿
女儿　陈味燕

陈方泽　配　葛夏兰（建）
　　子　陈挺金　配　葛巧娣
孙女　陈奕桐

陈方国　配　周海萍（建）
女儿　陈静燕

陈方军　配　周海绒（建）
长子　陈文博
次子　陈柏鑫

陈金钱　配　沈爱芬（建）
　　子　陈松松　配　林倩倩
孙子　陈海翔
孙女　陈乐伊

陈金财　配　沈彩芬（建）
　　子　陈森森　配　葛巧群
孙子　陈绘宇
孙女　陈荟璇

陈坚豪　配　柴彩玲　（建）
　　子　陈贤吉　配　叶秋红
长孙　陈宇轩
次孙　陈锦轩

陈建平　配　葛安娟（建）
　　子　陈林峰　配　方迎春
孙子　陈哲宇

陈九青　配　葛子芬（贤）
　　长子　陈向阳　配　任翠斐
　　孙女　陈一睿
　　次子　陈海源

陈建亚　配　王安春（建）
　　女儿　陈晓肖　配　陈红军
　　外甥　陈宇波

陈爱科　配　芦亚利（贤）
　　女儿　陈莎莎

葛瑚琏（贤）
　　女儿　陈钱卿

陈小科　配　葛再娣（贤）
　　　子　陈旭辉
　　女儿　陈露霞

葛根妹　（建）
　　长子　陈东成　配　优　芬
　　孙子　陈天宇
　　次子　陈广成　配　童姣娟
　　孙子　陈雨梁

陈贤明　配　沈密青（贤）
　　　子　陈森洋

陈贤助　配　沈妙芬（贤）
　　　子　陈鑫志

陈贤崇　配　葛海芬（贤）
　　女儿　陈丽娜
　　女儿　陈丽薇
　　女儿　陈丽红

陈建海　配　杨翠凤（建）
　　　子　陈　斌　配　汤文敏
　　孙子　陈　昊

陈建江　配　王为花（建）
　　　子　陈亚锋　配　娄亚婉
　　孙子　陈圣瑞

陈宝林　配　陈建平（建）
　　　子　陈俊杰　配　孔赛丽
　　孙女　陈鑫钰
　　孙女　陈鑫燃

陈宝军　配　娄绍娟（建）
　　　子　陈贤强

陈灶平　配　卢娇娟（贤）
　　　子　陈亿健

陈安钱（建）

吴伟贤（伟）
　　长女　吴姣群
　　次女　吴　旭

吴伟杰　配　葛根凤（伟）
　　长子　吴锦文　配　胡宇静
　　长孙　吴一凡
　　次子　吴锦武　配　田海燕
　　孙子　吴亦初
　　孙子　吴亦默

吴伟淡　配　杨莲芬（伟）
　　子　吴军科

杨素贤（人）
　　长子　潘良成　配　陈苏芳
　　孙子　陈志鹏
　　次子　潘谊成　配　张友香
　　孙子　潘卓越

卢亚庆（尚）
　　子　卢碧怀

卢常青　配　卢苗葱（尚）
　　子　卢碧辉

卢国金　配　葛曙霞（尚）
　　子　卢傲松

陈彩芬（崇）
　　子　卢海平　配　罗永靖
　　孙女　卢雨涵

童根叶（建）
　　子　陈成科　配　王叶娟
　　孙女　陈小兰
　　次子　陈国科　配　葛秀恒

孙子　陈骏楠

陈建亮　配　王彩妹（建）
　　长子　陈成江　配　魏巧燕
　　孙子　陈思楠
　　次子　陈成统　配　林海燕
　　孙子　陈亿宇
　　孙女　陈林萱

陈贤香（贤）
　　长子　陈世钱　配　银妹
　　孙子　陈小东　配　杨惠
　　曾孙　陈皓阳
　　次子　陈世坤
　　孙子　陈海广
　　曾孙　陈瑞
　　三子　陈世申　配　王冬仙
　　孙子　陈阿震
　　四子　陈世成
　　孙女　陈佳

严银仙（士）
　　子　陈汉朝　配　杨亚浓
　　孙子　陈威

陈志军　配　金爱绒（建）
　　子　陈景乐

陈林泽　配　童依萍（建）
　　子　陈瑞昊
　　女儿　陈婷婷

陈钱江 配 陈彬芬 （贤）
　子 陈相威 配 严丽敏
孙女 陈 倩
孙女 陈彦欣
女儿 陈圆圆

陈贤才 配 童爱春（贤）
长子 陈圣杰 配 胡绚丽
孙子 陈 涛
次子 陈圣焕
孙女 陈冬冬
三子 陈圣三 配 陈林红
孙子 陈 志
四子 陈圣齐 配 马 萍
孙子 陈 珑

叶稳妹 （建）
长媳 陈彩琴
孙子 陈学飞 配 杨洋群
曾孙女 陈 榕
孙子 陈学峰
曾孙 陈彦彰
次子 陈 炜 配 胡静静
孙子 陈嘉煜

陈德康 配 卢未英 （建）
长子 陈云峰
次子 陈军峰 配 朱静芳
孙女 徐 萍

陈建达 配 童为琴（建）
长子 陈军辉 配 陈彩燕
孙子 陈 晨

次子 陈明辉 配 施湘群
孙女 陈 朵

陈建苗（建）
子 陈军艳 配 周栽娣
孙子 陈 楠

陈安国 配 陈为娟（建）
子 陈 威 配 边 卫
孙女 陈佳玮

陈建国 配 严荷仙（建）
子 陈晓东 配 刘晓群
孙子 陈妤溏

陈伟国 配 陈爱翠（建）
子 陈亨达

陈为忠 配 吴玲翠（建）
子 陈威俊

陈贤式 配 陈菜飞（贤）
长子 陈圣闹 配 陈海红
孙子 陈 鹏 配 胡媛媛
曾孙女 陈 诺
次子 陈小闹 配 许夏英
孙子 陈志鹏
孙女 陈惠姣

陈伟平 配 陈桔青（贤）
子 陈锦涵

🏛 陈式平　配　严亚静（贤）

🏛 甘苏女（建）
长孙　陈　昰
次子　陈太贤　配　柴根妹
孙子　陈元梁
孙子　陈梁基
三子　陈太君　配　杨爱娣
孙子　陈炳彰

🏛 陈文宣　配　赵仙女（贤）
长子　陈荣利　配　蒋聪菜
孙子　陈　浩
次子　陈利江　配　魏明娇
孙子　陈景灏
三子　陈永江　配　葛莹霞
孙女　陈　果

🏛 陈贤军　配　蒋子莲（贤）
长子　陈永龙　配　林慧娜
孙女　陈昊韵
孙女　陈涵韵
次子　陈永丰　配　金能丹
孙子　陈来恩
孙子　陈钡易

🏛 陈式飞　配　陈爱成（贤）
子　陈福峰　配　万春苗
孙子　陈宥谦
孙女　陈　果

🏛 陈仁贤　配　葛三连（贤）
子　陈　奇

🏛 陈贤成　配　卢根芬（贤）
子　陈立波
孙子　陈骏熠

🏛 陈贤平　配　童冬芬（贤）
子　陈凯波　配　张赛赛
孙子　陈宇灿

🏛 陈贤统　配　毛珠琴（贤）

🏛 陈宝平　配　陈苏云（贤）
长子　陈备峰　配　曹贵凤
孙子　陈锦熙
孙女　陈熙诺
次子　陈齐峰　配　麻娇嫦
孙子　陈锦昱

🏛 陈天平　配　童金芬（贤）
子　陈帅彬　配　应盼盼
孙子　陈思琛
孙女　陈诗蕊

🏛 陈维松　配　卢春芬（贤）
子　陈益炉　配　杨群群
孙子　陈子兮

🏛 陈炳火　配　陈苏琴（建）
子　陈岩　配　卢奶
孙子　陈智欣

🏛 陈小平　配　葛钱玲（贤）
长女　陈碧霞
次女　陈巧霞

陈彩芬（崇）

　　　子　卢海平　配　罗永靖
孙女　卢雨涵

娄常女（建）

　　　子　陈伟江　配　陈海云
长孙　陈彬锡
次孙　陈　锡

陈金宝（贤）

陈林法（建）

陈斌斌（贤）

　　　子　陈嘉南

卢方官　配　麻爱琴（尚）

长子　卢德亮　配　王巧浓
孙女　褚雨晨
次子　卢余峰　配　王琴琴
孙子　卢梓豪
孙女　卢梓悦

卢方园　配　童爱丽（尚）

女儿　卢　静
外孙女　朱　宁

卢根钱　配　童彩芳（崇）

　　　子　卢梓品

陈新炎　配　徐三青（建）

　　　子　陈　峰　配　张优培
孙子　陈亦恒
孙子　陈亦铭

陈新根　配　娄玲芬（建）

长子　陈赟永
次子　陈赟锋

陈新元　配　陈菊秋（建）

　　　子　陈锦涛

陈善根　配　童必婷（建）

　　　子　陈赟波

陈善圣　配　应娜钗（建）

女儿　陈怡宁

陈建兴　配　陈白潭（建）

　　　子　陈红兵　配　胡　红
孙女　陈越柔
孙女　陈瑾菡

陈圣炎　配　章兴凤（建）

长子　陈海峰　配　张　颖
孙子　陈宁巍
次子　陈陆峰　配　李小萍
孙子　陈锦涛
孙女　陈锦琳

陈小言　配　沈菊芬（建）

　　　子　陈立峰　配　王　芳
孙子　陈浩涵

陈贤启　配　童小恩（贤）

长子　陈欢军　配　梅灵灵
孙女　陈雨洁

次子　陈欢平　配　王　静
孙女　陈芷茹
孙女　陈　诺

陈贤府　配　章双花（贤）
　　子　陈鑫祥　配　徐咪娜
孙女　陈佳彤

陈善旺　配　陈鲜花（建）
　　子　陈　毅
女儿　陈斌斌

陈贤其　配　陈妙芳（贤）
　　子　陈欢荣

陈方贤　配　叶惠仙（贤）
　　子　陈　康　配　历雅芸

陈方宏　配　柴彩浓（贤）
　　子　陈欢祥

陈士章（士）
长子　陈科学　配　徐惠芬
孙子　陈振贤
次子　陈小科　配　曹爱莲
孙子　陈栋栋
曾孙女　陈雨萱
三子　陈吉科　配　齐雪来
孙子　陈一平

陈兴旺　配　陈美芳（士）
长子　陈永斌　配　吴敏丹

孙女　陈姝含
次子　陈红斌　配　童爱萍
孙子　陈浩宇
三子　陈文斌　配　胡乐姣
孙子　陈厚元
孙女　陈亦霖

陈海旺　配　柴爱花（士）
　　子　陈坚剑　配　邓丽丽

陈阿升（士）
长子　陈元鹏　配　刘　静
孙女　陈久祺
次子　陈兆鹏　配　葛翠芳
孙子　陈蕴恺
孙女　陈珊珊

陈建校　配　葛云娥（建）
　　子　陈碧瑜
女儿　陈瑞华

石好妹（建）
长子　陈贤庆　配　杨美玲
孙子　陈世棉　配　葛先葱
曾孙女　陈　怡
曾孙女　陈　倩
次子　陈贤省　配　尤再莲
孙子　陈海波　配　刘林芳
曾孙女　陈珂燕
曾孙女　陈珂灵

陈贤臣　配　葛区芬（贤）
　　子　陈琪祥
　　女儿　陈慧慧

陈建金　配　章为娣（建）
　　长子　陈贤序　配　蒋肖丽
　　孙子　陈思威
　　孙女　陈欣怡
　　次子　陈贤杰　配　程　丽
　　孙女　陈薇羽
　　孙女　陈麟茜

陈建锡　配　王妙连（建）
　　子　陈贤德　配　丁　赢
　　孙子　陈牧涵

陈建忠　配　葛亚玲（建）
　　子　陈文凯

陈建晨　配　王连春（建）
　　长女　陈莎眯
　　次女　陈莎妮

陈三炎　配　王荷花（建）
　　子　陈春峰　配　王明飞
　　孙子　陈挺昊
　　女儿　陈春红
　　外孙　陈浩明

吴香莲（贤）
　　长子　陈培军　配　朱凤云
　　孙女　陈利丹

孙女　陈宇彬
次子　陈海广　配　沈光芬
孙子　陈宇锴
三子　陈海飞　配　张萍娣
孙女　陈锴雯

陈建江　配　葛爱芬（建）
　　长子　陈益峰　配　仇群婷
　　孙女　陈贞炫
　　孙女　陈贞栖
　　次子　陈钱峰

陈连江　配　蔡金花（建）
　　子　陈碧波

陈满江　配　吴杏叶（建）
　　子　陈奥轩

陈广武　配　娄丹文（圣）
　　长子　陈嘉铭
　　次子　陈　宇

陈贤宏　配　陈玉琴（贤）
　　子　陈欢武　配　陈　曼
　　孙女　陈沫陈

陈地妹（建）
　　长子　陈年庭　配　童爱仙
　　孙子　陈良亮
　　孙子　陈二亮
　　次子　陈之成　配　陈金凤
　　孙女　陈轩茹

三子　陈子科　配　梁根芽
孙子　陈等益
孙女　陈佳怡

🏯陈林贤　配　周则莲（贤）
　子　陈明强　配　陈艳
孙女　陈微伊

🏯陈海军　配　王艳艳（圣）
　子　陈艺凡

🏯陈武军　配　尤君叶（圣）
　子　陈天心

🏯陈贤江　配　陈英（贤）
　子　陈凯杰　配　徐丛璐
孙子　陈翊啸

🏯陈江科　配　童雪青（贤）
　子　陈凯泽

🏯陈才法　配　陈芬妹（贤）
长子　陈贤品　配　鲁国飞
孙女　陈雨馨
次子　陈贤铎

🏯陈光大（建）
　子　陈绿绮　配　葛芬娣
孙子　陈阳洋

🏯陈培法　配　童苏琴（贤）
长子　陈广飞　配　严翠芬

孙子　陈功福
次子　陈广辉　配　严彩云
孙子　陈昊

🏯陈立永　（贤）
女儿　陈敏燕

🏯陈贤永　配　葛为英（贤）
长子　陈君标　配　孙夏芬
孙子　陈越
次子　陈君奎　配　刘红霞
孙女　陈佳怡
三子　陈圣峰　配　葛俏莹
孙女　陈诗涵
孙女　陈思羽

🏯陈贤坤　配　娄爱飞（贤）
　子　陈迪轩

🏯陈建军　配　陈玉娇（建）
长子　陈欢宵　配　朱梦菲
孙子　陈宇恒
次子　陈欢龙　配　刘会
孙子　陈翰宇

🏯陈大奎（建）

🏯卢吉武（尚）

🏯陈贤宏（贤）

（二）东溪自然村村民（股民）家庭成员录

陈长富　配　章光庆（守）
　　　子　陈　斌　配　张圆媛
　　孙子　陈持北

陈宏富　配　章连春（守）
　　　子　陈云伟　配　章丽丽
　　孙女　陈奕安

陈明先　配　童仁妹（建）
　　　子　陈　煜　配　李利英
　　长孙　陈嘉俊
　　次孙　陈嘉驹

陈三宝　配　吴华芬（建）
　　　子　陈志勇　配　薛再定
　　孙子　陈敬敬

陈四宝　配　陈妙仁（建）
　　　子　陈　琪

陈建团　配　刘志彩（建）
　　　子　陈云辉　配　童琴箫
　　孙子　陈祎铭

陈建余　配　尹金飞（建）
　　　子　陈云奎　配　吴倩倩
　　孙子　陈学礼

陈建华　配　卢月妹（建）
　　长子　陈卫国　配　张　莉
　　孙女　陈珊珊

　　孙女　陈莹莹
　　次子　陈小国

陈建来　配　卢小芬（建）
　　　子　陈浚培

陈国付　配　严金娟（谨）
　　长子　陈志波
　　次子　陈志辉　配　蔡青球
　　孙女　陈奕霏
　　三子　陈志锋　配　蒋东亚
　　孙子　陈奕帆

陈忠兴　配　邱爱萍（宇）
　　　子　陈燕军
　　孙子　陈益恒

童贤惠（宇）
　　　子　陈海港　配　吴晓艳
　　孙子　陈　晨
　　女儿　陈蓉蓉
　　外孙　陈嘉俊

陈国胜　配　杨莉娟（谨）
　　女儿　陈刘群
　　孙女　陈亮霓

娄荷娟（谨）
　　长子　娄开锋　配　郭小敏
　　孙女　娄紫韵

孙女　陈紫红
次子　陈建辉

陈七星　配　应银芬(谨)
　　子　陈思源

吴梅芬(谨)
　　长子　陈豪杰　配　魏爱兰
　　孙女　陈楚楚
　　次子　陈小杰　配　杨亚玲
　　孙子　陈梓瑞
　　孙女　陈　蕊

陈连华　配　王笑花(建)
　　女儿　陈　琴
　　外孙　陈博扬

童国良(遵)
　　子　童龙炎　配　陈向月
　　孙女　童怡帆
　　孙女　童郁荟

童林地(圣)
　　长子　葛金奎　配　仇可女
　　孙女　葛映彤
　　次子　葛亚青　配　杨亚珍
　　长孙　葛旭东
　　次孙　葛易宁
　　孙女　葛旭阳

陈广华　配　王京予(谨)
　　女儿　陈　曦

吴安荣　配　胡根仙(昌)
　　长子　吴宗华
　　孙子　吴岳松
　　次子　吴宗能　配　童月青
　　孙子　吴岳义　配　章盼盼
　　曾孙　吴子墨
　　三子　吴宗云　配　邬华仙
　　孙女　吴珠珠
　　孙女　吴珍珍

吴小才　配　蒋良妹(昌)
　　子　吴益理　配　王贤娇
　　孙子　吴林洋
　　孙女　吴　颖

吴根妹(昌)
　　子　吴海军
　　孙子　吴建辉

王娇英(昌)
　　子　吴能华　配　王贤媛
　　孙子　吴伟骞
　　孙子　吴瑞骞

吴林法　配　童彩玲(昌)
　　子　吴　军　配　林咪咪
　　孙子　吴乐迪
　　女儿　吴益群

吴胜法　配　王林芳(昌)
　　子　吴云斌　配　许　芹
　　孙女　吴冠娇
　　孙女　吴冠盈

吴的法　配　卢密娟（昌）

　　子　吴云波　配　丁碧霞

孙女　吴思仪

女儿　吴益红

吴良法　配　王恩妹（昌）

长子　吴海红　配　陈晓飞

孙子　吴鹏威　配　杨天祺

曾孙　吴亦辰

曾孙女　吴亦宁

次子　吴理红　配　童海兰

孙女　吴彤倩

吴宗备　配　卢根春（宗）

　　子　吴怀阳

吴宗仁　配　周苏英（宗）

　　子　吴展召　配　张利芬

孙子　吴明轩

吴宗平　配　章银娇（宗）

　　子　吴健涛　配　叶琳

孙子　吴睿浩

项照娣（宗）

长子　吴冬勇　配　任荷芬

孙子　吴欣宇

次子　吴维勇　配　鲍雪玲

孙子　吴天宇

胡其明　配　卢慧芬（其）

　　子　胡志靖

胡兴旺（其）

　　子　胡晓波　配　王晓莹

孙女　胡紫涵

女儿　胡燕薜

胡其令　配　魏彩芬（其）

长子　胡迎宁　配　童晓萍

孙女　胡君怡

次子　胡星星　配　娄飞燕

孙子　胡家郡

胡其广　配　彭彩娣（其）

　　子　胡文欢　配　童茂

孙子　胡彧维

胡其汉　配　陈爱玉（其）

　　子　胡全定　配　丁夏珍

孙子　胡俊辉

孙女　胡佳瑶

傅苗珍（昌）

　　子　胡朝富　配　卢玉欧

孙女　胡开云

葛亚琴

　　媳　王成妹

孙子　杨涵屹

魏建成　配　吴梅丹（建）

　　子　魏碧海　配　娄建亚

孙子　魏子墨

孙女　魏子祯

卢密芬（建）

　长子　魏世相　配　娄秀萍

　孙女　魏　睿

　次子　魏世望　配　林玲萍

　孙子　魏晨旭

　三子　魏金三　配　张岁燕

　孙子　魏　崇

魏建强　配　牛怀菊（建）

　　子　魏　华　配　李月波

　孙女　魏　璇

魏建苗　配　杨笑娟（建）

　　子　魏　敏　配　张　美

　孙女　魏紫苑

魏建根　配　王对娟（建）

　　子　魏超空　配　杨亦娜

　孙子　魏和杨

　次子　魏超陆

魏建兴（建）

　　子　魏明军　配　严富红

　孙子　魏峰峰

魏建平　配　蒋先芬（建）

　长子　魏明利　配　童汝霞

　孙女　魏嘉彤

　孙女　魏晓彤

　次子　魏海明　配　陈洪侠

　孙子　魏晨博

魏彭春　配　陈广苏（建）

　长子　魏豪义　配　王玲巧

　孙子　魏家炫

　次子　魏杰士

卢远贝　配　朱彩香（远）

　长子　卢其华　配　潘成芬

　孙子　卢　鑫

　次子　卢其海

　孙子　卢晓炉

　三子　卢四海　配　胡君妃

　孙女　卢欣晨

卢海飞　配　章秋华（其）

　　子　卢伟强

卢海新（其）

　　子　卢浩然

卢其理　配　陈亚华（其）

　　子　卢东鹏　配　俸玉美

　孙子　卢俊羽

卢其校　配　王春仙（其）

　　子　卢锦雄

卢吉安　配　施巧红（其）

　　子　卢碧波

卢其能　配　项笑葵（其）

　女儿　卢盼盼

卢听莺　配　童妙芬（其）

　　子　卢余杰　配　杨琴

孙子　卢俊亦

女儿　卢晓燕

吴文木　配　王文莉

长子　吴文良　配　郭秀英

孙子　吴东晓

次子　吴万明　配　黄秀英

孙女　吴爱华

三子　吴万丰　配　陈蓓蕾

孙女　吴薇薇

四子　吴济光　配　余倩慧

孙子　吴瑜麟　配　美贝妮

曾孙女　吴梓萱

吴安全（昌）

次子　吴宗顺　配　郁建英

孙子　吴钧　配　吴新艳

曾孙　吴卓阳

吴虎侯　配　褚芸香（昌）

　　子　吴峻峰　配　尤巧英

孙子　吴悠悠

吴再兴（昌）

吴定一

长子　吴宁森

孙子　吴跃跃

次子　吴海深

吴良明　配　孙国全

　　子　吴宗阳（季阳）配　严孝黎

孙子　吴山

卢听广　配　王国英（其）

　　子　卢顺利

女儿　卢蒙蒙

女儿　卢利蒙

卢广听　配　陈彩芬（其）

　　子　卢金辉　配　汪雪莲

孙子　卢宜屹

卢育航　配　沈世红（远）

　　子　卢捷

卢育林　配　华漠娇（远）

　　子　卢万赟

卢雪莲（其）

女儿　卢秋燕

陈忠良（宇）

长子　陈雪江　配　陈善芳

孙子　陈云锋　配　陈莉莉

曾孙　陈浩轩

次子　陈银江　配　娄素琴

孙子　陈超辉　配　章欣赟

曾孙女　陈灵沙

三子　陈银三　配　葛芬青

孙子　陈宇凡　配　阮弯弯

曾孙女　陈梓悦

🏯 严雅娟 （谨）

　　子　陈志伟　配张月平

　　孙子　陈亮晓

🏯 胡兴三　配　沈秋红

　　　子　胡之谦

🏯 陈建连（建）

🏯 陈华江（建）

🏯 卢其忠（其）

（三）响亭山自然村村民（股民）家庭成员录

🏯 魏协成　配　王夏妹（明）

　　长子　魏云理　配　章林菜

　　孙子　魏　全　配　卢祥惠

　　次子　魏云开　配　林菜绒

　　孙子　魏康康　配　方　湾

　　三子　魏云广　配　卢海亚

　　孙子　魏崇崇

🏯 魏云贵　配　章小娟（廷）

　　女儿　魏正婉

🏯 卢月炎（明）

　　长子　魏云奖　配　吴亚敏

　　孙女　魏程岚

　　次子　魏云能　配　章素珍

　　孙子　魏震来

　　孙女　魏再欣

🏯 魏协林　配　罗兴菜（明）

　　　子　魏伟平　配　丘益民

🏯 魏子君　配　葛民妹（明）

　　　子　魏云楠　配　林　燕

　　孙女　魏佳前

　　孙女　魏佳田

🏯 魏广忠　配　葛桂仙（廷）

　　　子　魏巍巍

🏯 魏协科　配　童冰素（明）

　　　子　魏　光　配　史佳娜

　　孙子　魏奕轩

🏯 魏协军　配　陈海芬（明）

　　　子　魏云盛

🏯 魏文辉　配　严秀芳（明）

　　长子　魏云华　配　陈超群

　　孙子　魏潼潼

　　次子　魏云骁　配　葛巧云

　　孙女　魏翊萱

　　孙女　魏绛婼

🏯 魏文旺　配　葛娇娟（明）

魏明通　配　陈翠清（明）

　　子　魏栋楠

魏协文　配　杨美娟（明）

　　长子　魏云峰　配　王银银

　　孙子　魏王豪

　　次子　魏小峰　配　程亚琴

　　孙女　魏程程

魏协贤　配　罗春香（明）

　　子　魏云祥　配　葛成芬

魏明林　配　柴夏芬（明）

　　子　魏云超

魏贤明　配　卢小娇（明）

　　女儿　魏宇萍

　　女儿　魏宇虹

　　女儿　魏宇楠

魏明良　配　叶爱秋（明）

　　子　魏云焕　配　叶夏琦

娄秀芬（明）

　　长子　魏泽云　配　朱丹丽

　　孙女　魏晗怡

　　次子　魏泽雨　配　娄伟平

　　孙女　魏益婷

　　孙女　魏益飞

葛三云（建）

　　长子　魏文杰　配　沈萍娟

　　孙子　魏强强

　　孙女　魏金霞

　　次子　魏圣杰

杨美叶（建）

　　子　魏武杰　配　夏为剑

沈江仙（明）

　　子　魏能飞　配　童琴芳

　　孙子　魏琳兵

魏叶本　配　梅美娟（明）

　　子　魏吉飞　配　言笑

　　孙子　魏晨晨

陈开妹（其）

　　子　卢圣岳　配　葛三云

　　孙女　卢媛媛

　　孙女　卢琼琼

蒋苏芬（其）

　　长子　卢圣欢

　　次子　卢圣飞

卢学明　配　陈菜香（远）

　　长子　卢其平　配　王月青

　　孙子　卢景瑞

　　孙女　卢世婠

　　次子　卢其冬　配　葛亚娟

　　孙子　卢景涛

张夫女（远）

　　长子　卢其则　配　徐月娇

孙子　卢胜辉
次子　卢其开　配　和　芬
孙子　卢国立
三子　卢其豪　配　金海娣
孙子　卢　勃
四子　卢其能　配　叶三芬
孙女　卢宴辉
孙女　卢季涛

卢喜春　配　陈春英（远）
　　子　卢其元

卢常春　配　胡利娟（远）
长子　卢其品
次子　卢其统　配　余金连
孙子　卢红云
孙女　卢露露

卢土春　配　童益妹（远）
　　子　卢高宏　配　童小薇
孙女　卢赛霞

卢金常　配　蒋秀芬（远）
　　子　卢杨洲

卢其奎　配　罗春芬（其）
长子　卢利广　配　兰石枝
孙女　贞贝儿
次子　卢小广

卢其兵　配　江春珍（其）

卢远标　配　娄兴妹（远）
长子　卢其旭　配　吕为莲
孙女　卢赛赛
次子　卢晓辉　配　应夏芬
孙子　卢晨晨
孙女　卢予露

卢其波　配　杨爱云（其）
　　子　卢　敏

卢远瓦　配　陈银恕（远）
长子　卢其杰　配　杨启丽
孙子　卢金阳
次子　卢其洋　配　银　娥
孙子　卢世良

卢其昌　配　葛亚云（其）
　　子　卢　瑞　配　周　娜

卢云忠　配　优　琴（其）
卢世祥　配　王晨阳

卢方苗　配　吴夏玲　（远）
长子　卢万石
次子　卢万峰

卢培军　配　陈金仙（远）
　　子　卢其荣　配　泮　丽
女儿　卢妮妮

卢培余　配　丁留珍（远）

卢培常　配　杨金娥（远）

　　子　卢荣海

　孙女　卢盼燕

　　子　卢荣超　配　应丹嬟

　孙子　卢嘉明

杨林萍（远）

　女儿　卢梦娜

卢远旺　配　王娇娥（远）

　　子　卢炳浪

娄小琴（远）

　　子　卢涛涛

卢远府（远）

　　子　卢川川

童惠清　配　卢素英（遵）

　孙子　童欢鹏　配　毛　娜

　曾孙　童晨燕

　二子　童其坤　配　王玲英

　孙子　童欢锋　配　章文群

　三子　童其兴　配　葛建英

罗金春

　长子　罗其恒　配　葛小初

　孙子　罗赛虎

　次子　罗平恒　配　葛利飞

　孙子　罗品宣

　三子　罗甫山　配　严丹丹

　孙子　罗宗杨

魏大远（建）

卢其地（其）

编 后 记

　　国有史，方有志，中国素有"隔代修史，当代修志"的传统。志书作为一种文化载体，有利于民族文化的传承与发展。

　　岭南村，自北宋至今已有千余年历史，虽有陈氏、卢氏、魏氏、吴氏等几家修有宗谱，2017年村文化礼堂建成，礼堂内置有村史、民风、励志、成就、文艺等村文化的简要篇章，但尚无志书传世。当今国泰民安，世道繁荣，百业兴旺，盛世修志，正是时机，应运编纂有史以来岭南村第一部村志，确是一项重大之历史文化工程。

　　2018年，村两委着手准备编纂岭南村志，并筹集资金，于2018年10月组织编纂村志委员会和村志编写组，开始村志编纂工作。《岭南村志》历时三年，三易其稿，终于成书。

　　回顾编纂历程，困难重重。首先是史料严重不足，虽然收集到各个时期编写的《宁海县志》《宁海县地名志》《白石村志》《田交朱村志》《大里村志》，收集到村里现存的宗谱等可作为编纂参考依据，但村一级历史真迹材料尤为短缺。比如姓氏资料，我村现有人口中姓氏有15个，除陈、卢、魏、吴4个姓有宗谱可查外其余均无迁徙记录，本次编志时只好逐户询问，追根溯源，从众多户中整理出各姓氏迁徙情况；再比如，中华人民共和国成立后大学毕业生的人数，参加中国人民解放军的人数，因村里未有此资料，编纂人员就挨家挨户进行调查，一个一个地进行落实；又有一些圳坝、沟渠、山场等地名，现行名称与旧时书中所载不符，就到实地察看核对，进行甄别，纠正地名；有些乡贤人物和事件，多有传说成分，不足以入志，就在甄别后剔除；全民入志，岭南村村民家庭成员录的编写也靠逐户访查所得；等等。这些工作，消耗编纂人员许多时间和精力。

　　本次编纂村志，是首次编纂，没有旧志可循；但在编纂过程中，编纂委员会和编辑人员通力合作，恭敬其事。其间，查阅大量志书、档案、牒谱等纪实史料，继之进行书写和多次修改，之后又补充资料，完成修改稿。2019年6月初又经县志办部分同志审稿，再次进行补充和删改，完成第三稿，后又经村民代表做了个别事实的订正，而后又经村两委审定，完成志稿。全书前设卷首彩插、序、凡例、概述、大事记，中设正文26章，后殿丛录、编后记，共计18万余字。

　　在村志的编纂过程中，欣幸的是得到了前童镇党委、政府和宁波工程学院有关领导的重视和支持,县农业农村局、县教育局、县文广旅游局、县档案馆等有关领导的帮助,前童镇联村领导的关心和指导,镇联村干部的支持和帮助,有识之士的指导和帮助,岭南村众多村民的大力支持与帮助。真可谓"众人拾柴火焰高"。此书的编成,凝聚了大家共同的心血。在此致以衷心的感谢!

值得庆幸的是,中共宁海县委党史研究室、宁海县地方志办公室副主任胡志汉先生应邀担任本志的编审,《宁海县志》主编袁哲飞先生应编者之请,挤时间为本志作序。胡志汉先生、《宁海县志》副主编丁秉懋先生始终关注本志编撰工作,参与全书修改、审核,业务上予以及时指导。宁波工程学院林小国老师、宁海县文化和广电旅游体育局副局级干部娄新科、上海森历实业有限公司副总经理陈国庆等给予志稿审阅和修改,在此深表谢忱!

由于编者水平有限,修志纯属学步,加上资料不全等种种原因,纰漏在所难免,尤待增补完善。还有志书中不尽如人意的地方肯定不少,真诚期望读者、行家、有识之士、广大村民和各界朋友多提宝贵意见。

编　者
2020 年 10 月